Die Lifelong Learning Universität der Zukunft

Nino Tomaschek, Katharina Resch (Hrsg.)

Die Lifelong Learning Universität der Zukunft

Institutionelle Standpunkte aus der
wissenschaftlichen Weiterbildung

Waxmann 2018
Münster · New York

Bibliografische Information der Deutschen Nationalbibliothek
Die Deutsche Nationalbibliothek verzeichnet diese Publikation
in der Deutschen Nationalbibliografie; detaillierte bibliografische
Daten sind im Internet über http://dnb.dnb.de abrufbar.

ISBN Print 978-3-8309-3818-7
ISBN E-Book 978-3-8309-8818-2

© Waxmann Verlag GmbH, 2018
Steinfurter Straße 555, 48159 Münster

www.waxmann.com
info@waxmann.com

Umschlaggestaltung: Anne Breitenbach, Münster
Satz: satz&sonders GmbH, Dülmen
Druck: Hubert & Co., Göttingen
Gedruckt auf alterungsbeständigem Papier gemäß ISO 9706

Printed in Germany

Alle Rechte vorbehalten. Nachdruck, auch auszugsweise, verboten.
Kein Teil dieses Werkes darf ohne schriftliche Genehmigung des Verlages
in irgendeiner Form reproduziert oder unter Verwendung elektronischer
Systeme verarbeitet, vervielfältigt oder verbreitet werden.

Inhalt

Christa Schnabl
Geleitworte 7

Katharina Resch & Nino Tomaschek
Einleitung 9

I
ÜBERGREIFENDE STANDPUNKTE ZUR WISSENSCHAFTLICHEN WEITERBILDUNG

Andrä Wolter
Im Zentrum oder an der Peripherie?
Der Ort wissenschaftlicher Weiterbildung im Funktionswandel der
Universität 17

Elke Gornik, Monika Kil & Christine Stöckler-Penz
Ausbau und Entwicklung universitärer Weiterbildung in Österreich.
Gesellschaftlicher Bedarf, hochschulpolitischer Rahmen und
OE-Praktiken 41

Andreas Fischer & Hans-Rudolf Frey
Universitäre Weiterbildung zwischen Autonomie und Regulierung 73

II
LIFELONG LEARNING ALS ZUKUNFTSSTRATEGIE FÜR INTERNATIONALISIERUNG UND INTERKULTURALITÄT

Beate Hörr
Promoting University Lifelong Learning through International
Cooperation.
The Role of Universities' Lifelong Learning Networks in Europe on
Political Level 95

Josephine Finn, Camilla Fitzsimons, Bernie Grummell & Maggie Noone
Difference and Inclusion in Higher Education.
Integrating Cultural Diversity in Lifelong Learning 113

Edith Hammer
Roles and Responsibilities of Universities in the Context of the
2030 Agenda for Sustainable Development 129

III
SOZIALE UND GESELLSCHAFTSPOLITISCHE VERANTWORTUNG VON HOCHSCHULEN

Isabel Vidal, Jordi Miret & Maurici Romero
University Social Responsibility.
Rationale and Increasing Need 153

Attila Pausits
Die dritte Mission als institutionelles Handlungsfeld der
Universitäten.
Eine systemische Bestandsaufnahme der wissenschaftlichen
Weiterbildung in Österreich 167

Laura Brandt, Julia Holzer, Barbara Schober, Veronika Somoza & Christiane Spiel
Die systematische Verankerung der Third Mission an Hochschulen.
Der motivationspsychologische Ansatz der Universität Wien 187

IV
BERATUNG UND WEITERBILDUNG FÜR DIE ZUKUNFT PROFESSIONALISIEREN

Ute Klammer
Soziale Durchlässigkeit an Hochschulen.
Erleiden? Fördern? Gestalten! 205

Annabell Preußler & Theo J. Bastiaens
Digitalisierung und Lehre.
Blended Learning an der Fernuniversität in Hagen 227

Agnes Raschauer & Katharina Resch
Professionalisierung der Hochschulberatung.
Eine Aufgabe der Lifelong Learning Universität der Zukunft 241

Autorinnen und Autoren 261
Über die HerausgeberIn 266

Geleitworte

Sehr geehrte Leserinnen und Leser,

Das Lebensbegleitende Lernen und die damit in Verbindung stehende wissenschaftliche Weiterbildung haben sich in den vergangenen Jahren von bildungspolitischen Randthemen zu zentralen Herausforderungen für Gesellschaft, Unternehmen und Hochschulen entwickelt. Das Lebensbegleitende Lernen bezieht sich – in Ergänzung zu den klassischen Formen der beruflichen Spezialisierung oder Neuorientierung – u. a. auch auf die frühkindliche Bildung, die Inklusion von geflüchteten LehrerInnen in schulische Tätigkeiten durch gezielte Weiterbildung bis hin zu Möglichkeiten eines nachberuflichen Studierens in einer Welt des demographischen Wandels.

Der hier vorliegende Sammelband geht auf die Jahrestagung der Deutschen Gesellschaft für wissenschaftliche Weiterbildung und Fernstudium e. V. – kurz DGWF – zurück, die vom 14.–16. September 2016 an der Universität Wien stattfand. Die DGWF – mit über 300 Mitgliedern aus Hochschulen Deutschlands, Österreichs und der Schweiz – richtete die Jahrestagung 2016 in Kooperation mit dem Postgraduate Center der Universität Wien sowie in Zusammenarbeit mit dem Austrian University Continuing Education and Staff Development Network (AUCEN) aus. Das Thema der Jahrestagung lautete »Die Vielfalt der Lifelong Learner – Herausforderungen für die Weiterbildung an Hochschulen«, stieß auf reges Interesse und eine große Anzahl an Besucherinnen und Besuchern. Insgesamt nahmen 325 Teilnehmende aus Deutschland, Österreich und der Schweiz an der Jahrestagung teil. Insbesondere die Charakteristika und Heterogenität der Zielgruppen der wissenschaftlichen Weiterbildung sowie damit einhergehende Innovationen bei den Lehr- und Lernformaten wurden eingehend thematisiert. Erfreulich war insbesondere, dass viele TeilnehmerInnen aus Österreich verzeichnet werden konnten. 63 Österreicherinnen und Österreicher aus dem Feld der wissenschaftlichen Weiterbildung nahmen an der renommierten Jahrestagung teil. 85 Abstracts wurden eingereicht und 10 Vorträge wurden aus österreichischer Perspektive gehalten. Der nun vorliegende Sammelband spiegelt das fachliche Interesse am Tagungsthema wider und dokumentiert, welche Bedeutung die wissenschaftliche Weiterbildung an Hochschulen, in Unternehmen und in der Gesellschaft einnimmt.

Mein Dank gilt insbesondere den Sprecherinnen und Sprechern der Jahrestagung, den Kooperationspartnern sowie den Herausgeberinnen und Herausgebern des Sammelbands.

Christa Schnabl
Vizerektorin für Studium und Lehre
Universität Wien
Wien, im März 2018

Katharina Resch & Nino Tomaschek

Einleitung

Die zunehmende Akademisierung von vielen Berufsfeldern, die anhaltend kurze Halbwertszeit des Wissens und die steigende Nachfrage nach wissenschaftlicher Weiterbildung stellen drei Entstehungszusammenhänge des Lifelong-Learning-Konzepts in der Gesellschaft dar (Hörig & Brunner, 2011). Demnach hat sich Lifelong Learning zu einem fixen Bestandteil der Gesellschaft und auch zu einer sozialen und persönlichen Notwendigkeit entwickelt (Alheit & Dausien, 2009). Sich nicht mehr weiterzubilden, ist heute mitunter erklärungsbedürftig geworden, selbst kurz nach dem Studienabschluss, in (turbulenten) beruflichen Umbruchsphasen oder in der nachberuflichen Phase. Das Lebensbegleitende Lernen durchdringt die gesamte Gesellschaft und löst einen bildungselitären Ansatz mehr und mehr ab. Dabei entsteht ein Spannungsfeld, denn einerseits werden Bildungsprozesse ökonomisch gerahmt (Arbeitsmarktintegration, beruflicher Aufstieg, Wettbewerbsfähigkeit) und andererseits stehen Persönlichkeitsentwicklung, soziales Lernen und bildungsbiografische Gestaltungsprozesse im Vordergrund (Lobe, 2016, S. 24).

Institutionell wird der anhaltende Reformdruck an Hochschulen spürbar. »*Der Reformdruck auf die europäischen Hochschulen reißt seit den 60er und 70er Jahren […] nicht ab.*« (Hörig & Brunner, 2011, S. 15) Universitäten stehen vor der Herausforderung, ihr traditionelles Studienangebot weiterzuentwickeln und den oben genannten Bedingungen und neuen Lernendengruppen anzupassen. Um Lifelong Learning als Kernaufgabe der Universität zu verankern, ist es vonnöten, das Selbstverständnis der Universität als Ort des Lebensbegleitenden Lernens zu öffnen (Schrittesser, 2011, S. 38). Zu diesen Veränderungen zählt auch die Ausdifferenzierung von Organisationseinheiten im Bereich Weiterbildung und Lifelong Learning, die sowohl wissenschaftlich als auch administrativ tätig sind (DGWF, 2015, S. 4). Die wissenschaftliche Weiterbildung stellt eine solche Organisationseinheit dar und kann als ein Motor dieses Funktionswandels betrachtet werden, indem sie aktuelle gesellschaftspolitische Bedarfe aufgreift und an der Schnittstelle zwischen Wissenschaft und Praxis bearbeitet.

Drei aktuelle hochschulische Herausforderungen

Die Lifelong Learning Universität der Zukunft wird eine Hochschulform darstellen, die vielen Herausforderungen gegenübersteht. Als zentrale Herausforderungen für Hochschulen identifizieren die AutorInnen in diesem Sammelband a) *die zunehmende Internationalisierung* – und damit verbundene Fragen der Anerkennung und sozialen Durchlässigkeit sowie der Diversifizierung der Studierendenschaft. Durch zunehmende Individualisierung und Pluralisierung von Lebensstilen, Lebensläufen und Bildungswegen kommt es in der wissenschaftlichen Weiterbildung zu zunehmend diversifizierter Weiterbildungsnachfrage und einem vielfältigen Markt an Weiterbildungsangeboten. Die Lifelong Learners unterscheiden sich nicht nur vertikal in ihren Lebenslagen, sondern auch zeitlich in ihren Lebensphasen – wie Berufsvorbereitung, Berufsarbeit und beruflicher Rückzug. Diese Lebens- und Übergangsphasen sind von starken Weiterbildungsbedürfnissen geprägt. Es entsteht eine enorme Bedürfnisvielfalt unter den Lifelong Learners, auf die Hochschulen mit adäquaten Angebotsstrategien und entsprechender Programmpolitik reagieren dürfen. Strategische und systemische Antworten im Bereich des Vielfalts- und Diversitätsmanagements sind gefragt.

Weiters diskutieren die AutorInnen den Bereich der b) *Third Mission* und der sozialen Verantwortung von Hochschulen in Bezug auf gesellschaftspolitische Problemlagen. Damit verbunden sind neue Formen der Kooperation mit außeruniversitären AkteurInnen, die in der wissenschaftlichen Weiterbildung bereits erprobt sind (z. B. Kooperationen von Universitäten in die Gesellschaft und in Unternehmen).

Zu den klassischen hochschulischen Herausforderungen im Bereich der ausreichenden Akquise von Drittmitteln sowie dem Transfer von Forschungsergebnissen kommen Herausforderungen interner Natur hinzu: Dazu zählen c) *zentrale Herausforderungen in der Lehre und in der Professionalisierung der Hochschulberatung*. Die AutorInnen des Sammelbands sehen hier Potenzial in der Entwicklung von Lehrkompetenzen in der Weiterbildung, vor allem im Bereich der digitalen Lehr- und Lernmethoden, in der Stärkung von berufsrelevanten Lehrformaten mittels z. B. Lerntagebüchern, service learning oder projektbasiertem Lernen.

Die wissenschaftliche Weiterbildung kann hier einen wesentlichen Beitrag zur Gestaltung dieser Herausforderungen leisten – so die These dieses Sammelbands. Die Lifelong Learning (LLL) Universität der Zukunft zeigt einen klaren Bezug zu ihrem gesellschaftspolitischen Umfeld, greift auf bewährte, formale und non-formale Kooperationen zu relevanten Stakeholdern in der Stadt, Wirtschaft und der Zivilgesellschaft zurück und arbeitet mit professionalisierten Prozessen in der Bildungsberatung, der internationalen Ausrichtung und der zielgruppenspezifischen Lehre.

So können neue Lehrformate, Third-Mission-Aktivitäten und außeruniversitäre Kooperationen erprobt werden und Eingang in hochschulische Prozesse gewinnen.

Aufbau des Sammelbands

Thematisch greift der Sammelband die drei genannten, aktuellen Herausforderungen auf und gliedert sich aus diesem Grund in drei Abschnitte. Diesen voran steht der erste Teil des Sammelbands mit einer länderübergreifenden Perspektive auf die Entwicklung der wissenschaftlichen Weiterbildung im deutschsprachigen Raum.

Der erste Teil beschäftigt sich mit *institutionellen Standpunkten der wissenschaftlichen Weiterbildung* – und zwar in einer länderübergreifenden Perspektive: Österreich, Deutschland und Schweiz.

Andrä Wolter beschäftigt sich mit dem grundlegenden Funktionswandel der Universitäten und neuen Aufgaben der wissenschaftlichen Weiterbildung. Er erläutert zunächst die historische Entwicklung der wissenschaftlichen Weiterbildung und begründet den Funktionswandel der Hochschulen mit fünf Konzepten: Expansion der Nachfrage nach hochschulischer (Weiter-)Bildung, wachsende Vergesellschaftung der Hochschule, Professionalisierung der Gesellschaft, Diversifizierung des Hochschulsystems und Wandel der Organisation »Hochschule« vom Gelehrtensystem zum Hochschulmanagement.

Elke Gornik, *Monika Kil* und *Christine Stöckler-Penz* werfen einen hochschulübergreifenden Blick auf die Wachstumspotenziale von Weiterbildungseinrichtungen in Österreich. Sie vergleichen in ihrem Beitrag die Entwicklung und Professionalisierung dreier Einrichtungen der wissenschaftlichen Weiterbildung in Österreich.

Schließlich geben *Andreas Fischer* und *Hans-Rudolf Frey* einen Einblick in die Auswirkungen des neuen Hochschulförderungs- und Koordinationsgesetzes auf die Hochschulweiterbildung in der Schweiz. Sie diskutieren hochschulische Steuerungsprozesse im Spannungsfeld zwischen Regulierung und Autonomie.

Im zweiten Teil werfen die Autorinnen einen neuen Blick auf das Thema der *Internationalisierung der wissenschaftlichen Weiterbildung*.

Beate Hörr begreift die Weiterbildung als eine Kernaufgabe der Universität der Zukunft und beschreibt internationale, nationale und lokale Kooperationen und ihre Wichtigkeit für den Wissenstransfer, das Innovationspotenzial und das vernetzte Lernen. Sie betont damit den internationalen Nutzen von ULLL-Netzwerken und gibt Beispiele für die Funktionsweisen solcher Netzwerke.

Josephine Finn, Camilla Fitzsimons, Bernie Grumme und *Maggie Noone* werfen einen Blick auf Diversität und Vielfalt im Lifelong Learning aus einer angelsächsischen Perspektive. Sie erläutern die erlebte Diversität und Identität von Studierenden anhand von Ergebnissen einer Studierendenbefragung im Rahmen eines europäischen Projekts und zeigen auf, wie mit Differenz und interkultureller Vielfalt umgegangen werden kann.

Edith Hammer ordnet das Thema des Lebensbegleitenden Lernens in den Kontext der Agenda 2030 für Nachhaltige Entwicklung der Vereinten Nationen ein und verknüpft damit Weiterbildung und nachhaltige Entwicklung. Sie argumentiert die Bedeutung der Nachhaltigkeit im hochschulischen Kontext anhand von vier Handlungsfeldern: der Lehre, der Forschung, der Third Mission und anhand institutioneller Steuerungsprozesse. Ihr Beitrag bildet die Überleitung zum dritten Teil des Sammelbands, in dem auf das Thema der Third Mission separat eingegangen wird.

Im dritten Teil werfen die AutorInnen einen Blick auf das neue Thema der *Third Mission* und erörtern, wie die Lifelong Learning Universität der Zukunft ihre gesellschaftspolitische Verantwortung stärken kann.

Isabel Vidal, Mauricio Romero und *Jordi Miret* legen in ihrem Beitrag die Grundprinzipien der Third Mission am Beispiel der Universität Barcelona dar. Sie schlagen eine thematische Brücke zwischen Third Mission und nachhaltiger Entwicklung.

Attila Pausits bereitet die Third Mission in seinem Beitrag als institutionelles Handlungsfeld der Universität auf und bietet eine systemische Bestandsaufnahme der wissenschaftlichen Weiterbildung in Österreich. Er versteht Third Mission als ein notwendiges Handlungsfeld der Hochschulen, das zur Profilbildung und zur stärkeren Differenzierung beiträgt.

Laura Brandt, Julia Holzer, Barbara Schober, Veronika Somoza und *Christiane Spiel* vertiefen dieses Thema mit einem Beitrag über die systematische Verankerung der Third Mission an Hochschulen und zeigen am Beispiel der Universität Wien anschaulich, wie ein strategisches Projekt zu Third Mission zu einer Systematisierung von Aktivitäten führen kann.

Im vierten Teil werden Herausforderungen in der *Lehre und Hochschulberatung* skizziert.

Ute Klammer sieht die Gewährleistung und Gestaltung von sozialer Durchlässigkeit als ein Kernthema der zukünftigen Entwicklung des Bildungsraums »Hochschule« und diskutiert in diesem Zusammenhang unterschiedliche Ansatzpunkte für ein hochschulisches Diversity Management.

Annabell Preußler und *Theo Bastiaens* berichten in ihrem Beitrag über zukunftsrelevante, digitale Formate in der Weiterbildungslehre, wie etwa Pod- und Vodcasts, virtuelle Lerngruppen, Online-Übungsaufgaben, Online-Sprechstunden oder Studierwerkstätten. Damit Hochschulen fachdidaktisch »am Ball bleiben«, müssen neue digitale Lehrformate zuerst erprobt und dann evaluiert werden, um dann schlussendlich in den Regelbetrieb übernommen zu werden.

Agnes Raschauer und *Katharina Resch* diskutieren in ihrem Artikel, inwiefern sich Hochschulen von Forschungs- und Lehreinrichtungen zu Beratungsinstitutionen weiterentwickeln und sich in diesem Feld professionalisieren. Der Beitrag gibt Aufschluss über bereits bestehende Professionalisierungsangebote in der Studien- und Weiterbildungsberatung im deutschsprachigen Raum und analysiert Entwicklungsmöglichkeiten und Verhinderungsfaktoren für eine Professionalisierung der Hochschulberatung.

Literatur

Alheit, P. & Dausien, B. (2009). Bildungsprozesse über die Lebensspanne: Zur Politik und Theorie lebenslangen Lernens. In R. Tippelt & A. Hippel (Hrsg.), *Handbuch Erwachsenenbildung/Weiterbildung* (S. 713–734). Wiesbaden: VS Verlag für Sozialwissenschaften.

DGWF (2015). *Organisation der wissenschaftlichen Weiterbildung an Hochschulen* (DGWF-Empfehlungen). Deutsche Gesellschaft für wissenschaftliche Weiterbildung und Fernstudium e. V.

Fonds Gesundes Österreich (Hrsg.). (2017). *Faire Chancen, gesund zu altern*. Wien: Fonds Gesundes Österreich.

Hörig, M. & Brunner, L. (2011). LLL und die EUA. In N. Tomaschek & E. A. Gornik (Hrsg.), *Lifelong Learning University* (S. 17–27). Wien: Waxmann.

Lobe, C. (2016). Weiterbildung und Berufsbiografie. Berufsbegleitendes Studieren im Kontext berufsbiografischer Gestaltungsprozesse. *Hochschule und Weiterbildung, 1*, 20–26.

Petersen, J. (2011). Professionelles Bildungsmanagement als notwendige Perspektive für die Universität der Zukunft. In N. Tomaschek & E. A. Gornik (Hrsg.), *Lifelong Learning University* (S. 141–147). Wien: Waxmann.

Resch, K., Wanka, A., Fassl, A., Demmer, J. & Kolland, F. (2017). Bildungs- und Beteiligungschancen im Alter. In Fonds Gesundes Österreich (Hrsg.), *Faire Chancen, gesund zu altern* (S. 109–117). Wien: Fonds Gesundes Österreich.

Schrittesser, I. (2011). Lifelong Learning an Universitäten. In N. Tomaschek & E. A. Gornik (Hrsg.), *Lifelong Learning University* (S. 29–41). Wien: Waxmann.

Tippelt, R. & Hippel, A. (Hrsg.). (2009). *Handbuch Erwachsenenbildung/Weiterbildung*. Wiesbaden: VS Verlag für Sozialwissenschaften.

Tomaschek, N. & Gornik, E. A. (Hrsg.). (2011). *Lifelong Learning University*. Wien: Waxmann.

I
ÜBERGREIFENDE STANDPUNKTE ZUR WISSENSCHAFTLICHEN WEITERBILDUNG

Andrä Wolter

Im Zentrum oder an der Peripherie?
Der Ort wissenschaftlicher Weiterbildung im Funktionswandel der Universität

Abstract

Der Beitrag beschäftigt sich mit dem Wandel wissenschaftlicher Weiterbildung im Kontext des Funktionswandels der Universität. Er stellt dazu die wesentlichen historischen Bezugspunkte für den Auftrag der Universität und die wichtigsten Veränderungen in den gesellschaftlichen und institutionellen Funktionen der Universität dar und analysiert in diesem Zusammenhang die jeweilige Aufgabe und Relevanz wissenschaftlicher Weiterbildung. Abschließend greift der Beitrag noch das aktuell viel diskutierte Konzept einer »Third Mission« auf und diskutiert die Frage, ob es sich dabei um ein geeignetes Konzept zur Verortung und Legitimation wissenschaftlicher Weiterbildung unter den verschiedenen Aufgaben der Universität handelt.

Keywords: wissenschaftliche Weiterbildung, Funktionen der Universität, Third Mission

1. Der Auftrag wissenschaftlicher Weiterbildung im historischen Wandel

In gewisser Weise spiegelt der Wandel im Aufgabenverständnis wissenschaftlicher Weiterbildung den funktionalen Wandel der Universität wider. Als die wissenschaftliche Weiterbildung am Ende des 19. Jahrhunderts unter solchen Bezeichnungen wie Universitätsausdehnung (»university extension«), extramurale Hochschulkurse oder volkstümliches Vortragswesen aufkam,[1] waren

---

1 Die Universität Wien war die erste deutschsprachige Universität, die solche Programme anbot (Stifter, 2016).

dafür zwei Merkmale charakteristisch, die sich deutlich vom heutigen Verständnis unterscheiden: Erstens richtete sich dieses Angebot primär an ein außeruniversitäres, nicht-akademisches Laienpublikum vor allem aus dem sozialen Milieu des bildungsbeflissenen Bürgertums, durchaus aber auch aus der Arbeiterklasse. Zweitens standen diese Bewegungen eindeutig unter einem Bildungsauftrag, nämlich wissenschaftliche Ergebnisse und Inhalte allgemeinverständlich aufzubereiten und zu vermitteln. Diese Ausrichtung stand wiederum im Einklang mit dem akademischen Selbstverständnis der deutschen (und österreichischen) Universität im ausgehenden 19. Jahrhundert.

Das Selbstverständnis der Universitäten im 19. Jahrhundert bis weit in das 20. Jahrhundert hinein war ja nachhaltig von den berufsdistanzierten Bildungs- und Wissenschaftsvorstellungen des deutschen Bildungsidealismus bestimmt worden. Akademische Fachschulung und individuelle Persönlichkeitsentwicklung durch wissenschaftliche Bildung waren die wichtigsten identitätsstiftenden Bezugspunkte der Universität in diesem Zeitraum – und die berufliche Qualifizierung galt gleichsam als Neben- oder Abfallprodukt dieses Auftrags. Die volkstümliche Hochschulbildung oder Universitätsausdehnung fügte sich voll und ganz in diese bildungsidealistische Tradition des Primats eines Bildungsauftrags über eine berufliche Qualifizierungsfunktion ein. Und schließlich waren sowohl akademische Bildung im Ganzen als auch die volkstümliche Hochschulbildung ein ausgesprochenes Minderheitsprogramm. Bis zum Ende des Zweiten Weltkriegs blieben diese Ansätze zur »Ausdehnung« oder Popularisierung akademischer Bildung absolut peripher oder erloschen sogar ganz (Wolter & Schäfer, i.E.).

Diese prägenden Merkmale blieben im Wesentlichen auch noch in den ersten Jahrzehnten nach dem Zweiten Weltkrieg erhalten. In der Mitte der 1950er-Jahre wurde in (West-)Deutschland, ausgehend von der Universität Göttingen, eine neue Phase der wissenschaftlichen Weiterbildung, jetzt meist als universitäre Erwachsenenbildung bezeichnet, eingeleitet. Auch diese stand, von einem aufklärerischen Impetus ausgehend, primär unter dem Bildungsauftrag, wissenschaftliche Denkweisen und Forschungsergebnisse in eine außeruniversitäre Öffentlichkeit hinein zu vermitteln. In erster Linie ging es darum, universitäre Erwachsenenbildung als eine Form der Kooperation zwischen Universität und institutionalisierter Erwachsenenbildung zu etablieren. An die älteren Ansätze anknüpfend wurde universitäre Erwachsenenbildung als ein Weg zur Demokratisierung des Zugangs zu wissenschaftlichem Wissen gesehen (Strzelewicz, 1985). Aber auch diese Entwicklungsphase wissenschaftlicher

Weiterbildung bewegte sich noch weitgehend in Koinzidenz mit dem zeitgenössischen Diskurs über den Auftrag akademischer Bildung, der nach der Erfahrung der nationalsozialistischen Indienstnahme der Universität durch eine Renaissance des Humboldtschen Universitätskonzepts gekennzeichnet war.

In Deutschland zeichnete sich dann etwa seit der Mitte der 1970er-Jahre eine neue Entwicklungsstufe ab. Erstens wurde wissenschaftliche Weiterbildung jetzt an einer langsam wachsenden Zahl von Universitäten institutionalisiert, nun unter diesem Namen oder solchen Bezeichnungen wie Kontaktstudien. Zweitens richteten sich diese Angebote nunmehr auf neue Zielgruppen aus, primär die bislang weitgehend ignorierte Gruppe der erwerbstätigen Hochschulabsolvent/inn/en. Drittens ging damit insofern ein Wandel im Aufgabenverständnis einher, als sich jetzt das Ziel einer beruflichen Fortbildung auf wissenschaftlichem Niveau in den Vordergrund schob. Mehr und mehr setzte sich die Vorstellung durch, dass lebenslanges Lernen schließlich zu den zentralen Rollenanforderungen akademischer Berufe gehört. Auch diese Entwicklung koinzidierte weitgehend mit dem Funktionswandel der Hochschulen in den späten 1960er- und den 1970er-Jahren. Zeitlich etwa parallel wurde neben dem herkömmlichen Universitätssektor mit den Fachhochschulen ein zweiter Sektor etabliert, der deutlich berufsorientierter war als die klassischen Universitäten und sich langsam auch zu einem regen Anbieter von Weiterbildung entwickelte. Ähnliches galt für viele der in diesem Zeitraum neu gegründeten Universitäten.

Mehrere Impulse kamen hier zusammen. Seit den 1960er-Jahren waren die Universitäten mit dem steigenden Bedarf an hochqualifizierten Fachkräften, besonders im Bereich der Natur- und Ingenieurwissenschaften und der Lehrerausbildung, unter Druck geraten, sich von ihrem historisch überlieferten Paradigma einer forschungsbasierten akademischen Persönlichkeitsbildung mit seiner charakteristischen Berufsdistanz zu verabschieden und sich ihrer beruflichen Qualifizierungsfunktion – in welcher Form auch immer – zu stellen. Die von verschiedenen Seiten angestoßenen Studienreformaktivitäten mit ihrer Intention, einen stärkeren Praxisbezug im Studium zu realisieren, waren ebenso ein Resultat dieser Entwicklung wie die Errichtung der Fachhochschulen oder die beginnende stärkere Institutionalisierung von Weiterbildung an den Hochschulen. Im Ergebnis veränderte sich sowohl die Aufgabenbeschreibung der Hochschule als auch die der wissenschaftlichen Weiterbildung – von einer Institution zur Ausbildung oder Reproduktion einer Bildungselite hin zu einer beruflichen Ausbildungseinrichtung für einen ständig wachsenden Anteil der Bevölkerung.

Im Kontext der von der damaligen Studienreformbewegung ebenfalls postulierten Öffnung der Hochschule schloss diese die wissenschaftliche Weiterbildung mit ein, wobei deren traditionelle Ausrichtung auf ein Laienpublikum in den folgenden Jahrzehnten immer stärker von der neuen Zielgruppe berufstätiger Hochschulabsolvent/inn/en überlagert wurde. Dies bedeutete allerdings keineswegs die vollständige Verabschiedung von dem früher im Zentrum stehenden allgemeinen Bildungsauftrag. Eher standen beide Aufgaben(-felder) nebeneinander und wurden durch unterschiedliche Bildungsformate und Kooperationsformen erfüllt, auch wenn sich langsam die bisherige Funktionshierarchie umkehrte und die berufliche Weiterbildung eine Dominanz gewann. Diese Entwicklungsphase hielt in etwa bis in die zweite Hälfte der 1990er-Jahre an und wurde von einem langsamen Ausbau der Weiterbildung an den Hochschulen begleitet, auch wenn diese insgesamt noch nicht aus ihrer »Aschenputtel-Existenz« (Teichler, 1990, S. 10) herauskam.

Mit der Anerkennung der Weiterbildung als Kernaufgabe der Hochschule neben Forschung und Lehre bei der Novellierung des Hochschulrahmengesetzes im Jahre 1998 begann eine Phase der Diversifizierung wissenschaftlicher Weiterbildung, die wieder weitgehend einem Funktionswandel der Hochschulbildung parallel lief. Damit veränderte sich die hochschulpolitische Semantik wissenschaftlicher Weiterbildung fundamental. Weiterbildung wird heute mehr im Kontext von Bildungsmanagement, Organisationsentwicklung und neuer Hochschulsteuerung gesehen und weniger als Teil eines bildungstheoretisch und gesellschaftspolitisch legitimierten Bildungsauftrags der Hochschule. Peter Faulstich (2010) hat die drei zentralen Tendenzen der Hochschulentwicklung, welche die aktuelle Entwicklung der wissenschaftlichen Weiterbildung nachhaltig prägen, als »Vermarktlichung«, »Managementisierung« und »Bolognalisierung« bezeichnet.

Stand lange Zeit der humanistische Anspruch auf Persönlichkeitsbildung oder die Idee einer öffentlichen Wissenschaft mit dem Leitmotiv Aufklärung durch Wissenschaft im Vordergrund, so rückt nun die arbeitsmarktpolitische Perspektive der Erschließung und Ausschöpfung von Humankapital in das Zentrum. Die frühen Aktivitäten in der akademischen Weiterbildung waren noch von Strategien zur Öffnung der Universität – in einem doppelten Sinne – bestimmt: eine intellektuelle, wissenschaftliche Öffnung, die auf einem Bildungs- bzw. Wissenschaftsverständnis basierte, welches die Unterscheidung zwischen Experten und Laien zu überwinden anstrebte, und eine soziale Öffnung, wonach die Hochschule neue Zielgruppen erschließen sollte, insbesondere solche, die bislang de facto von akademischer Bildung ausgeschlossen waren. Seit den 1990er-Jahren schiebt sich dagegen eher eine Perspektive in den Vordergrund, die Weiterbildung vorrangig als Teil einer neuen Marktorientierung öffentlicher Dienstleistungen sieht. Auch wenn die deutsche Hochschulverfassung als Ganzes noch weit ab vom Modell einer unternehmerischen Hochschule (Clark, 1998; Müller-Böling, 2000) ist, so ist die Weiterbildung eines derjenigen akademischen Subsysteme, die zum Vorreiter dieser Entwicklung geworden sind.

Die Diversifizierung der wissenschaftlichen Weiterbildung, die sich verstärkt etwa seit den 1990er-Jahren vollzogen hat, wird in verschiedenen Tendenzen greifbar (in Anlehnung an Wolter & Schäfer, i.E): den Angebotsformaten und Zielgruppen sowie den Anbietern und Institutionen. Seit den 1990er-Jahren lässt sich – erstens – eine deutliche Diversifizierung der Angebotsformate beobachten. An den Hochschulen wird inzwischen unter der Kategorie »wissenschaftliche Weiterbildung« eine bunte Vielfalt verschiedener Formate angeboten (DGWF, 2017a): abschlussorientierte Studiengänge, Zertifikatsprogramme, Weiterbildungsmodule, Weiterbildungsseminare und andere kurzfristigere Angebote (Workshops, Abend-/Wochenendkurse), allgemeinbildende Angebote, traditionelle Formen extramuraler Angebote (Seminarkurse), kooperative Angebote, z. B. von Unternehmen und Hochschulen, Angebote zur Studienvorbereitung (z. B. für Berufstätige) und andere mehr. Generell lässt sich in den letzten 20 Jahren eine zunehmende Bedeutung flexibler Lernformate wie das berufsbegleitende Studium, das Fernstudium oder Blended-Learning-Modelle, überhaupt digitaler Modelle feststellen.

Mit diesen vielfältigen Angeboten korrespondieren – zweitens – ebenso vielfältige Zielgruppen (Seitter, Schemmann & Vossebein, 2015; Wolter, Banscherus & Kamm, 2016). Neben Erwerbstätigen, die bereits über einen Hochschulabschluss verfügen und für ihre berufliche Fortbildung an die Hochschule zurückkommen, stehen diejenigen Erwerbstätigen, die noch keinen Studienabschluss haben, aber einen weiterbildenden Studiengang belegen. Andere Interessenten verfolgen ein allgemeinbildendes Interesse – z. B. Teilnehmer/innen an Angeboten zur Studienvorbereitung, an nachberuflichen Angeboten, traditionelle Seminarkursbesucher/innen oder Interessenten an offenen Angeboten, die unter verschiedenen Bezeichnungen wie Studium Generale oder Bürgeruniversitäten geführt werden. Eine dritte Linie der Diversifizierung vollzog sich in den Governance-Strukturen, insbesondere den Organisationsformen, Zuständigkeiten und Trägerstrukturen. Innerhalb der Hochschulen kann die Zuständigkeit für wissenschaftliche Weiterbildung ganz unterschiedlich organisiert sein (DGWF, 2017b): als zentrale wissenschaftliche Einrichtung, zentrale Betriebseinheit, Teil der zentralen Verwaltung, Stabsstelle der Hochschulleitung, An-Institut, auf Fakultäts- bzw. Fachebene, in außerhochschulischen Einrichtungen oder in noch anderer Form. Auch die Anbieter bzw. die Träger weiterbildender Angebote sind inzwischen deutlich vielfältiger geworden. Neben den öffentlichen Hochschulen und ihren Ausgründungen sind hier insbesondere die in den letzten Jahren gleichsam wie Pilze aus dem Boden schießenden privaten Hochschulen zu nennen, daneben außeruniversitäre Forschungseinrichtungen oder andere private Einrichtungen.

2. Historische Referenzpunkte für die Funktion der Universität und ihre Relevanz für die Weiterbildung

In der historischen Entwicklung der Universität in Deutschland von ihren Anfängen in der alteuropäischen Universität an bis heute hin lassen sich in unterschiedlichen Abfolgen und Verbindungen fünf zentrale Referenzkonzepte für den (Aus-)Bildungsauftrag der Universität identifizieren (in Anlehnung an Wolter, 2015):

Stand und Elite: Diese Referenz gibt es in zwei Varianten – als soziale Statuszugehörigkeit zu einem herausgehobenen Stand und in einer mehr funktionalen Bedeutung als Funktionselite für bestimmte gesellschaftliche Funktionsbereiche. Die ständische Variante, die Konstitution eines privilegierten gelehrten Standes durch die Universität, ist die historisch älteste – sie stand bereits am Anfang der europäischen Universitätsentwicklung. Mit der Auflösung dieser Ordnung kam die Vorstellung auf, die Angehörigen bzw. Absolventen (bis zum Beginn des 20. Jahrhunderts nur Männer) der Universität seien Teil einer gesellschaftlichen Elite, und die Universität diene als Institution der »Elitenkonstruktion« (Tenorth, 2010, S. 122), deren Aufgabe in der Ausbildung von Funktionseliten für Wissenschaft und gesellschaftliche Führungspositionen bestünde. Mit der massiven Ausweitung der Beteiligung an Hochschulbildung wurde diese Vorstellung jedoch historisch obsolet. Die wissenschaftliche

Weiterbildung stand immer im Widerspruch zu diesen beiden Referenzen, die mit den für Weiterbildung konstitutiven Ideen von Ausweitung und Öffnung inkompatibel sind.

Persönlichkeit und Bildung: Im Mittelpunkt des unter dem Topos »Idee der deutschen Universität« geführten Diskurses stand (bzw. steht) das Leitmotiv zweckfreier Persönlichkeitsbildung im Medium der Wissenschaft (Ash, 1999; Tenorth, 2015). Die Idee akademischer Persönlichkeitsbildung, bei der die »bildende« Begegnung des Individuums mit Wissenschaft im Mittelpunkt steht, hatte ihre Blütezeit mit dem deutschen Bildungsidealismus im 19. Jahrhundert. Sie ist aber die nachhaltigste Selbstlegitimationsfigur der deutschen Universität, die nach dem Zweiten Weltkrieg als Gegenmodell zur nationalsozialistischen Universität recycelt wurde und sich in verschiedenen Varianten bis in die Gegenwart hinein gehalten hat, nicht zuletzt als Gegenentwurf zur Bologna-Universität. Der »Glaube an die Verschwisterung von Wissenschaft und Bildung« (Langewiesche, 2007, S. 89) war mit einer ausgeprägten Distanz gegenüber der beruflichen Qualifizierungsfunktion eines wissenschaftlichen Studiums verbunden, die am besten durch eine reflexive Distanzierung von der Praxis erfüllt werden könne. De facto hat die Universität als Institution akademischer Sozialisation immer eine berufliche Qualifizierungsfunktion ausgeübt. Die Wendung gegen eine spezialisierte berufliche Ausbildung war eher eine »Art von ideologischer Verhüllung für eine besondere Berufsausbildung ständisch elitärer Privilegierung« (Strzelewicz, 1966, S. 35). Die Idee der Persönlichkeitsbildung durch Begegnung mit Wissenschaft ist aber für die Ursprünge wissenschaftlicher Weiterbildung am Ausgang des 19. Jahrhunderts und deren Renaissance nach dem Zweiten Weltkrieg maßgeblich gewesen.

Forschung: Die Idee der forschungsbasierten Ausbildung des wissenschaftlichen Nachwuchses primär für den Eigenbedarf des Wissenschaftssystems war lange Zeit ein zentrales Leitmotiv für den Ausbildungsauftrag der Universität. Bis in die Zeit der Hochschulexpansion hinein hielt sich die selbstreferentielle Vorstellung, die auch heute noch bei vielen Professor/inn/en verbreitet ist, die Universität habe primär den wissenschaftlichen Nachwuchs auszubilden. Spätestens mit der massiven Hochschulexpansion hat sich aber die Vorstellung weitgehend durchgesetzt, dass eine Hochschulausbildung für die große Mehrzahl der Studierenden eher der wissenschaftsbasierten Vorbereitung einer professionellen Tätigkeit außerhalb der Hochschule dient (Multrus, Majer, Bargel & Schmidt, 2017, S. 70). Forschung ist auch für die wissenschaftliche

Weiterbildung ein hochrelevanter Bezugspunkt – und zwar für die meisten Zielgruppen. Für Hochschulabsolvent/inn/en, die zum Zwecke ihrer beruflichen Fortbildung an die Hochschule zurückkehren, ist es gerade ihre Forschungsfunktion, welche die Hochschule gegenüber anderen Weiterbildungsanbietern auszeichnet. Aus der empirischen Forschung zur wissenschaftlichen Weiterbildung geht hervor, dass das besondere Profil der Hochschule auf dem Weiterbildungsmarkt gerade in ihrer ureigenen Domäne liegt: im forschungsbasierten Transfer wissenschaftlichen Wissens (Stifterverband, 2003; Wolter, 2011). Auch das »Laienpublikum« ist primär an der Vermittlung aktueller Forschungsergebnisse interessiert.

Fachdisziplin: Das Fachprinzip lieferte historisch die kognitive Ordnung wissenschaftlicher Betätigung, und die fachliche Gemeinschaft bildete den sozialen Mikrokosmos akademischer Sozialisation. Obgleich wissenschaftliche Dynamik und Innovation heute in hohem Maße gerade zwischen oder jenseits fachlicher Differenzierung produziert werden und zahlreiche inter- oder transdisziplinäre Studiengänge etabliert wu(e)rden, hat die Fachdisziplin ihre zentrale Bedeutung als kognitives Organisationsprinzip noch nicht verloren. Die Idee der Ausbildung eines fachbezogenen Habitus (Wissen, Kompetenzen, Methoden, Überzeugungen, Denkformen) im Kontext der jeweiligen wissenschaftlichen Disziplin ist bis heute eine Leitidee akademischen Lernens geblieben. Von ihren Anfängen an bewegten sich daher auch Weiterbildungsangebote der Hochschulen grundsätzlich in diesem Referenzrahmen, sowohl im Bereich der berufsbezogenen wie der nicht-beruflichen Weiterbildung, bis in den letzten Jahren daneben immer mehr überfachliche Angebote ihren Platz fanden.

Beruf und Qualifikation: Die Idee wissenschaftsbasierter Qualifizierung für berufliche Tätigkeiten außerhalb der Wissenschaft, »passfähig« zu den Anforderungen von Arbeitsmarkt und Beschäftigung, spielte zwar historisch von den ersten europäischen Universitäten an eine maßgebliche Rolle. Das Studium diente schon damals primär der Ausbildung von Theologen im praktischen Kirchendienst, Juristen an den Höfen oder Lehrern an den Lateinschulen. Allerdings blieb das programmatische Selbstverständnis der Universität von dieser praktischen Funktion lange Zeit weitgehend unberührt – trotz einer stark anwachsenden gesellschaftlichen Bedeutung von Wissenschaft und Studium. Erst mit den Hochschul- und Studienreformen der letzten Jahrzehnte setzte sich diese Referenz als Zielorientierung eines akademischen Studiums mehr und mehr durch, obgleich große Teile des Lehrkörpers ihr immer noch eher kritisch gegenüberstehen und an der These festhalten, die Universität sei keine Institution der beruflichen Qualifizierung.

Die jüngste Volte in der ewig jungen Debatte um den Praxisbezug des Studiums ist sicher das im Zuge des Bologna-Prozesses verbreitete Konzept der Employability (kritisch dazu Teichler, 2008; Wolter, 2015). Der Paradigmenwechsel von der Persönlichkeitsbildung zur beruflichen (Weiter-)Qualifizierung hat seit den 1970er-Jahren auch die wissenschaftliche Weiterbildung erfasst und zu einer starken berufsfachlichen Bedarfsorientierung und Differenzierung der Angebote geführt. Zugleich hat sich diese Qualifizierungsfunktion selbst stark verändert. So stellte sich die berufliche Vorbereitungsfunktion im frühen 19. Jahrhundert bei einer nahezu vollständigen Ausrichtung der Universität auf den höheren Staatsdienst zunächst eher als eine berufsständische Sozialisationsfunktion dar. Dagegen mündet heute die Mehrzahl der Absolvent/inn/en in nicht-öffentliche Beschäftigungsfelder ein, trotz einer mit ca. 35–40 Prozent aller Absolvent/inn/en immer noch hohen Bedeutung des Arbeitsmarktsegments »öffentlicher Dienst und semi-öffentliche Tätigkeitsfelder«.

Akademische Bildung als Formung der Persönlichkeit durch die Universität, diese Überzeugung gehörte zur Identität der Universität bis weit in das 21. Jahrhundert hinein. Dieser Diskurs hat die Metadiskussion über die deutsche Universität weit nachhaltiger bestimmt als die tatsächliche Hochschulentwicklung im 19. und 20. Jahrhundert, auch nicht die verschiedenen Wellen der Hochschulreformen aus den letzten Jahrzehnten. Das bildungsidealistische Modell der deutschen Universität erfüllt mehr die Funktion eines »Mythos« (Ash, 1999) als eines handlungs- und reformleitenden Masterplans. Die tatsächlichen Dynamiken der Hochschulentwicklung wurden und werden von ganz anderen Determinanten bestimmt. Über weite Strecken handelte es sich bei der Idee akademischer Bildung um eine rhetorische Figur mit stark fiktionalem Charakter, die primär der institutionellen Selbstlegitimation und weniger als operatives Organisationsziel diente (Tenorth, 2010; 2015). Diese Idee taugte aber immer wieder zur Kritik und Abwehr von Studienreformkonzepten, welche die berufliche Qualifizierungsfunktion des Studiums verstärken woll(t)en. Keine der sich seit dem 19. Jahrhundert durch das deutsche Hochschulsystem ziehenden Hochschulreformwellen ist maßgeblich von diesem Diskurs beeinflusst worden.

3. Funktionswandel von Hochschule und wissenschaftlicher Weiterbildung

Die Institution Hochschule ist gegenwärtig einem tiefgreifenden gesellschaftlichen Funktionswandel unterworfen, der sich auf fünf Ebenen vollzieht. Diese Komponenten des Wandels betreffen auch die wissenschaftliche Weiterbildung, wenngleich in unterschiedlicher Form und Bedeutsamkeit.

Expansion der Nachfrage nach und der Beteiligung an Hochschulbildung: Weltweit vollzieht sich eine massive Ausweitung der Beteiligung an Hochschulbildung, sodass die Hochschule inzwischen in vielen Ländern auf dem Wege ist, zur wichtigsten volkswirtschaftlichen Qualifizierungseinrichtung zu werden. Auch wenn in Deutschland die Beteiligung an Hochschulbildung noch unter dem OECD-Durchschnitt liegt, u. a. wegen des hier vorhandenen alternativen Angebots betrieblicher und schulischer Berufsausbildung als der wichtigsten Säule des deutschen Qualifizierungssystems, so zeichnet sich doch auch in Deutschland derselbe Grundtrend ab (Wolter & Kerst, 2015; Wolter, 2017a). Eine der größten aktuellen und zukünftigen Herausforderungen der Hochschulentwicklung liegt daher in der anhaltenden Expansion der Beteiligung an Hochschulbildung und der damit verbundenen »Heterogenisierung« in der Zusammensetzung der Studierenden. Langfristig muss sich das deutsche Hochschulsystem darauf einstellen, dass etwa die Hälfte einer Alterskohorte ihre berufliche Qualifikation im Hochschulsystem erwirbt.

Wachsende Vergesellschaftung der Hochschule: Damit ist die zunehmende Einbindung der Hochschule in gesellschaftliche Funktionszusammenhänge, in die ökonomische, technologische Entwicklung und die politische Regulierung gesellschaftlicher Entwicklungen gemeint. Produktion und Distribution wissenschaftlichen Wissens vollziehen sich mehr und mehr nicht mehr entlang der Eigenlogik wissenschaftlicher Erkenntnis, sondern der externen Logik gesellschaftlicher Interessen und Verwendungskontexte. Helmuth Plessner (1924) hat bereits vor mehr als 90 Jahren diese Funktion der Universität und der Wissenschaften als »wissenschaftliche Rationalisierung der sozialen Lebenswelt« bezeichnet. Hochschule und Wissenschaft sind zentrale Produktivkräfte der ökonomischen, kulturellen und sozialen Entwicklung geworden. Mehr und mehr wird die Universität zu einer Institution, welche die »Rationalisierung« der Gesellschaft vorantreibt – im Sinne der Verfügung über rationales Wissen mit dem Ziel der Steigerung der Effektivität technologischer und gesellschaftlicher Prozesse. Aufkommen und Durchsetzung neuer Typen der Wissensproduktion und -distribution, wie sie etwa im Kontext der Mode-1/2-Debatte (Gibbons, Limoges, Nowotny, Schwartzmann & Scott, 1994) erörtert w(u)erden, sind ebenfalls eine Komponente wachsender gesellschaftlicher Vernetzung von Wissenschaft, ebenso wie die weltweite Vernetzung von Wissenschaft – oft als Globalisierung bezeichnet.

Professionalisierung der Gesellschaft: Mit der Ausweitung der Beteiligung an Hochschulbildung geht einher, dass die Hochschule zur zentralen Qualifizierungsagentur einer Professionsgesellschaft wird, in der eine kontinuierlich zunehmende Zahl von Tätigkeitsfeldern im Beschäftigungssystem eine wissens- bzw. wissenschaftsbasierte Qualifikation und ein Hochschulzertifikat voraussetzen. Nicht nur expandiert das Arbeitsmarktsegment hochschulqualifizierter Arbeit insbesondere durch die Ausweitung humankapital-intensiver Dienstleistungen, sondern wissenschaftliches Wissen und entsprechende Kompetenzen werden auch in immer mehr Berufen und Tätigkeiten erforderlich, die traditionell keine akademische Qualifikation voraussetzen. Die herkömmliche Segmentierung zwischen beruflicher und akademischer Bildung (Baethge & Wolter, 2015) löst sich zunehmend auf, die Differenzierungslinien werden fließend. Diese Entwicklung wird gegenwärtig unter dem Schlagwort »Akademisierung« von vielen als Bedrohung des Industrie- und Wirtschaftsstandorts Deutschland gesehen (Rauner, 2012; Bosch, 2012; Nida-Rümelin, 2014; Wolter, 2017b). In der Hochschulentwicklung wird die Frage der Professionalität seit dem Bologna-Prozess unter dem Begriff der Beschäftigungsfähigkeit angesprochen, wobei dieses Konzept nicht nur eine Vielzahl unterschiedlicher Ausdeutungen annimmt, sondern innerhalb des Hochschulsystems bis heute kontrovers diskutiert wird.

Diversifizierung des Hochschulsystems: Die Einheitlichkeit des deutschen Hochschulsystems, im Wesentlichen entlang der beiden Subsysteme Universitäten und Fachhochschulen untergliedert, löst sich zunehmend auf zugunsten institutioneller Annäherungen einerseits und neuer Formen der institutionellen Differenzierung andererseits (Banscherus, Engel, Mindt, Spexard & Wolter, 2015). Angleichungsprozesse lassen sich zum Beispiel in der Folge des Bologna-Prozesses auf der Ebene der Studienabschlüsse beobachten. Größere institutionelle Differenzierung findet sowohl funktional durch fachliche »Profilbildung« als auch vertikal durch Exzellenzinitiativen, Rankings und andere Mechanismen statt. Die zunehmende internationale Differenzierung der Hochschulsysteme unter anderem durch die angestrebte Identifizierung von »world class universities« ist ebenfalls ein Teil dieses Prozesses. Eine noch stärkere Diversifizierung lässt sich auf der Ebene der Studiengänge (z. B. durch fachliche Spezialisierung) beobachten, die gegenwärtig durch eine kaum noch überschaubare Proliferation von Studienangeboten gekennzeichnet ist (Arbeitsgruppe Bildungsberichterstattung, 2016, S. 125). Auch die zunehmende Privatisierung der Hochschulstrukturen durch die steigende Zahl privater Hochschulreinrichtungen, der in den letzten Jahrzehnten einzige noch wachsende Sektor des deutschen Hochschulsystems, ist Teil dieser Diversifizierung (ebenda, S. 124).

Hochschule als Organisation – von der Gelehrtenrepublik zum Hochschulmanagement: Die traditionelle deutsche Hochschulverfassung ist durch eine Dominanz der staatlichen Steuerung und, nach innen, durch eine hohe individuelle Autonomie der Mitglieder der akademischen Gemeinschaft sowie weitgehend kollegiale Entscheidungsprozesse charakterisiert. Demgegenüber war die institutionelle Ebene des akademischen Managements eher schwach ausgeprägt. Seit den späten 1960er-Jahren wurde das alte Modell der Professorenrepublik zunächst geringfügig durch die Gruppenuniversität mit der abgestuften Beteiligung aller Statusgruppen modifiziert. Die in den letzten beiden Jahrzehnten im Zeichen der neuen Hochschulsteuerung durchgeführten Maßnahmen führten dann zumindest tendenziell dazu, dass die Ebene des professionellen Hochschulmanagements in ihren Entscheidungs- und Steuerungskompetenzen gestärkt wurde und zugleich neue Verfahren der externen Steuerung durch Etablierung vertragsförmiger Formen und intermediärer Einrichtungen (Hochschulräte oder Agenturen) institutionalisiert wurden (Überblick bei Wolter, 2007; 2012). Zwar ist die deutsche Hochschule als eine eigensinnige Expertenorganisation (Pellert, 1999) insgesamt immer noch eher eine unvollständige und spezifische Organisation, aber deutlicher als je zuvor verliert sie ihren Charakter einer bloß »lose gekoppelten Organisation« (Wilkesmann & Schmidt, 2012).

Konsequenzen für die wissenschaftliche Weiterbildung: Die wissenschaftliche Weiterbildung ist ein fester Bestandteil dieses Funktionswandels, wird aber davon in unterschiedlichem Ausmaß und in divergierende Richtungen betroffen. Als Folge der wachsenden Beteiligung an Hochschulbildung wird voraussichtlich zukünftig auch die Teilnahme an wissenschaftlicher Weiterbildung steigen. Aus der Weiterbildungsforschung ist bekannt, dass die Weiterbildungsbeteiligung mit der schulischen und beruflichen Qualifikation zunimmt. Hochschulabsolvent/inn/en sind die mit Abstand weiterbildungsaktivste Gruppe

(AES, 2017; Widany, 2014), nicht zuletzt aufgrund der besonderen Obsoleszenz wissens- bzw. wissenschaftsbasierter Kompetenzen. Der steigende gesellschaftliche Bedarf an hochqualifizierten Fachkräften wird daher nicht nur die Nachfrage nach Hochschulbildung generell, sondern gerade die nach wissenschaftlicher Weiterbildung erhöhen. Die wachsende Verwissenschaftlichung der Gesellschaft bis hin zu den alltäglichen Lebenswelten wird die individuelle Nachfrage nach eher allgemeinbildenden und nachberuflichen Angeboten wissenschaftlicher Weiterbildung verstärken. Nicht nur wird als Folge des demographischen Wandels der Anteil der Älteren in der Bevölkerung zunehmen, sondern als Ergebnis der Bildungsexpansion werden der Bildungsstand und die Qualifikationsstruktur zukünftiger Generationen deutlich höher sein als je zuvor in der Vergangenheit und Bildungsaktivitäten in der nachberuflichen Lebensphase als neue Lebensstrategie stimulieren.

Wissenschaftliche Weiterbildung wird keineswegs allein von Hochschulen angeboten. Vielmehr ist der Weiterbildungsmarkt hochgradig segmentiert und differenziert. Sie kann im beruflichen Bereich ebenso von Unternehmen, Kammern, privatwirtschaftlichen oder gemeinnützigen Fortbildungseinrichtungen, Berufsverbänden oder anderen Institutionen angeboten werden, zum Teil deutlich praxis- und kundenorientierter als von den eher fachlich-angebotsorientierten Hochschulen. Ähnlich wird allgemeinbildende wissenschaftliche Weiterbildung von einer Vielzahl außerhochschulischer Einrichtungen bereitgestellt. Darüber hinaus entstehen neue Hybrideinrichtungen durch Kooperation unterschiedlicher Träger. Eine Monopolstellung haben Hochschulen in der Regel nur bei der Vergabe von Titeln bei weiterbildenden Studiengängen und Programmen, die zu regulären Abschlüssen führen. Der Trend zur Diversifizierung zeigt sich jedoch nicht nur auf dem Weiterbildungsmarkt generell, sondern auch innerhalb des Hochschulsystems. Hier erwächst den öffentlichen Hochschulen eine Konkurrenz durch die Proliferation privater Hochschulen, die gerade in der Weiterbildung eine Marktchance sehen. Von daher ist nicht nur mit einem Wachstum, sondern auch mit einer zunehmenden Konkurrenz auf dem Weiterbildungsmarkt zu rechnen. Die entscheidende Frage ist deshalb, in welchem Umfang die (öffentlichen) Hochschulen von der zu erwartenden Nachfrageexpansion in der wissenschaftlichen Weiterbildung profitieren oder ob der größere Anteil eher auf andere Einrichtungen entfällt.

Während Globalisierung und Internationalisierung die wissenschaftliche Weiterbildung in Deutschland bislang nur eher am Rande betroffen haben und hier die eigentliche Ausbreitung erst noch bevorsteht, haben viele Hochschulen im Kontext veränderter Governance-Verfahren in den letzten Jahren die Weiterbildung als eine Möglichkeit der Kompensation einer unzureichenden staatlichen Hochschulfinanzierung entdeckt. Dies hat stellenweise auch zu neuen Organisationsformen, etwa durch Outsourcing der Weiterbildung in rechtlich eigenständige Einrichtungen, geführt. Angesichts der hochschulrechtlichen Vorgabe, dass Angebote über kostendeckende Teilnehmerentgelte zu finanzieren sind, ist die Weiterbildung teilweise sogar ein Vorläufer für eine Marktorientierung und neue Finanzierungsmechanismen im Hochschulbereich gewesen. Ihr Ausbau war daher oft mit entsprechenden weitreichenden Hoffnungen verknüpft (Dobischat, Ahlene & Rosendahl, 2010). Allerdings sind hier oftmals zu hohe Erwartungen an Weiterbildung auch enttäuscht worden, was in einigen Fällen zur Schließung oder Rückverlagerung ausgegründeter Weiterbildungseinrichtungen geführt hat. Die erhofften finanziellen Erträge von wissenschaftlicher Weiterbildung können häufig nicht erwirtschaftet werden, und es gibt gesellschaftliche Weiterbildungsbedarfe und Aufgabenfelder wissenschaftlicher Weiterbildung, die sich betriebswirtschaftlich nicht tragen. Markterfolg von Weiterbildung ist auch für die Hochschulen kein Selbstläufer, sondern von Vorleistungen und Investitionen, also der Bereitschaft, Ressourcen zur Verfügung zu stellen, von wissenschaftlicher Reputation und Profilbildung und strategischer Ausrichtung abhängig. Nicht zuletzt spielt auch die technologische Organisation von Weiterbildung für ihre Erreichbarkeit eine zentrale Rolle. Zunehmende Digitalisierung kann sowohl die Internationalisierung der Teilnahme wie die Erschließung neuer Nachfragepotenziale für Zwecke der beruflichen Fortbildung unterstützen.

Der Erfolg wissenschaftlicher Weiterbildung an Hochschulen setzt im Bereich der beruflichen Fortbildung eine für Berufstätige geeignete Lernarchitektur voraus, eine individuelle Flexibilisierung von Lernorten, Lernwegen und Lernzeiten zugunsten nachfrageorientierter didaktischer Arrangements. Wissenschaftliche Weiterbildung weist eine doppelte, hybride Systembindung zwischen dem Wissenschaftssystem und dem Weiterbildungssystem auf. Sie muss zwei unterschiedlichen Logiken gerecht werden, einer Angebots- und einer Nachfragelogik. Als Teil des Hochschul- und Wissenschaftssystems muss sie dessen angebotsorientierten inhaltlichen Anforderungen und Qualitätskriterien entsprechen. Als Teil des nach anderen Regeln funktionierenden Weiterbildungsmarktes muss sie zugleich den teilnehmerorientierten Anforderungen an adressatengerechte Lehr- und Lernarrangements entsprechen. Dazu zählen die Unabhängigkeit von Zeit und Lernort sowie eine stärker praxisbezogene Perspektive. In Deutschland ist es in den letzten Jahren vorrangig der Bund-Länder-Wettbewerb »Aufstieg durch Bildung: Offene Hochschulen« gewesen, der solche alternativen Lern- und Studienformate für Berufstätige entwickelt und implementiert hat. Daneben erweisen sich private Hochschulen und Fernhochschulen als besonders attraktive Anbieter wissenschaftlicher Weiterbildung, weil sie beides gewährleisten: ein individuelles Zeitregime und ein zielgruppenorientiertes Studium.

4. Third Mission: ein Konzept zur Verortung und Legitimation wissenschaftlicher Weiterbildung?

Eines der neueren Konzepte, die zunehmende Vergesellschaftung der Universität begrifflich zu fassen, ist das der »Third Mission« von Hochschulen. Dieses Konzept wird zugleich oft im Diskurs über wissenschaftliche Weiterbildung mit dem Ziel aufgegriffen, dieser einen systematischen Ort unter den Aufgaben zuzuweisen, die Hochschulen angesichts ihres Funktionswandels zu erfüllen haben. Third Mission ist zu einer Kategorie geworden, die gesellschaftliche Bedeutsamkeit von Hochschulen über ihre beiden Kernaufgaben Forschung und Lehre hinaus hervorzuheben. Danach soll Hochschulen, insbesondere den Universitäten, neben ihren traditionellen Aufgaben eine neue zugewachsen sein, die primär in ihrer Rolle als eine Art Agentur der Innovation und des Wissenstransfers für gesellschaftliche, primär ökonomische Anforderungen liegt. Auch wenn es zur Zeit weder eine einheitliche Terminologie noch eine übereinstimmende Definition gibt, so ist es doch eine weitgehend gemeinsame Annahme, dass dieses Aufgabenfeld »eine neue Qualität erreicht« hat, die es rechtfertigt, hier »von einer Verdichtung zu einer dritten Grundaufgabe oder dritten Funktion« zu sprechen (Lassnigg, Trippl, Sinozic & Auer, 2012, S. 9). Eine besondere Affinität haben viele Konzepte einer Third Mission mit denen einer »unternehmerischen Universität«.

Der Begriff wird zum Teil enumerativ, zum Teil systematisch definiert; zum Teil finden sich enge, zumeist technologisch-ökonomisch ausgerichtete, zum Teil weite, auf vielfältige gesellschaftliche Anforderungen ausgerichtete Definitionen (Lassnigg et al., 2012, S. 100 ff., 142 ff.; Spiel, Schober & Somoza, 2016, S. 14). Inzwischen hat sich eher eine »multidimensionale« Perspektive durchgesetzt, die neben der ökonomisch-technologischen Dimension kulturelle, soziale und politische Aspekte einschließt (Roessler, Duong & Hachmeister, 2015, S. 5). Neben recht vagen Versionen – etwa zur Bezeichnung der »Forderung nach einer stärkeren gesellschaftlichen und wirtschaftlichen Einbettung der Universität« oder als »ein Sammelbegriff derjenigen Tätigkeiten [...], welche die Produkte aus den beiden Kernkompetenzen der Universität – Forschung und Lehre – nutzen, um gesellschaftliche Entwicklungsinteressen voranzutreiben« (Spiel et al., 2016, S. 9f.) – stehen solche, die eher taxonomisch oder operational angelegt sind. Zu den letzteren zählen das EU-Projekt »European Indicators and Ranking Methodology for University Third Mission« (E3M) (E3M, 2012) und das »BeMission«-Projekt »Die Third Mission in der Leistungsbewertung von Hochschulen« (Henke, Pasternak & Schmid, 2015; 2017).

Während das EU-Projekt sich mit einer allgemeinen Begriffsdefinition eher zurückhält und sich auf eine systematische Elementarisierung und Operationalisierung dieses Konstruktes konzentriert, liefern Henke et al. eine Definition, die zum einen auf notwendig zu erfüllende Bedingungen, zum anderen auf Abgrenzung zu anderen Aktivitäten fußt. Danach beschreibt Third Mission

> Aktivitäten einer Hochschule, die im Kontext von Lehre und Forschung stattfinden, ohne selbst oder ohne allein Lehre bzw. Forschung zu sein. Die Aktivitäten sind dadurch charakterisiert, dass sie – Adressaten außerhalb der akademischen Sphäre einbeziehen, – gesellschaftliche Entwicklungsinteressen bedienen, die mit der herkömmlichen Leistungserbringung in Lehre und Forschung allein nicht zu bedienen sind, und – dabei Ressourcen aus Forschung und/oder Lehre nutzen (Henke et al., 2016a, S. 21; 2015, S. 40; 2017, S. 62ff., insbesondere S. 77f.).

Ohne Zweifel erfasst das Konzept Third Mission die Erweiterung der Aufgaben und Aktivitäten von Hochschulen in einen gesellschaftlichen Raum hinein, der über ihre traditionellen Felder Forschung und Lehre hinausgeht, wenn diese primär von ihrer wissenschaftlichen Eigenlogik her verstanden werden. Allerdings sind »wechselseitige Interaktionen zwischen der Hochschule und der außerhochschulischen Umwelt«, wie Roessler et al. (2015, S. 6) die Third Mission »fokussierend« zusammenfassen, kein trennscharfes Merkmal. Schließlich ist dieses für die Universität seit ihren Ursprüngen konstitutiv. Ohnehin fällt auf, dass in vielen Konzepten der gesellschaftliche Bezug als ein signifikantes, exklusives Merkmal von Third Mission genannt wird, so als ob die anderen beiden Aufgaben diesen Bezug neben oder in Verbindung mit ihrer fachlichen Eigenlogik nicht aufweisen würden. Die Aktualität dieses Konzepts besteht

Im Zentrum oder an der Peripherie?

daher eher in einer neuartigen Verdichtung und zielgerichteten Organisation dieser Wechselbeziehungen.

Eine andere Frage bezieht sich auf die Lokalisierung der wissenschaftlichen Weiterbildung innerhalb oder außerhalb der Third Mission und deren Plausibilität und Begründbarkeit. Fast alle Konzepte beziehen Weiterbildung als ein wesentliches Feld von Third-Mission-Aktivitäten mit ein. Allerdings gibt es erhebliche Unterschiede in der Relevanz, die der Weiterbildung dabei zugemessen wird. Je nach Weite des Definitionshorizonts unterscheidet sich der Stellenwert, der weiterbildenden Aktivitäten in diesem Konzept zugewiesen wird. So wird wissenschaftliche Weiterbildung in der theoretisch ambitionierten IHS-Studie zwar mehrfach erwähnt, aber doch eher peripher, im Wesentlichen nur unter Bezug auf andere Konzepte und die Interviewergebnisse (Lassnigg et al., 2012, S. 82ff., 145, 150). Der Projektzwischenbericht zur »Third Mission der Universität Wien« (Spiel et al., 2016) erwähnt Weiterbildung ebenfalls in Referenz zu anderen Veröffentlichungen (ebenda, S. 17ff.), spricht dabei etwas unscharf von »traditioneller Weiterbildung« (ebenda, S. 11), stuft Weiterbildung aber als »ein wichtiges Element der Third Mission« ein (ebenda, S. 33), um sie dann für die eigene Untersuchung auszuschließen – mit der Begründung, Weiterbildung sei an der Universität Wien bereits verankert.

Eine deutlich prominentere Rolle kommt der wissenschaftlichen Weiterbildung in dem »BeMission«-Projekt zu, indem diese dort neben dem Forschungs- und Wissenstransfer und dem gesellschaftlichen Engagement (in Anlehnung an das an US-Hochschulen weit verbreitete »community engagement«) als eines der drei zentralen Aufgabenbereiche einer Third Mission eingeordnet wird (Henke et al., 2016a, S. 18; 2017, S. 82f.). Die »BeMission«-Studie greift damit den entsprechenden Strukturierungsvorschlag des EU-E3M-Projektes auf, das dieselbe Heuristik verwendet. In der weiteren Spezifikation dieses Aufgabenfeldes wird Weiterbildung dann jedoch auf berufsbezogene Fortbildung für Individuen und Unternehmen und akademische Weiterbildung in Form von Aufbau- und Fernstudiengängen sehr eng geführt (ebenda; Henke et al., 2016b, S. 22f.). Noch mehr überrascht die Zuordnung von »Widening Participation durch Öffnung und Erweiterung des Studienangebots« (Henke et al., 2016b, S. 25) bzw. die »Förderung unterrepräsentierter Gruppen« u. a. durch den Studienzugang ohne Abitur (Henke et al., 2017, S. 86) zur Third Mission unter dem Aufgabenfeld »gesellschaftliches Engagement«.

Dieser Überblick lässt es als nicht unproblematisch erscheinen, wissenschaftliche Weiterbildung der Third Mission zuzuordnen. Erstens wird damit keinesfalls erreicht, dass der Weiterbildung innerhalb der zahlreichen Aufgabenfelder einer Third Mission überhaupt eine zentrale Bedeutung zukommt. Vielmehr scheint sich in manchen Konzepten eine Art innere Hierarchie durchzusetzen, in der die Weiterbildung wieder marginalisiert wird und gar nicht oder nur am Rande erwähnt wird. Im Zentrum stehen dann andere, eher direkt ökonomisch-technologisch ausgerichtete Tätigkeitsfelder. Zweitens scheint selbst in denjenigen Konzepten, die der Weiterbildung eine Schlüsselrolle zuerkennen, dies mit einer Reduktion auf wenige Teilbereiche einherzugehen, primär auf berufliche Weiterbildung. So spiegeln viele Konzepte – drittens – gar nicht die Aufgaben- und Angebotsvielfalt wissenschaftlicher Weiterbildung wider, sondern führen zu einer Segmentierung ihres Aufgabenfeldes. Viertens ist wissenschaftliche Weiterbildung hochschulrechtlich eine Kernaufgabe der Hochschulen und kein gleichsam freiwilliges zusätzliches Anliegen.

Fünftens schließlich zeigt sich am Beispiel der Weiterbildung deutlich, dass die Grenzen zwischen einer Third Mission und den anderen beiden Hauptaufgaben der Hochschule – Lehre und Forschung – mehr als fließend sind. So sind Widening Participation und Förderung unterrepräsentierter Gruppen zentrale Herausforderungen, die den Kern von Lehre und Studium und des Zugangs zum Studium und nicht eine Zusatzleistung betreffen. Darüber hinaus ist gerade der Forschungsbezug von wissenschaftlicher Weiterbildung eines der Qualitäts- und Reputationsmerkmale, die Hochschulen gegenüber anderen Weiterbildungsanbietern auszeichnen. Auch gehören sogenannte akademische Weiterbildungsangebote, die zu regulären Abschlüssen führen (meistens dem Master) definitiv zur Lehre als First oder Second Mission. Auch ist der Bezug zu gesellschaftlichen Entwicklungsaufgaben als Kriterium für Third Mission alles andere als trennscharf. Schließlich dienen Lehre und Studium ebenso wie die Forschung gesellschaftlichen Aufgaben, auch wenn Lehre und Forschung neben der Erfüllung gesellschaftlicher Funktionen einer fachlich-wissenschaftlichen Eigenlogik und entsprechenden Begründungszwängen unterliegen.

5. Schlussbemerkungen

Der Diskurs über eine Third Mission ist teilweise von Akteuren der wissenschaftlichen Weiterbildung an den Hochschulen und in den Verbänden bereitwillig aufgegriffen worden, verspricht er doch eine Aufwertung und systematische Einordnung der Weiterbildung in das Aufgabenspektrum von Hochschulen. Die von der wissenschaftlichen Weiterbildung zum Teil schon seit den 1980er-Jahren gesuchte Nähe zum Wissens-, Technologie- und Innovationstransfer hat sicher dazu beigetragen, sich von der Third Mission einen funktionalen Bedeutungszuwachs zu versprechen. Die Inkonsistenz und die implizite Aufgabenhierarchisierung, die vielen Konzepten einer Third Mission innewohnt, lassen aber Zweifel aufkommen, ob die Erwartung erfüllt werden kann, mit diesem Begriff der wissenschaftlichen Weiterbildung eine höhere hochschulpolitische Legitimation zu verschaffen und ihr einen systematischen Ort im Aufgabenspektrum von Hochschulen zuzuweisen. Als weiterführend könnte sich der Vorschlag erweisen, zwischen zwei Ansätzen zu unterscheiden: einem Ansatz, der die Third Mission als »separate Mission betrachtet […], als eine Sammelbezeichnung für alles […], was nicht zur ersten und zweiten Mission zugehörig ist«, und einem – für die Weiterbildung produktiven – Ansatz, der unter Third Mission solche Aktivitäten versteht, die »nicht neben den Kernbereichen Forschung und Lehre als eigenständige Zusatzaktivitäten« bestehen, sondern »durch Forschung und Lehre erfüllt« werden (Roessler et al., 2015, S. 6).

Für wissenschaftliche Weiterbildung gelten im Kontext des Funktionswandels von Hochschulen zwei konstitutive Merkmale. Erstens ist sie untrennbar mit dem Kern von Forschung und Lehre verbunden. Abschlussorientierte Programme sind ebenso wie Maßnahmen zur Öffnung für nicht-traditionelle Studierende und andere Angebotsformate keine Zusatzleistungen, sondern fester Teil der rechtlich verbindlichen Hauptaufgaben von Hochschulen. Angesichts des gesellschaftlichen Funktionszuwachses von Hochschulen und Wissenschaft gehören sie ins Zentrum und nicht zur Peripherie der Hochschule. Ihre Absonderung als Third Mission läuft Gefahr, erneut eine Marginalisierung zu reproduzieren. Zweitens sollte vermieden werden, dass mit der Zuordnung wissenschaftlicher Weiterbildung zur Third Mission eine Segmentierung einhergeht, die ihren funktionalen Gesamtzusammenhang auflöst. Die besondere Bedeutung und der spezifische Ansatz wissenschaftlicher Weiterbildung bestehen ja gerade darin, eine Vielfalt unterschiedlicher Angebotsformate mit unterschiedlichen Qualifizierungs- und Bildungsaufträgen für eine Vielzahl (und Vielfalt) von Zielgruppen bereitzustellen, welche den allgemeinen Trend zur Diversifizierung der Hochschulsysteme widerspiegelt. Noch stärker als für die akademische Erstausbildung gilt für die Weiterbildung das Prinzip der Homologie zwischen Zielgruppe, Weiterbildungsauftrag und Angebotsformat. Hier erweist sich die Weiterbildung im Übrigen als derjenige hochschulpolitische Reform- und Experimentalraum, in dem die zukünftigen Strukturen von Lehre und Studium vorausgedacht und erprobt werden (können).

Literatur

Adult Education Survey (AES) (2017). *Weiterbildungsverhalten in Deutschland 2016. Ergebnisse des Adult Education Survey. AES-Trendbericht.* Berlin: BMBF.

Altbach, P., Reisberg, L. & de Wit, H. (Hrsg.). (2017). *Responding to Massification. Differentiation in Postsecondary Education Worldwide.* Rotterdam: Sense.

Arbeitskreis Universitäre Erwachsenenbildung (AUE) (Hrsg.). (1990). *Hemmnisse und Desiderata bei der Realisierung wissenschaftlicher Weiterbildung durch die Hochschulen.* Hannover: AUE.

Ash, M. G. (Hrsg.). (1999). *Mythos Humboldt. Vergangenheit und Zukunft der deutschen Universitäten.* Wien: Böhlau.

Autorengruppe Bildungsberichterstattung (2016). *Bildung in Deutschland 2016.* Bielefeld: wbv.

Baethge, M. & Wolter, A. (2015). The German Skill Formation Model in Transition: From Dual System of VET to Higher Education? *Journal for Labor Market Research, 48* (2), 97–112.

Banscherus, U., Engel, O., Mindt, A., Spexard, A. & Wolter, A. (Hrsg.). (2015). *Differenzierung im Hochschulsystem. Nationale und internationale Entwicklungen und Herausforderungen.* Münster: Waxmann.

Bosch, G. (2012). Gefährdung der Wettbewerbsfähigkeit durch zu wenige Akademiker? Echte oder gefühlte Akademikerlücke? In E. Kuda, J. Strauß, G. Spöttl & B. Kaßebaum (Hrsg.), *Akademisierung der Arbeitswelt? Zur Zukunft der beruflichen Bildung* (S. 20–35). Hamburg: VSA.

Clark, B. R. (1998). *Creating Entrepreneurial Universities.* Oxford: Pergamon.

Deutsche Gesellschaft für Wissenschaftliche Weiterbildung und Fernstudium (DGWF) (2017a). Formate wissenschaftlicher Weiterbildung. In B. Hörr & W. Jütte (Hrsg.), *Weiterbildung an Hochschulen* (S. 255–262). Bielefeld: wbv.

Deutsche Gesellschaft für Wissenschaftliche Weiterbildung und Fernstudium (DGWF) (2017b). Organisation der wissenschaftlichen Weiterbildung an Hochschulen. In B. Hörr & W. Jütte (Hrsg.), *Weiterbildung an Hochschulen* (S. 243–254). Bielefeld: wbv.

Deutsche Gesellschaft für Wissenschaftliche Weiterbildung und Fernstudium (DGWF) (Hrsg.). (2010). *Hochschule & Weiterbildung. 40 Jahre AUE/DGWF.* Hamburg: DGWF.

Dobischat, R., Ahlene, E. & Rosendahl, A. (2010). Hochschulen als Lernorte für das Lebensbegleitende Lernen. Probleme und Perspektiven für die (wissenschaftliche) Weiterbildung. *REPORT Zeitschrift für Weiterbildungsforschung, 2*, 22–33.

European Indicators and Ranking Methodology for University Third Mission (E3M) (2012). *Green Paper. Fostering and Measuring ›Third Mission‹ in Higher Education Institutions.*

Faulstich, P. (2010). Von der »Universitären Erwachsenenbildung« zur »Wissenschaftlichen Weiterbildung«. Von der Hochschulreform in den siebziger Jahren über die Vereinigung von AUE und AUW bis heute. In Deutsche Gesellschaft für Wissenschaftliche Weiterbildung und Fernstudium (DGWF) (Hrsg.), *Hochschule & Weiterbildung. 40 Jahre AUE/DGWF* (S. 30–35). Hamburg: DGWF.

Gibbons, M., Limoges, C., Nowotny, H., Schwartzmann, S. & Scott, P. (1994). *The New Production of Knowledge: The Dynamics of Science and Research in Contemporary Societies.* London: Sage.

Henke, J., Pasternack, P. & Schmid, S. (2015). *Viele Stimmen, kein Kanon. Konzept und Kommunikation der Third Mission von Hochschulen.* Halle-Wittenberg: Institut für Hochschulforschung.

Henke, J., Pasternack, P. & Schmid, S. (2016a). Third Mission von Hochschulen. Eine Definition. *Das Hochschulwesen, 64* (1+2), 16–22.

Henke, J., Pasternack, P. & Schmid, S. (2016b). *Third Mission bilanzieren* (Beiheft zu »die hochschule«). Halle-Wittenberg: Institut für Hochschulforschung.

Henke, J., Pasternack, P. & Schmid, S. (2017). *Mission, Die Dritte. Die Vielfalt jenseits hochschulischer Forschung und Lehre: Konzept und Kommunikation der Third Mission.* Berlin: Berliner Wissenschafts-Verlag.

Hillmer, M. & Al-Shamery, K. (Hrsg.). (2015). *Die Bedeutung von Bildung in einer Dienstleistungs- und Wissensgesellschaft. Welchen Bildungsauftrag hat die Universität?* Stuttgart: Wissenschaftliche Verlagsgesellschaft.

Hörr, B. & Jütte, W. (Hrsg.). (1998). *Weiterbildung an Hochschulen.* Bielefeld: wbv.

Hügli, A., Küchenhoff, J. & Müller, W. (Hrsg.). (2007). *Die Universität der Zukunft. Eine Idee im Umbruch?* Basel: Schwabe.

Inenaga, Y. & Yamamoto, S. (Hrsg.). (2007). *Reforms of Higher Education in Six Countries – Commonalities and Differences.* Tokyo: University of Tsukuba.

Jütte, W. & Rohs, M. (Hrsg.). (i.E.). *Handbuch Wissenschaftliche Weiterbildung.* Wiesbaden: Springer.

Kuda, E., Strauß, J., Spöttl, G. & Kaßebaum, B. (Hrsg.). (2012). *Akademisierung der Arbeitswelt? Zur Zukunft der beruflichen Bildung.* Hamburg: VSA.

Langewiesche, D. (2007). Chancen und Perspektiven: Bildung und Ausbildung. In A. Hügli, J. Küchenhoff & W. Müller (Hrsg.), *Die Universität der Zukunft. Eine Idee im Umbruch?* (S. 88–102). Basel: Schwabe.

Lassnigg, L., Trippl, M., Sinozic, T. & Auer, A. (2012). *Wien und die »Third Mission« der Hochschulen. Projektbericht.* Wien: Institut für Höhere Studien.

Müller-Böling, D. (2000). *Die entfesselte Hochschule.* Gütersloh: Bertelsmann.

Multrus, F., Majer, S., Bargel, T. & Schmidt, M. (2017). *Studiensituation und studentische Orientierungen. 13. Studierendensurvey an Universitäten und Fachhochschulen.* Berlin: BMBF.

Nida-Rümelin, J. (2014). *Der Akademisierungswahn. Zur Krise beruflicher und akademischer Bildung?* Hamburg: Körber.

Pellert, A. (1999). *Die Universität als Organisation. Die Kunst, Experten zu managen.* Wien: Böhlau.

Plessner, H. (1924). *Diesseits der Utopie.* Frankfurt a. M.: Suhrkamp.

Plessner, H. (ursprünglich 1924, 1974). Zur Soziologie der modernen Forschung und ihrer Organisation in der deutschen Universität. In H. Plessner, *Diesseits der Utopie* (S. 121–142). Frankfurt a. M.: Suhrkamp.

Rauner, F. (2012). Akademisierung beruflicher und Verberuflichung akademischer Bildung – widersprüchliche Trends im Wandel nationaler Bildungssysteme. *Berufs- und Wirtschaftspädagogik, 23,* 1–19.

Roessler, I., Duong, S. & Hachmeister, C.-D. (2015). *Welche Missionen haben Hochschulen? Third Mission als Leistung der Fachhochschulen für die und mit der Gesellschaft.* Gütersloh: CHE.

Schuetze, H. G. & Alvarez-Mendiola, G. (Hrsg.). (2012). *State and Market in Higher Education Reforms.* Rotterdam: Sense.

Seitter, W., Schemmann, U. & Vossebein, U. (Hrsg.). (2015). *Zielgruppen in der wissenschaftlichen Weiterbildung.* Wiesbaden: Springer.

Spiel, C., Schober, B. & Somoza, V. (2016). *Third Mission der Universität Wien. Erster Zwischenbericht 2016.* Wien: Universität Wien.

Stifter, C. H. (2016). Universität und Volksbildung. Anmerkungen zu einem spannungsreichen Verhältnis. *Magazin erwachsenenbildung.at, 27,* 2–9.

Stifterverband für die deutsche Wissenschaft (2003). *Hochschulen im Weiterbildungsmarkt.* Essen: Stifterverband.

Strzelewicz, W. (1966). Bildung und gesellschaftliches Bewußtsein. Sozialhistorische Darstellung. In W. Strzelewicz, H.-D. Raapke & W. Schulenberg, *Bildung und gesellschaftliches Bewußtsein. Eine mehrstufige soziologische Untersuchung in Westdeutschland* (S. 1–38). Stuttgart: Enke.

Strzelewicz, W. (1985). *30 Jahre Zentralstelle für Weiterbildung – Professor Willy Strzelewicz zum 80. Geburtstag.* Göttingen: Universität Göttingen.

Strzelewicz, W., Raapke, H.-D. & Schulenberg, W. (1966). *Bildung und gesellschaftliches Bewußtsein. Eine mehrstufige soziologische Untersuchung in Westdeutschland.* Stuttgart: Enke.

Teichler, U. (1990). Wissenschaftliche Weiterbildung an Hochschulen. In AUE (Hrsg.), *Hemmnisse und Desiderata bei der Realisierung wissenschaftlicher Weiterbildung durch die Hochschulen* (S. 9–17). Hannover: AUE.

Teichler, U. (2008). Der Jargon der Nützlichkeit. Zur Employability-Diskussion im Bologna-Prozess. *Das Hochschulwesen, 56* (3), 68–79.

Tenorth, H.-E. (2010). Wilhelm von Humboldts (1767–1835) Universitätskonzept und die Reform in Berlin – eine Tradition jenseits des Mythos. *Zeitschrift für Germanistik, XX-1*, 15–28.

Tenorth, H.-E. (2015). Humboldts Modell. Konzept, Idee und Realität des deutschen Universitätsmodells von Berlin aus gesehen. In U. Banscherus, O. Engel, A. Mindt, A. Spexard & A. Wolter (Hrsg.), *Differenzierung im Hochschulsystem. Nationale und internationale Entwicklungen und Herausforderungen* (S. 77–94). Münster: Waxmann.

Webler, W.-D. (Hrsg.). (2017). *Leiden Sie unter Überakademisierung?* Bielefeld: UniversitätsVerlagWebler.

Widany, S. (2014). *Weiterbildungsbeteiligung im Trend: Die Teilnahme von Akademiker_innen an beruflicher Weiterbildung im Zeitverlauf – 1991 bis 2010*. Frankfurt: Lang.

Wilkesmann, U. & Schmidt, C. J. (Hrsg.). (2012). *Hochschule als Organisation*. Wiesbaden: Springer.

Wolter, A. & Kerst, C. (2015). The »Academization« of the German Qualification System: Recent Developments in the Relationships between Vocational Training and Higher Education in Germany. *Research in Comparative and International Education, 10* (4), 510–524.

Wolter, A. & Schäfer, E. (i.E.). Geschichte der wissenschaftlichen Weiterbildung – Von der Universitätsausdehnung zur Offenen Hochschule. In W. Jütte & M. Rohs (Hrsg.), *Handbuch Wissenschaftliche Weiterbildung*. Wiesbaden: Springer.

Wolter, A. (2007). From the Academic Republic to the Managerial University – Towards a New Model of Governance in German Higher Education. In Y. Inenaga & S. Yamamoto (Hrsg.), *Reforms of Higher Education in Six Countries – Commonalities and Differences* (S. 111–132). Tokyo: University of Tsukuba.

Wolter, A. (2011). Wissenschaftliche Weiterbildung in Deutschland. *Beiträge zur Hochschulforschung, 33* (4), 8–35.

Wolter, A. (2012). State, Market and Institution in German Higher Education. New Governance Mechanisms between State Regulation and Market Dynamics. In H. G. Schuetze & G. Alvarez-Mendiola (Hrsg.), *State and Market in Higher Education Reforms* (S. 129–147). Rotterdam: Sense.

Wolter, A. (2015). Hochschulbildung vor neuen gesellschaftlichen Herausforderungen – Rückbesinnung auf die klassischen Bildungsideale oder Bildung neu denken? In M. Hillmer & K. Al-Shamery (Hrsg.), *Die Bedeutung von Bildung in einer Dienstleistungs- und Wissensgesellschaft. Welchen Bildungsauftrag hat die Universität?* (S. 25–38). Stuttgart: Wissenschaftliche Verlagsgesellschaft.

Wolter, A. (2017a). The Expansion and Structural Change of Postsecondary Education in Germany. In P. Altbach, L. Reisberg & H. de Wit (Hrsg.), *Responding to Massification. Differentiation in Postsecondary Education Worldwide* (S. 115–126). Rotterdam: Sense.

Wolter, A. (2017b). Akademisierung als Bedrohungsszenario oder analytisches Konzept? Die Perspektive der Hochschulforschung. In W.-D. Webler (Hrsg.), *Leiden Sie unter Überakademisierung?* (S. 73–98). Bielefeld: UniversitätsVerlagWebler.

Wolter, A., Banscherus, U. & Kamm, C. (Hrsg.). (2016). *Zielgruppen Lebenslangen Lernens an Hochschulen*. Münster: Waxmann.

Elke Gornik, Monika Kil & Christine Stöckler-Penz

Ausbau und Entwicklung universitärer Weiterbildung in Österreich

Gesellschaftlicher Bedarf, hochschulpolitischer Rahmen und OE-Praktiken

Abstract

Ziel des Beitrages ist es, einen Einblick in die Entwicklung der universitären/ wissenschaftlichen Weiterbildung in Österreich insgesamt zu geben sowie vertiefend anhand der Beispiele der Donau-Universität Krems, der Technischen Universität Graz und der Universität Wien. Ausgeführt werden Rahmenbedingungen und Veränderungen, die die Entwicklung in den letzten zehn Jahren beeinflusst haben. Der Stand der Verankerung von Weiterbildungseinrichtungen an Hochschulen allgemein wird auf Basis der derzeit aktuellsten Studie aus dem Jahr 2015 ausgeführt. Als Abschluss wird der gesellschaftliche Bedarf an universitärer/wissenschaftlicher Weiterbildung in Zusammenschau der drei dargestellten Beispiele entwickelt und mit zukünftigen zu erwartenden Weiterentwicklungen und Anforderungen in Österreich verknüpft.

Keywords: Universitäre Weiterbildung, Wissenschaftliche Weiterbildung, Hochschulentwicklung, Organisationsveränderung, Gesellschaftliche Herausforderungen

1. Einblick in das Feld der universitären/wissenschaftlichen Weiterbildung in Österreich

1.1 Ausgangsbedingungen in der universitären/wissenschaftlichen[1] Weiterbildung in Österreich

Weiterbildung wird für Universitäten neben Forschung und Lehre zu einer zunehmend bedeutsamen Säule für die Erfüllung ihres Bildungsauftrages in Österreich. Diese Entwicklung fußt auf mehreren Faktoren. Gesetzlich ist Weiterbildung – insbesondere der Absolventinnen und Absolventen von Universitäten – als eine der zentralen Aufgaben von Universitäten im Universitätsgesetz 2002 (UG 2002, § 3 Abs. 5) und im speziellen im Bundesgesetz über die Universität für Weiterbildung Krems (DUK-Gesetz 2004) festgehalten. Parallel zum Ausbau universitärer Weiterbildung hat sich bereits seit 1996 – zunächst als Plattform, dann 2006 als Verein – AUCEN[2], das Netzwerk für universitäre Weiterbildung und Personalentwicklung der österreichischen Universitäten, gebildet. In Österreich ist damit von einer zunehmenden Professionalisierung, Qualitäts- und Organisationsentwicklung (AQA, 2012) der hier im Fokus stehenden universitären Weiterbildung und der dafür zuständigen Organisationen auszugehen. Zudem begannen die Universitäten – ausgelöst durch den Bologna-Prozess – sich stärker in Richtung des Lebenslangen Lernens auszurichten. An den österreichischen Universitäten wurde in der Studienarchitektur durch die Umsetzung des Bologna-Systems eine Umstellung auf das dreigliedrige (Bachelor, Master, PhD) System umgesetzt. Den Mastergraden in der Weiterbildung kam damit eine (sichtbare) Steigerung der Wertigkeit des Abschlusses zu, da – mit einzelnen Ausnahmen – die bisherigen Abschlüsse, z. B. Magister/Magistra, abgelöst wurden.

---

1 Im österreichischen Sprachgebrauch wird mehrheitlich der Begriff »universitäre Weiterbildung« verwendet, da sich die universitäre Weiterbildung als eigenständige Angebotsform wissenschaftlicher Weiterbildung in Österreich etabliert hat. Er ist aber unter »wissenschaftliche Weiterbildung« zu subsumieren und auch die Autorinnen verwenden ihn synonym; die Organisationsdarstellungen sind jedoch ausschließlich dem Bereich »universitäre Weiterbildung« entnommen. Alle drei Autorinnen sind aktiv an Professionalisierungs- und Qualitätsprozessen an ihren Universitäten und im AUCEN-Netzwerk universitärer Weiterbildung beteiligt.
2 www.aucen.ac.at.

Speziell in Österreich hat der kontinuierliche Aus- und Aufbau der österreichischen Weiterbildungsuniversität Donau-Universität Krems (siehe 3.1) sicherlich auch weitere Universitäten ermutigt, in diesem Feld verstärkt tätig zu werden. Ergänzend dazu zeigt(e) sich insbesondere in Österreich eine Tendenz zur stärkeren Abschlussbezogenheit auch in der universitären Weiterbildung. Die Zunahme des Wunsches der Akademisierung von Berufsgruppen, die bisher nicht im akademischen Bereich aus- und/oder weitergebildet wurden (z. B. Gesundheits- und Pflegebereich), bestärkten ebenso das Feld der universitären Weiterbildung. Weiters strebten einzelne Universitäten durch den Ausbau von Weiterbildungsaktivitäten auch die Generierung zusätzlicher Einnahmen an. Als Hintergrund zur Finanzierung sei angemerkt, dass Universitätslehrgänge durch Lehrgangsbeiträge zu finanzieren sind und diese unter »Berücksichtigung der tatsächlichen Kosten« (UG 2002, § 56 Abs. 3) kalkuliert werden. In diesem Zusammenhang werden immer wieder unterschiedliche Sichtweisen in Hinblick auf eine »Vollkostenrechnung« im Bereich der universitären Weiterbildung deutlich.

Die Veröffentlichung der European Universities' Charter on Lifelong Learning (vertiefend Hörig & Brunner, 2011) mit den Verpflichtungen und Forderungen einerseits an die Universitäten und andererseits auch an Regierungen hat die Entwicklung von Lifelong-Learning-Strategien an den österreichischen Universitäten notwendig gemacht und kam auch in den Leistungsvereinbarungen 2010–2012 mit dem für Universitäten zuständigen Ministerium zum Ausdruck. In den sogenannten Wissensbilanzen aller Universitäten sind deshalb auch zu diesem Bereich Angaben zu tätigen. So kam es auch in Österreich zur Gestaltung von Formaten für eine neue Zielgruppe, die Lifelong Learners (Wolter, 2011, S. 27 f.): beginnend bei jenen, die die Weiterbildung als zweiten oder dritten Bildungsweg einschlagen (second chance learners) bis hin zu jenen Personen, die bereits einen akademischen Grad haben, sich aber hochschulisch/universitär weiterbilden möchten (recurrent learners), oder jenen, die einfach ihre Kompetenzen erweitern oder auffrischen möchten (refreshers). Auch aufgrund des Bildungsauftrages im Bereich der Weiterbildung liegt in Österreich an den Universitäten eine hohe Fokussierung auf den Bereich der postgradualen Weiterbildung vor, die vor allem die letzten beiden Gruppen anspricht.

Gleichzeitig ergibt sich dadurch für Universitäten und Hochschulen die Frage nach der Gestaltung von Übergängen (Regelstudium, Weiterbildungsstudium) und der Anrechnung und Anerkennung von Kompetenzen. Die

Zielgruppen der Weiterbildung brauchen neue Formate, die oftmals bisher im Regelstudium (welches in Österreich durch den freien Hochschulzugang vielfach in Massenveranstaltungen organisiert ist) nicht abgebildet waren. Eine ganz allgemeine Entwicklung bilden sicherlich die sich verändernden Kompetenzanforderungen von Unternehmen und Organisationen und die damit verbundenen Bildungsbedarfe und -bedürfnisse.

Bezogen auf die für universitäre Weiterbildung zuständigen Organisationseinheiten zeigt sich, dass deren Zuordnung als rein »administrative« Verwaltungseinheiten zu kurz greift, da diese in einem besonderen Feld agieren, welches stark von außen, aber auch von innen geprägt wird (u. a. Hanft & Teichler, 2007; Pellert & Cendon, 2007; Meisel & Feld, 2009; Wolter, 2011 und Hanft & Brinkmann, 2013). Dadurch wird notwendig, dass diese Einrichtungen ein klares Profil – eingebettet in die jeweilige Universität – aufweisen (sollten), um eigenständig, sichtbar und nachhaltig verankert zu agieren. Dennoch weist die Hochschulwirklichkeit – und dies zeigt die Studie von Gornik (2015) – hinsichtlich ihrer strategischen Verankerung der universitären Weiterbildung »Schwachstellen« auf: Nicht an allen Universitäten kommt der Weiterbildung ein hoher Stellenwert zu, was sich z. B. auch darin ausdrückt, dass keine/wenige Anreizsysteme für die an der Universität tätigen Wissenschaftlerinnen und Wissenschaftler verankert sind. Der Fokus liegt auf der Forschungsorientierung und auch die »Regel-Lehre« ist überlastet. Hier bleibt die universitäre Weiterbildung nachgereiht. Auch die Formate der universitären/wissenschaftlichen Weiterbildung sind oftmals traditionell (z. B. Frontalunterricht) organisiert und wenige nutzen die bestehenden Möglichkeiten von medien- (z. B. virtual classrooms) und fallbasierten Lernarrangements und/oder agieren zu langsam bzw. veraltet auf notwendige Bildungsbedarfe.

Das zentrale und spezifische Merkmal von universitärer/wissenschaftlicher Weiterbildung, und dies sei an dieser Stelle explizit betont, bleibt der Forschungsbezug, um die praxis- bzw. professionsorientierte Wissensvermittlung an die ausgeführten Zielgruppen gewährleisten zu können.

1.2 Datenlage, Angebotsvielfalt und Weiterbildungsstudierende

Der österreichische hochschulische Weiterbildungsmarkt setzt sich aus den Angeboten der Universitäten, Privatuniversitäten, Fachhochschulen und Pädagogischen Hochschulen zusammen. Wie anhand der Anzahl der Studierenden

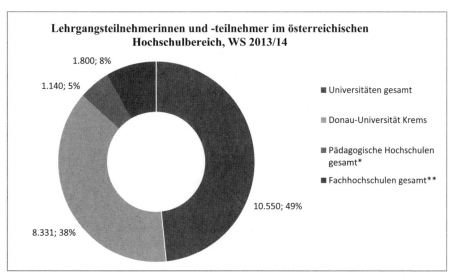

Abb. 1: Studierende in Universitätslehrgängen, Hochschullehrgängen und Lehrgängen im österr. Hochschulbereich exkl. Privatuniversitäten (* und ** Unklarheiten in der Datenbasis) (Quelle: Gornik, 2015, S. 30; grafisch adaptiert 2017).

(Abb. 1) in den formalen Angeboten (Universitätslehrgänge, Lehrgänge und Hochschullehrgänge) deutlich wird, befinden sich 87 Prozent der Weiterbildungsstudierenden an den österreichischen Universitäten.

Anhand der Entwicklung der Weiterbildungsstudierenden an den österreichischen Universitäten (siehe Abb. 2, geclustert gem. Tabelle 1) wird deutlich, dass die Anzahl an Weiterbildungsstudierenden eindeutig zugenommen hat.

Zieht man einen Durchschnitt über den Vergleichszeitraum (WS 2005/2006 und WS 2014/18) über alle Universitäten hinweg, so lag die Zunahme bei 97 Prozent (Gornik, 2015, S. 40). Bemerkenswert bleibt jedoch die Tatsache, dass eine eindeutige Dreiteilung der universitären Weiterbildungsangebote sichtbar wird: angeführt von der Donau-Universität Krems (8.915 Personen), gefolgt von jenen der klassischen Universitäten (6.976 Weiterbildungsstudierende) und dann zusammengefasst allen weiteren Universitäten (3.825 Personen).

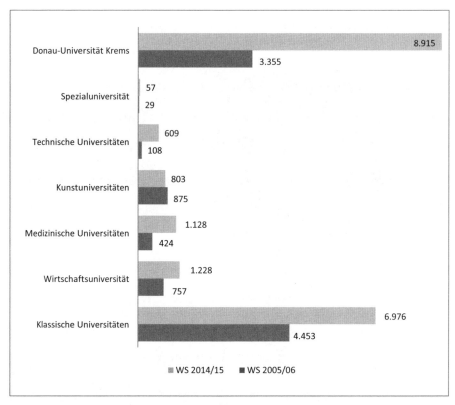

Abb. 2: Entwicklung der Weiterbildungsstudierenden an den österreichischen Universitäten (geclustert) (Quelle: Gornik, 2015, S. 36; grafisch adaptiert 2017).

2. Stand der Verankerung von Weiterbildungseinrichtungen an den österreichischen Universitäten

Folgende Merkmale wurden 2007 als charakteristisch für die wissenschaftliche Weiterbildung in Österreich festgehalten (Pellert & Cendon, 2007, S. 273): Strukturell ist die wissenschaftliche Weiterbildung an den österreichischen Universitäten durch dezentrale Strukturen gekennzeichnet. Vielfach sind keine organisatorischen Einheiten vorhanden, sondern es gibt engagierte Einzelkämpferinnen und -kämpfer; an den Kunstuniversitäten bzw. den Medizinischen Universitäten ist die wissenschaftliche Weiterbildung erst im Aufbau und der Bereich der wissenschaftlichen Weiterbildung an den Fachhochschulen ist noch nicht ausreichend vorhanden. Im Fazit der Studie hielten Pellert und Cen-

Cluster der Universitäten	Ange-schriebene Universitäten	Rücklauf (in %)
Klassische Universitäten Alpen-Adria-Universität Klagenfurt; Johannes-Kepler-Universität Linz; Karl-Franzens-Universität Graz; Leopold-Franzens-Universität Innsbruck; Paris-Lodron-Universität Salzburg; Universität Wien	6	100 %
Medizinische Universitäten Medizinische Universität Graz; Medizinische Universität Innsbruck; Medizinische Universität Wien; Veterinärmedizinische Universität Wien	4	75 %
Technische Universitäten Montanuniversität Leoben; Technische Universität Graz; Technische Universität Wien	3	100 %
Wirtschaftsuniversität Wien	1	100 %
Spezialuniversität Universität für Bodenkultur Wien	1	100 %
Kunstuniversitäten Akademie der bildenden Künste Wien; Kunstuniversität Graz; Universität für angewandte Kunst Wien; Universität für künstlerische und industrielle Gestaltung Linz; Universität für Musik und darstellende Kunst Wien; Universität Mozarteum Salzburg	6	16,67 %
Gesamt	21	71,43 %

Tab. 1: Fragebogenrücklauf kategorisiert nach Universitätstypen; ohne Donau-Universität Krems (Quelle: Gornik, 2015, S. 43; adaptiert 2017).

don (2007, S. 309) auch fest, dass zum damaligen Zeitpunkt davon auszugehen war, dass die Universitäten verstärktes Interesse an wissenschaftlicher Weiterbildung zeigen könnten. Sie gingen u. a. davon aus, dass zukünftig dezentrale Organisationsstrukturen in den Weiterbildungseinrichtungen eingeführt werden. Ergänzend könnte eine besondere Aufmerksamkeit auf den Bereich der »Executive Education« gelegt werden. Dennoch – so die Annahme in der Studie 2007 – würde die wissenschaftliche Weiterbildung keinen besonders großen Stellenwert in der strategischen Ausrichtung der Universitäten einnehmen, wenngleich sich eine Breite im Angebot (die sich über die Ausdifferenzierung von Zielgruppen zeige) belegen ließe, die möglicherweise unterschiedliche Organisationsformen zur Folge haben könnte.

Die Donau-Universität Krems wird in ihrer Vorreiterrolle und als Spezialistin für universitäre Weiterbildungsangebote in Kapitel 3.1 noch ausführlich behandelt. Sie wurde in den Befragungen zu den Studien 2015 und auch 2007, obwohl 2004 als Universität gegründet, nicht berücksichtigt. Grund dafür war, dass die gesamte strategische und organisatorische Ausrichtung auf den Weiterbildungsbereich an Universitäten fokussiert und sich nicht auf diese genuin auf wissenschaftliche Weiterbildung spezialisierte Universität bezogen hat.[3]

Die nun folgenden Ausführungen beziehen sich auf den Vergleich von 2007 (Pellert & Cendon) und 2015 (Gornik). Es gibt kleinere Abweichungen in der Datenlage und im Befragungssetting (z. B. wurden auch Fachhochschulen und Privatuniversitäten einbezogen), dennoch kann der Vergleich als valide gelten. Ziel der Studie 2015 war eine Vollerhebung über alle österreichischen Universitäten und ihre Weiterbildungseinrichtungen. Um Verzerrungen durch Einzelaussagen zu vermeiden, wurden Cluster (siehe Tab. 1) für die Expertinnen- und Expertenbefragungen der leitenden Personen in den Weiterbildungseinrichtungen gebildet:

Im Vergleich zur Studie 2007 mit einer Rücklaufquote von 59 Prozent wies jene von 2015 eine von über 70 Prozent auf (Tab. 1). Festzuhalten ist, dass es an einigen Universitäten 2015 bereits mehrere Einrichtungen gab, die wissenschaftliche Weiterbildungsangebote anboten (u. a. Universität Linz, Universität Graz, Universität Salzburg, Universität Klagenfurt). Die fehlende Rückmeldung der Kunstuniversitäten erklärt sich durch mangelnde zeitliche Möglichkeiten zur Rückmeldung, nicht vorhandene Identifikation mit wissenschaftlicher Weiterbildung oder fehlende postgraduale/wissenschaftliche Weiterbildungsangebote.

2.1 Struktur, Finanzierung und Personal

Die organisatorische Struktur von universitären Weiterbildungseinrichtungen (Gornik, 2015, S. 46 ff.) ist mehrheitlich als Teil einer Dienstleistungseinrichtung oder als eigene Dienstleistungseinrichtung eingerichtet. Ausnahmen bil-

---

3 Insgesamt lässt sich konstatieren, dass dieses Ausblenden zukünftig nicht mehr gerechtfertigt erscheint und sich neue übergreifende Fragestellungen (z. B. zur Angebotsentwicklung für Österreich) über alle Universitäten und alle Hochschulen hinweg erstrecken sollten.

den z. B. die Johannes-Kepler-Universität Linz mit mehreren Organisationseinheiten mit wissenschaftlichen Weiterbildungsangeboten (mit teilweise ausgegliederten Einheiten). Auch die Universität Graz hat – seit über zehn Jahren, dies war in der Studie 2007 bereits erwähnt – ebenfalls zwei Einrichtungen: ein Zentrum für Weiterbildung und eine ausgegliederte GmbH, die Uni for Life. Die Universitäten Salzburg und Klagenfurt gaben ebenfalls an, dezentrale Strukturen im Bereich der wissenschaftlichen Weiterbildungsprogramme zu haben. Reine Ausgliederungen (d. h. ein einziges Weiterbildungszentrum mit dem gesamten Portfolio an einer Universität) konnten seit 2006 in Österreich nicht festgestellt werden. Die universitären Weiterbildungseinrichtungen sind, mit Ausnahme jener, die mehrere, auch dezentrale Einheiten aufweisen, eindeutig (R = 13) eine Teileinrichtung der Universität. Eine Einrichtung (Universität für Bodenkultur Wien) gab allerdings an, sich derzeit in einer Neuorientierungsphase zu befinden. In Hinblick auf die Zuständigkeiten gaben fast alle Organisationseinrichtungen an, dass diese dem Rektorat (oder einem Mitglied) direkt berichtspflichtig sind (Gornik, 2015, S. 49).

Wenn es um die Finanzierungsquellen der universitären Weiterbildungseinrichtungen geht, zeigte sich folgendes Bild (ebd., S. 53 f.): Mehr als die Hälfte (57 Prozent) gaben an, dass sich diese zu mindestens 75 Prozent selbst finanzieren müssen. Jedoch werden in unterschiedlichen Ausmaßen von den Universitäten beispielsweise kostenfrei Räume zur Verfügung gestellt oder auch Personalressourcen. Konkret bedeutet dies, dass einerseits in den Weiterbildungseinrichtungen mehrheitlich eine Selbstfinanzierung vorherrscht und andererseits diese eine Mischfinanzierung in unterschiedlichen Ausprägungen aufweisen. Die Hauptfinanzierungsquellen bestehen vor allem aus den direkten Einnahmen (Teilnahmebeiträge und unterschiedlich hohe Overhead-Sätze, die den Weiterbildungseinrichtungen direkt zukommen). Einnahmen durch Drittmittelprojekte waren im Befragungszeitraum als Finanzierungsquellen in den Weiterbildungseinrichtungen (noch) nicht im Fokus.

Die Personalstruktur in den einzelnen universitären Weiterbildungseinrichtungen zeigt ein sehr differenziertes Bild (Gornik, 2015, S. 55 f.): Mehrheitlich (zu 85 Prozent) verfügen die Weiterbildungseinrichtungen zwar über Personal auf Management-Ebene im Ausmaß von ein bis drei Personen, jedoch gaben lediglich zwei Weiterbildungseinrichtungen an, leitendes Personal im Ausmaß von vier bis zehn Personen angestellt zu haben. Umgerechnet auf Vollzeitäquivalente (VZÄ) als Durchschnittswert über alle universitären Weiterbildungseinrichtungen kann angenommen werden, dass diese über 2 VZÄ im leitenden Personal und etwas mehr als 8 VZÄ im administrativen/organisatorischen Bereich verfügen. Dies zeigt, dass – im Gegensatz zu der Annahme in der Studie von Pellert und Cendon (2007) – Personalstrukturen in den universitären Weiterbildungseinrichtungen aufgebaut wurden und mehrheitlich nicht mehr Einzelkämpferinnen und -kämpfer vorherrschen.

2.2 Formate universitärer Weiterbildung

Wenig überraschend, da basierend auf der gesetzlichen Grundlage, bilden Universitätslehrgänge das primäre Format, welches von den österreichischen Universitäten angeboten wird. So ging das Bundesministerium für Wissenschaft, Forschung und Wirtschaft davon aus, dass 2013 an den Universitäten 922 Lehrgänge eingerichtet waren, wobei davon rund 66 Prozent auch aktiv angeboten wurden (bmwfw, 2014, S. 174).

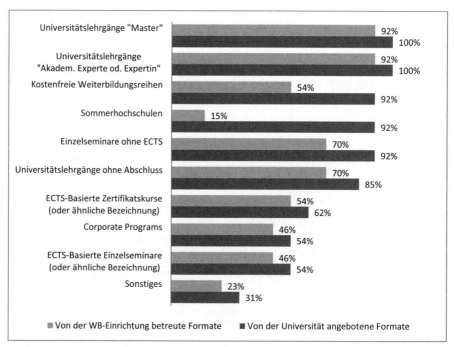

Abb. 3: Weiterbildungsformate an österreichischen Universitäten (Quelle: Gornik, 2015, S. 50; grafisch adaptiert 2017).

Die österreichischen Universitäten bieten im Bereich der universitären Weiterbildung eine Vielzahl an Formaten (Abb. 3) ergänzend zu den Universitätslehrgängen an. Interessant dabei ist, dass beispielsweise Sommerhochschulen oder kostenfreie Weiterbildungsreihen oftmals nicht direkt von den Weiterbildungseinrichtungen, sondern von anderen universitären Einrichtungen angeboten werden. Daraus lässt sich auch schließen, dass die universitären Weiterbildungseinrichtungen vor allem Angebote bereitstellen, die professionalisiert und kostenpflichtig sind, um so Einnahmen zu ermöglichen.

2.3 Organisations- und Managementaufgaben der Weiterbildungseinrichtungen an österreichischen Universitäten

Es ist auffällig, wie vielfältig die Aufgaben der universitären Weiterbildungseinrichtungen sind. Diesem Aspekt wird besondere Bedeutung gegeben, da damit sichtbar wird, welche Aufgaben den universitären Weiterbildungseinrichtungen zugeordnet werden oder von diesen bewältigt werden müssen (Abb. 4). Die Kernaufgabe von universitären Weiterbildungseinrichtungen ist es, Weiterbildungsangebote sichtbar zu machen und darüber zu informieren. Dahinter verbirgt sich jedoch immer die Frage, mit welchen Handlungsmöglichkeiten und -spielräumen die universitären Weiterbildungseinrichtungen überhaupt ausgestattet sind. Deutlich wird, dass die universitären Weiterbildungseinrichtungen einerseits als zentrale Service-, Informations- und Auskunftsstellen mit zentralen administrativen Aufgaben gesehen werden. Andererseits zählen die strategische Planung und Entwicklung von Weiterbildungsprogrammen sowie die Vertretung der wissenschaftlichen Weiterbildung nach außen zu weiteren Kernbereichen. Zu den weiteren Hauptaufgaben der universitären Weiterbildungseinrichtungen gehören vor allem Agenden im Bereich PR und Marketing. Dies kann sicherlich auch auf den zunehmenden Wettbewerb durch die steigende Anzahl an (hochschulischen) Weiterbildungsanbietern zurückgeführt werden. Durch die erwähnte Zunahme an Personal in den einzelnen Weiterbildungseinrichtungen hat auch die Aufgabe »Personalführung« zugenommen. Weiters haben in den letzten Jahren immer mehr universitäre Weiterbildungseinrichtungen auch finanzielle Verantwortlichkeiten für die jeweiligen Programme übertragen bekommen und somit nehmen diese auch einen großen Anteil am gesamten Aufgabenportfolio ein.

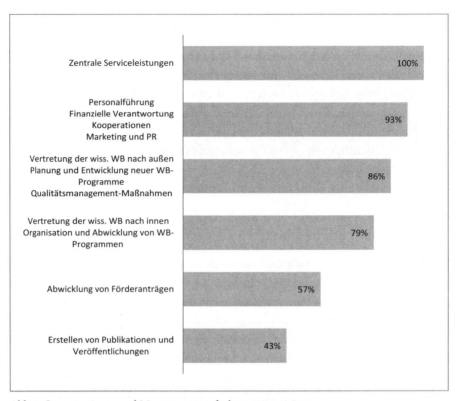

Abb. 4: Organisations- und Managementaufgaben universitärer Weiterbildungseinrichtungen (Quelle: Gornik, 2015, S. 60; adaptiert 2017)

Bisher weniger ausgeprägt (57%) sind das Einbringen und Abwickeln von Förder- oder Drittmittelanträgen bzw. auch die Erstellung von Publikationen und Veröffentlichungen (43%). Dies liegt einerseits darin begründet, dass die universitären Weiterbildungseinrichtungen organisatorisch als »Dienstleistungseinrichtungen« und nicht als wissenschaftliche Einrichtungen eingeordnet sind. Andererseits lässt die doch noch immer vorhandene »dünne« Personalstruktur an einzelnen Weiterbildungseinrichtungen diese Tätigkeiten aus zeitlichen Gründen nicht zu. Über AUCEN lässt sich allerdings beobachten, dass zukünftig ein immer stärkerer Fokus auf beide Bereiche gelegt wird. Aktuell zeigt sich an einigen Universitäten bereits in ihrer Außendarstellung[4] klar, dass sich universitäre Weiterbildungseinrichtungen zunehmend diesen

---

4 u. a. Universität Wien, http://www.postgraduatecenter.at/university-extension/lifelong-learning-projekte/; Technische Universität Graz, https://www.tugraz.at/studium/

Bereichen widmen und sich sogar vereinzelt an angewandter Forschung (z. B. als Partner und/oder Koordinator in Erasmus+-Konsortien, FFG-Förderung im Bereich des Wissenstransfers) beteiligen.

2.4 Entwicklungsbereiche der universitären Weiterbildung

Zusammengefasst zeigen die Ausführungen, dass seit 2006 Entwicklungen und damit einhergehende Veränderungen der universitäreren Weiterbildungseinrichtungen (wenngleich in unterschiedlichem Ausmaß) in Hinblick auf Verankerung, Personalstruktur und vor allem Aufgabenvielfalt stattgefunden haben. Als Ausblick für die kommenden fünf Jahre wurde abgefragt (Gornik, 2015, S. 61 f.), welche Entwicklungen in Hinblick auf das Aufgabenportfolio zu erwarten sein könnten. Die Antwort war eindeutig: So gingen 79 Prozent der befragten Personen davon aus, dass das Aufgabenportfolio zunehmen, und nur 21 Prozent, dass dieses gleichbleiben würde. Keine der befragten Weiterbildungseinrichtungen ging davon aus, dass die Aufgabenvielfalt abnehmen würde. Im Detail wurden vor allem zwei Themenbereiche, die zunehmend Beachtung finden würden, genannt: ein stärkerer Fokus auf den Bereich Qualitätssicherung und Qualitätsmanagement sowie der weitere Ausbau des bestehenden Programm-Portfolios. Je nach geplanter strategischer Ausrichtung der jeweiligen Universitäten (bzw. Einrichtungen) wurden Einzelnennungen eingebracht, wie etwa ein Ausbau von Drittmittelprojekten, der Aufbau von internationalen Kooperationen oder der Ausbau von Service- und Beratungsleistungen. Die Antworten in Hinblick auf die Einschätzung der Entwicklung des Personalstandes (ebd., S. 56) zeigten, dass mehr als die Hälfte der Befragten davon ausgeht, dass dadurch eine Zunahme der Entwicklung des Personalstandes notwendig sein wird. Gleichzeitig gaben jedoch 38 Prozent an, dass kein Ausbau der Personalressourcen absehbar sei und diese daher gleichbleiben würden, 8 Prozent konnten hier keine Einschätzung treffen.

---

studienangebot/universitaere-weiterbildung/qualifizierungsnetzwerke/ueberblick-quali fizierungsnetzwerke/; Universität Innsbruck, https://www.uibk.ac.at/weiterbildung/pro jekte/.

3. Universitäre Weiterbildungseinrichtungen in der Praxis

3.1 Eine spezialisierte Universität für Weiterbildung: Donau-Universität Krems

Die Donau-Universität Krems wurde 1994 durch die Verabschiedung eines Bundesgesetzes (BGBl. Nr. 269/1994) als Universitätszentrum für Weiterbildung mit der Bezeichnung Donau-Universität Krems gegründet. Sie hat sich seit ihrer Gründung erfolgreich quantitativ (21.380 AbsolventInnen, Stand 1/2017) und qualitativ (erfolgreiches Audit und Auflagenerfüllung in 2016 gem. HS-QSG) entwickelt. Damit hat sie sich als führende öffentliche Universität für Weiterbildung in Europa positioniert und bildet im deutschsprachigen Raum die einzige Institution dieser Art. In Frankreich gibt es mit dem CNAM, dem Conservatoire National des Arts et Métiers, eine wie die Donau-Universität anerkannte Hochschule, die dem französischen Ministerium für Erziehung, Hochschulwesen und Forschung direkt zugeordnet ist. Ihre Gründung fand bereits 1794, im Zeitalter der Aufklärung, statt, weshalb sie als wesentlich »ältere« Schwester mit vergleichbarem öffentlichen Auftrag und Aufgabenspektrum gelten kann.

Mit dem gesetzlichen Auftrag der universitären Weiterbildung ausgestattet, legte die Donau-Universität Krems in der Anfangsphase den Schwerpunkt ihrer Entwicklung in den Auf- und Ausbau eines forschungsgeleiteten Lehrangebots. Einige Zentren, insbesondere im Bereich der Fakultät für Gesundheit und Medizin, entwickelten sich von Anfang an stark forschungsorientiert und konnten sich in der Forschung international etablieren.

Mit Inkrafttreten des Bundesgesetzes für die Donau-Universität Krems 2004 (DUK-Gesetz), das sich weitestgehend am damals neuen Universitätsgesetz orientierte, erfolgte die Aufwertung zur Universität für Weiterbildung. Damit erhielt die Donau-Universität Krems auch das Recht, Universitätsprofessorinnen und -professoren zu berufen. Es wurde eine grundlegende Voraussetzung für den Aufbau von Forschungskapazität für alle Angebotsbereiche geschaffen, die durch die Möglichkeit, auch PhD-Studien einzurichten, weiter gestärkt wurde. So betrugen die eingeworbenen Forschungsdrittmittel für 2016 insgesamt 5,1 Mio. Euro, wobei das Land Niederösterreich und die Österreichische Forschungsförderungsgesellschaft (FFG) die Hauptfördergeber bildeten. Insgesamt hatte die Donau-Universität 2015 ein Gesamtbudget von 52 Millionen Euro (70 Prozent Finanzierung durch Drittmittel) und es waren 27 Professuren berufen, die in drei Fakultäten forschen und lehren (vgl. Donau-Universität Krems, 2017). Damit allein kann die Donau-Universität ein breiteres Fächerspektrum in ihren Universitätslehrgängen entwickeln und vorhalten als Universitäten mit Weiterbildungseinheiten. Fünf Studienbereiche – Medizin, Gesundheit und Soziales; Wirtschaft und Unternehmensführung; Recht, Verwaltung und Internationales; Bildung, Medien und Kommunikation; und Kunst, Kultur und Bau – werden angeboten. Zukunftsorientierte und innovative Universitätslehrgänge, die noch nicht oder auf wenig Bedarf stoßen, können zur Bedarfsweckung oder im Pilot mit geringer Teilnehmerzahl im Portfolio bleiben und können so nicht ausschließlich an marktrelevante Erwägungen gekoppelt werden.

Die positive Entwicklung von Studierendenzahlen der Donau-Universität Krems mag u. a. daran liegen, dass länger bestehende Universitäten bereits über eine traditionelle (lokal oder historisch motivierte) studentische Klientel verfügen, eine neu gegründete Universität mit eigenständigem Profil dagegen ihr Angebot im engen Dialog mit ihren internen und externen Stakeholdern entwickeln kann (Loprieno, 2015). Interne Stakeholder müssen für die erfolgreiche Implementierung von wissenschaftlicher Weiterbildung auch nicht erst gewonnen werden, wie Präßler (2015, S. 26) es als eine zentrale Herausforderung wissenschaftlicher Weiterbildung herausarbeitet, sondern dieses Studienangebot bildet den genuinen Kern einer Universität für Weiterbildung – es muss mit dem wissenschaftlichen und wissenschaftsstützenden Personal nicht fortlaufend ausgehandelt werden: »It is a specialised institution in the sector of lifelong learning (LLL) offering university based advanced education. Continuing education is not just a field of training, rather it is a core competence.« (Orazbayeva, 2017, S. 2)

Um Studieninteressierten mit keiner klassischen akademischen Bildungsbiografie die Zugänge zur wissenschaftlichen Weiterbildung zu ermöglichen, setzt die Donau-Universität Krems ein Konzept zur Validierung formaler, nonformaler und informell erworbener Qualifikationen für die Zulassung zum Studium um (Kil, 2016). Validierung wird an der Donau-Universität Krems, die seit ihrer Gründung stark an der europäischen Bildungspolitik ausgerichtet ist, als ein Prozess der Bestätigung von einer autorisierten Institution verstanden, dass ein Individuum Lernergebnisse, gemessen an einem entsprechenden Maßstab, erreicht hat, und besteht aus folgenden Phasen: Identifikation, Dokumentation, Bewertung und Bestätigung/Bescheinigung (European Union, 2012, S. 5). Dabei können nicht nur weiterbildungsaffine berufstätige Personen mit individuellen und untypischen Bildungsbiografien von dieser Ausrichtung des Zulassungsprozesses profitieren, sondern auch Studieninteressierte, die ausländische Qualifikationen erworben haben (vgl. im Überblick Pfeffer & Skrivanek, 2013), und/oder die gleichberechtigte Anerkennung von non-formalen und informellen Bildungswegen von Menschen mit Behinderungen und chronischen Krankheiten. Mittels individueller Validierung, d. h. des Sichtbarmachens der dem Bachelor äquivalenten Kompetenzen, wird eine Zulassung zum Masterstudium möglich. Dieser individuelle und ressourcenintensive Weg der Zulassung noch vor Aufnahme eines Studiums gibt beiden Seiten, Hochschule und Studieninteressierten, Klarheit und wird mittels schriftlicher Bestätigung der Erfüllung der Studienvoraussetzungen für den jeweiligen Studiengang von Seiten der Universität zugestellt. Im Bereich der Validierung ist die Donau-Universität als universitärer Weiterbildungsanbieter damit ein starker nationaler Partner in der derzeitigen Umsetzung des Nationalen Qualifikationsrahmens (NQR) in Österreich.[5]

Eine weitere Besonderheit einer Universität für Weiterbildung liegt auch in ihrem Zugriff und in ihrer Reichweite auf Weiterbildungsforschung. Weiterbildungsforschung ist an der Donau-Universität Querschnittsaufgabe und eigenständiges Profil zugleich. Als eine von nur drei Universitäten in Österreich hat sie eine genuine Professur für Erwachsenen-/Weiterbildung und auch Möglichkeiten der reflexiven und selbstreferentiellen Beobachtung eines eigenen empirischen Feldes. Angesichts einer Weiterbildungsbeteiligung der Bevölkerung von 14,7 Prozent (Statistik Austria, 2017, S. 47) liegt die Inskriptionsquote in Universitätslehrgängen bei unter 0,5 Prozent (ebd., S. 32[6]); somit ist der Bereich der wissenschaftlichen Weiterbildung kaum für klassische empirische Bildungsforschung im Panelformat zugänglich. So bilden Daten aus spezialisierten Organisationen erst eine kritische Masse bzw. Annäherung, um überhaupt für das Feld genuine Forschungshypothesen, Grundlagen- und

---

5 Das NQR-Gesetz wurde im Vergleich zu anderen EU-Staaten erst am 21.3.2016 im Bundesgesetzblatt für die Republik Österreich veröffentlicht. Auf Grundlage dieses Gesetzes kann sowohl die Implementierung des NQR im formalen Bereich als auch non-formalen Bereichs umgesetzt werden.

6 14,4 Prozent der Österreicherinnen und Österreicher (25 bis 64 Jahre; 55,5 Prozent der 8,6 Mio. Gesamteinwohnerinnen und -einwohner Österreichs) haben in den letzten vier Wochen an einer Aus- oder Weiterbildung teilgenommen (Statistik Austria, 2017, S. 47). Statistik Austria (2017) beziffert eine Gesamtzahl von 17.927 Studierende in Universitätslehrgängen (ebd., S. 32).

Längsschnittstudien konzipieren zu können. Aktuell liegt eine beauftragte, noch nicht veröffentlichte Studie (öibf & ibw, 2017) über die Donau-Universität vor, die von außen einen Blick auf das bestehende empirische Material, seine Weiterentwicklungen, die Leistungen des Aufnahmesystems und die Besonderheiten der Studierenden der Donau-Universität wirft. Insgesamt nutzte diese Studie folgendes Datenmaterial: Studierendendatenbank 2008–2015 N = 18.822; Alumni-Befragungen 2011–2015 N = 2.319 und BewerberInnenprofile N = 300 (codierte Lebensläufe, Letters of Intent und Arbeitszeugnisse). Der Vergleich mit den zur Verfügung stehenden Daten zu Studierenden in Österreich allgemein zeigt:

Die Studierenden der Donau-Universität Krems

1. bringen eine höhere Vorbildung mit,
2. haben eine längere bzw. mehr Berufserfahrung,
3. sind länger in Führungspositionen bzw. haben mehr Führungserfahrung,
4. verfügen über mehr Lebenserfahrung bzw. ein höheres Alter,
5. verfügen vermehrt über einen Lehrabschluss und
6. weisen eine höhere Anzahl an Selbstständigen bzw. Entrepreneurinnen und Entrepreneurs auf.

Diese Ergebnisse und die systematische Analyse von 300 individuellen BewerberInnenbiografien rechtfertigen ein individuelles Zulassungsverfahren anstatt eines »overall assessments«. Angesichts der erworbenen Masterabschlüsse, die sich in ihren Lernergebnissen an der Bearbeitung gesellschaftlicher Herausforderungen orientieren, ist ein hoher Return on Investment für die persönliche und berufliche Entwicklung – vor allem für die nicht-klassisch akademisch Vorgebildeten – in der AbsolventInnenbefragung der Donau-Universität Krems (Kil, 2016) belegt.

Mit insgesamt acht Leitstrategien – qualitativer Ausbau des lebensphasenorientierten Studienmodells mit Fokus auf gesellschaftliche Herausforderungen, Weiterentwicklung des Qualitätsmanagementsystems, Weiterentwicklung der Forschung in den gesamtuniversitären Schwerpunkten, verstärkte Berücksichtigung digitaler Transformationsprozesse, Ausbau von Personal- und Karriereförderungsmaßnahmen, Etablierung von weiteren PhD-Studien, Weiterentwicklung und Formalisierung von Kooperationen und Ausbau der internationalen Aktivitäten (Donau-Universität Krems, 2017, S. 6 ff.) – geht die Donau-Universität Krems gemäß ihres Entwicklungsplanes 2019–2024 (S. 6 ff.) strategisch in die Zukunft.

3.2 Entwicklungsprojekt Life Long Learning – Technische Universität Graz

In Umsetzung der Leitstrategie der Technischen Universität (TU) Graz »Aufbau von Master und Post Graduate Angeboten« wurde im Jahr 2005 die Organisationseinheit »Life Long Learning« als strategisches Projekt des Vizerektorats für Lehre und Studien eingerichtet. Ihre vorrangige Aufgabe war es, die Profilbildung der Universität in Bezug auf Weiterbildung zu schärfen. 2005 verfügte die TU Graz über wenige Weiterbildungsaktivitäten: In sechs Universitätslehrgängen waren in Summe 21 Studierende zugelassen. Diese Universitätslehrgänge waren auf Eigeninitiative der Institute entstanden und wurden auch dezentral administriert. Darüber hinaus gab es einige wenige Einzelinitiativen in Form von Seminaren.

Die Organisationseinheit (OE) Life Long Learning startete mit einer Person mit der Aufgabe, nicht nur Weiterbildungsprogramme aufzubauen, sondern auch eine zentrale Support- und Servicestruktur für die Institute der TU Graz zu entwickeln und umzusetzen. In einem ersten Schritt wurde die strategische Ausrichtung des Weiterbildungsportfolios der TU Graz festgelegt: Die übergeordnete Strategie an der TU Graz zielte darauf ab, das Angebot der Weiterbildung nicht losgelöst vom regulären Studienangebot und den Forschungsbereichen der TU Graz zu betrachten, sondern die inhaltliche Ausrichtung der Programme an den definierten Exzellenzschwerpunkten (heute: Fields of Expertise) der Universität zu orientieren und diese um Angebote zur Spezialisierung und fachlichen Weiterbildung zu ergänzen. Damit wird die gesamte wissenschaftliche Wertschöpfungskette von der erkenntnisorientierten bzw. Grundlagenforschung bis hin zur technologieorientierten bzw. anwendungsorientierten Forschung auch im Weiterbildungsbereich in jeder Maßnahme abgebildet.

Zielgruppen sind vorrangig Alumni, Unternehmen und Berufsverbände mit Weiterbildungsbedarf, aber auch Berufstätige mit fachlichen Vorkenntnissen. Weiters wurde die Kooperation mit externen Partnern aus Industrie und Wirtschaft in der Entwicklung und Umsetzung der Angebote angestrebt, um einen regen Wissenstransfer zwischen Universität und Praxis zu gewährleisten und eine bedarfsorientierte Entwicklung von Weiterbildungsprogrammen sicherzustellen.

Bereits 2006 wurde mit der Entwicklung und dem Aufbau von Universitätslehrgängen begonnen und parallel dazu der Aufbau von Supportstrukturen und Serviceleistungen – im Sinne eines One-Stop-Shops – vorangetrieben:

- Entwicklung von gesamtuniversitären Rahmenbedingungen für die Weiterbildung
- Entwicklung und Etablierung von internen Prozessen
- Entwicklung von Standards (Mustercurricula, Richtlinien)
- Aufbau einer Beratungsstruktur
- Aufbau des gesamten Marketings für die Weiterbildung
- Positionierung der Weiterbildung der TU Graz nach außen – durch Vorträge, Präsentationen, Mitarbeit in Netzwerken und Gremien
- Aufbau von Kooperationen mit Universitäts- und Industriepartnern in der Entwicklung und Umsetzung der Programme

Indem sich eine Universität der Aufgabe der Weiterbildung stellt, kommt eine Vielzahl an Aufgaben und Herausforderungen auf sie zu. Nach innen bedeutet es, Weiterbildung als gesetzlichen Auftrag begreifbar zu machen und die entsprechenden Rahmenbedingungen zu schaffen, unter denen Weiterbildungsaktivitäten stattfinden sollen und können. Nach außen ist man durch die stärkere Diversifizierung der Zielgruppen, die insbesondere berufstätige Personengruppen umfasst, gefordert, zu reagieren und eine bedarfsgerechte – an Zielgruppen orientierte – Lehr- und Lernorganisation aufzubauen. Das erfordert ein Umdenken weg vom Vollzeitstudierenden-Modell hin zu einer zeitlichen Orientierung an den Bedürfnissen der TeilnehmerInnen, einen modulhaften Aufbau der Programme und Blended-Learning-Szenarien. Was selbstverständlich klingt, erfordert finanzielle und personelle Anstrengungen, wie das Entwickeln von Dienstleistungen zur Unterstützung für die Institute und Lehrenden. Im Falle der TU Graz wurde die Abteilung Vernetztes Lernen[7] ins Leben gerufen, deren Aufgabe es ist, Unterstützung und Beratung zur Gestaltung und Umsetzung von E-Learning-Angeboten anzubieten und den Einsatz sowie ein Zur-Verfügung-Stellen modernster Web-2.0-Technologien (z. B. Podcast, Wiki, Mikroblogging, Livestreaming etc.) zu ermöglichen. Ursprünglich für die Weiterbildungsaktivitäten geschaffen, wird der Service der Abteilung »Vernetztes Lernen« inzwischen stark von Lehrenden im Bereich der regulären Studien genutzt. Die Abteilung selbst wurde mittlerweile ebenso eine eigene Organisationseinheit und ist wie die Organisationseinheit Life Long Learning dem Vizerektorat Lehre zugeordnet.

---

7 https://www.tugraz.at/oe/lehr-und-lerntechnologien/home/.

Das Angebotsportfolio der TU Graz umfasst im Bereich der Weiterbildung aktuell primär Universitätslehrgänge und Masterprogramme sowie Universitätskurse und zuletzt aufgrund der Nachfrage vermehrt Seminare und Kurzkurse. Die Zugangsvoraussetzungen zu den einzelnen Programmen sind für Kurse und Seminare weiter gefasst, im Bereich der Masterprogramme wird neben den »klassischen« Voraussetzungen wie Bachelor oder Master vereinzelt auch die Möglichkeit angeboten, bei vorhandener Universitätsreife und einschlägiger, langjähriger Berufserfahrung als Expertin oder Experte teilzunehmen. Damit wird in einem ersten Ansatz eine Berücksichtigung von non-formalem Lernen ermöglicht.

Innerhalb der Gremien wurde eingehend die Einbettung der Weiterbildungsprogramme im Verhältnis zum regulären Studienangebot der TU Graz diskutiert. Die wichtigste Unterscheidung, welche getroffen wurde, ist, dass der »Master of Science« dem Regelstudium vorbehalten ist, während in der Weiterbildung in den Ingenieursfächern der »Master of Engineering« verliehen wird, wobei mit dem Abschluss auch der Unterschied in den Ausbildungssträngen (Master of Science = wissenschaftlich orientiert, Master of Engineering = stärker berufsbezogen) dokumentiert wird.

Aktuell verfügt die TU Graz über zwölf Universitätslehrgänge[8] (zumeist mit Masterabschluss), welche dadurch gekennzeichnet sind, dass sie international nachgefragte technische »Nischenthemen« abbilden und teilweise in englischer Sprache durchgeführt werden. Als Beispiel sind zu nennen: »NATM – New Austrian Tunneling Method«, »Traffic Accident Research«, »Aviation Safety«, »SpaceTech« oder »Wasserkraft«. Aus dem Ursprungsportfolio von 2005 ist noch ein Programm erhalten, wurde aber an neue Anforderungen hinsichtlich der Zielgruppen angepasst.

Weiterbildung findet heute verstärkt an der Schnittstelle zwischen Hochschule und Wirtschaft statt. Auch an der Technischen Universität Graz nimmt die Kooperation mit Unternehmen im Rahmen der Weiterbildung inzwischen einen immer breiteren Umfang ein und gestaltet sich vielfältig, wie z. B. im Rahmen geförderter Qualifizierungsnetzwerke, welche sich seit 2012 als weiteres wichtiges Standbein des Weiterbildungsportfolios etabliert haben. In Bildungsverbünden werden gemeinsam mit Unternehmen Qualifizierungspro-

---

8 https://www.tugraz.at/studium/studienangebot/universitaere-weiterbildung-dev/berufsbegleitende-masterprogramme-und-universitaetslehrgaenge/ueberblick-berufsbegleitende-masterprogramme-und-universitaetslehrgaenge/.

gramme zu regionalpolitisch wichtigen Stärkefeldern wie der RFID-Technologie (Radio Frequency Identification = berührungslose Identifikations- und Sicherheitstechnik) entwickelt und umgesetzt. Parallel dazu erweitert sich das Seminarprogramm jährlich um Angebote, die individuell auf Unternehmensbedürfnisse angepasst werden können. Im Jahr 2015 konnten über alle Programme hinweg erstmals über 500 Teilnehmende im Rahmen von Weiterbildungsprogrammen an der TU Graz begrüßt werden. 2017 setzt sich das Weiterbildungsportfolio aus 35 Programmen zusammen, Kooperationen mit über 70 Unternehmen wurden umgesetzt.

Die Organisationseinheit Life Long Learning hat sich in den letzten zwölf Jahren zum One-Stop-Shop für interne und externe Zielgruppen und AnsprechpartnerInnen entwickelt. Derzeit sind zehn Personen (6,5 Vollzeitäquivalente) direkt in der OE tätig, mit den Aufgaben Business Development, curriculare Weiterentwicklung, Marketing, Sales, ULG-Koordination, QE und QM sowie Programm-Management.

Auch wenn einzelne Weiterbildungsprogramme noch an Instituten administriert werden, wurden über die Jahre Schritt für Schritt Aufgaben zentralisiert, zum einen, um die Institute zu entlasten, zum anderen, um standardisierte Prozesse zu etablieren und weiter zu entwickeln. Qualitätsentwicklung und Qualitätssicherung wurden damit zu einer weiteren wichtigen Kernaufgabe. Die OE-Leitung beteiligt sich regelmäßig an Projekten der AQ Austria zu relevanten Themenstellungen und übernimmt Gremien- und ExpertInnen-Tätigkeiten. Von 2012–2017 war die Leiterin von Life Long Learning Mitglied des Vorstandes von AUCEN (Austrian Continuing Education and Staff Development Network) und hatte zuletzt die Funktion der Vizesprecherin sowie Außenvertreterin für die Weiterbildungsagenden inne.

Mit der Etablierung der Organisationseinheit Life Long Learning ist das Thema Weiterbildung innerhalb der TU Graz sichtbar geworden. Weiterbildung als Kernaufgabe begreifbar zu machen, ist jedoch eine ständige Aufgabe und Herausforderung. Externe Partner aus Industrie und Wirtschaft sehen das Angebot von TU Graz Life Long Learning positiv und werten es als Öffnung der Universität nach außen. Damit trägt die Organisationseinheit zu einer positiven Imagebildung der gesamten Universität bei. Bis auf einen Universitätslehrgang wurden alle derzeit im Portfolio befindlichen Programme ab 2006 neu entwickelt. Das Faktum, dass es eine für die Koordination verantwortliche Organisationseinheit gibt, die auch aktiv in die Programmentwicklung eingebunden ist, war dafür sicher förderlich.

In ihrem Entwicklungsplan 2018plus bekennt sich die TU Graz zu einem Ausbau ihres Weiterbildungsportfolios (TU Graz, 2017). Die in den letzten Jahren erfolgte Strategieentwicklung innerhalb der Lehre der TU Graz (TU Graz, Strategie der Lehre) zeigt ebenfalls die Bedeutung der Weiterbildung insbesondere für die Alumni in Hinblick auf eine stärkere Bindung der Absolventinnen und Absolventen an ihre Alma Mater. Aus der Sicht der OE wäre ein nächster wichtiger Schritt die räumliche Ausgestaltung eines Weiterbildungszentrums als sichtbares Zeichen nach innen und außen.

3.3 Entwicklungsprojekt Postgraduate Center – Universität Wien

An der Universität Wien, gegründet 1365 und eine der ältesten und größten Universitäten mit über 94.000 Studierenden, wurde in den vergangenen Jahren ein Fokus auf postgraduale Weiterbildung gesetzt. Erfüllt werden diese Anforderungen vom Postgraduate Center, dem Kompetenzzentrum für Postgraduale Weiterbildung und lebensbegleitendes Lernen an der Universität Wien. Dieses trägt damit zur strategischen Weiterentwicklung der Universität und zur Erfüllung des bereits erwähnten gesetzlichen Auftrages bei.

Das Postgraduate Center wurde Ende 2008 zunächst als ein Rektoratsprojekt mit einem begleitenden Scientific Advisory Board ins Leben gerufen. Ziel der Universität Wien war, damit auf den Bedarf nach Professionalisierung und strategischer Weiterentwicklung im Bereich der universitären Weiterbildung zu reagieren. Bedeutend zur Sichtbarmachung der Wertigkeit der Weiterbildung war auch die Ernennung einer für »Studierende und Weiterbildung« zuständigen Vizerektorin an der Universität Wien. Die Ausgangslage stellte sich 2008 so dar, dass die Weiterbildung an der Universität Wien nur rudimentär entwickelt war. Es gab einzelne Weiterbildungsprogramme, die von Einzelpersonen betrieben und oftmals ohne Beteiligung der Fakultäten angeboten wurden. Die damals bestehenden Weiterbildungsprogramme waren selbst hausintern an der Universität Wien nicht bekannt. Bezeichnend war zudem, dass das postgraduale Weiterbildungsangebot der Universität Wien am nationalen Weiterbildungsmarkt kaum wahrgenommen wurde. Einzelne Programme waren lediglich innerhalb der Fach-Community bekannt. Es fehlten beispielsweise ein einheitlicher Außenauftritt (Corporate Design), aber auch budgetäre und strategische Rahmenbedingungen sowie standardisierte Serviceleistungen. Nach einer vierjährigen Projektlaufzeit und den erzielten erfolgreichen Umsetzungen der strategischen Vorstellungen der Universität Wien wurde das Postgraduate Center fakultätsübergreifend und direkt dem zuständigen Vizerektorat für Lehre zugeordnet und ab 1. Jänner 2013 als eigene Dienstleistungseinrichtung an der Universität Wien eingerichtet. Dadurch ist die Einrichtung auch formal in die Organisationsstruktur der Universität eingegliedert und somit auch im Organisationsplan abgebildet. Im Jahr 2008 mit drei Personen (2,5 Vollzeitäquivalente) begonnen, verfügt das Postgraduate Center derzeit über 9 Vollzeitäquivalente in den Kernbereichen und weitere 25 Mitarbeiterinnen und Mitarbeiter (mehrheitlich jedoch in Teilzeit), die vor allem im Kernbereich Program-Management und den Lifelong-Learning-Projekten tätig sind.

Die Kernexpertise des Postgraduate Center liegt im Bereich standardisierter, berufsbegleitender Weiterbildungsformate (Universitätslehrgänge mit Masterabschluss oder akademischer Bezeichnung, Universitätslehrgänge ohne Abschlussbezeichnung sowie die seit 2009 eingeführten Zertifikatskurse). Die bestehenden Weiterbildungsprogramme gliedern sich in folgende fünf thematische Bereiche: Bildung & Soziales, Gesundheit & Naturwissenschaften, Internationales & Wirtschaft, Kommunikation & Medien und Recht. Mit Anfang 2017 waren aus diesen Bereichen 41 Universitätslehrgänge und 17 Zertifikatskurse an der Universität Wien formal eingerichtet. Mehrheitlich werden die Weiterbildungsprogramme mit Partnern aus der Wissenschaft und Praxis entwickelt. Jedes angebotene Weiterbildungsprogramm liegt in der Verantwortung einer an der Universität Wien wissenschaftlich verankerten Person. Daher ist die enge Zusammenarbeit zwischen dem Postgraduate Center und den wissenschaftlichen Leitungen wesentlich. Ergänzend dazu bietet das Postgraduate Center auf Nachfrage maßgeschneiderte Angebote für Unternehmen und Organisationen. Das Portfolio wird um einen weiteren Bereich mit offenen Bildungsangeboten (wie z. B. University Meets Public) ergänzt. Zunehmend wendet sich das Postgraduate Center neben seinem Kerngeschäft – der Entwicklung und Durchführung von Weiterbildungsprogrammen – auch der angewandten Forschung im Bereich des lebensbegleitenden Lernens und Wissenstransfers zu. Derzeit werden über zehn nationale und internationale Projekte[9] im Bereich Lifelong Learning durchgeführt. Diese reichen von Projekten zur Förderung der Diversität der Lernenden in der universitären

---

9 http://www.postgraduatecenter.at/university-extension/lifelong-learning-projekte/.

Weiterbildung, Veranstaltungsreihen wie uniMind – University Extension mit jährlichen Schwerpunktthemen bis hin zu nationalen Projekten im Kontext der Gesundheitsförderung. Dabei wird darauf geachtet, dass diese inhaltlich in einem Bezug zu bestehenden oder geplanten Weiterbildungsprogrammen stehen. Ergänzend dazu werden laufend Publikationen im Kontext der Hochschulforschung oder des Lifelong Learning veröffentlicht. Das Postgraduate Center ist somit auch ein Ort für die Umsetzung von angewandten Forschungs- und Praxisprojekten im Bereich der wissenschaftlichen Weiterbildung.

Ein besonderer Schwerpunkt lag in den vergangenen Jahren neben dem Aufbau einer Organisations- und Personalstruktur in der Erarbeitung von Prozessen und Richtlinien im Bereich von Qualitätssicherung und -management: Dies begann universitätsintern mit der Entwicklung und Umsetzung eines standardisierten mehrstufigen Einrichtungsprozesses sowie dem Fokus auf die Verbesserung der Kundenorientierung (durch ein eigenes Service Center), der Beratung von Stakeholdern im Bereich Studienrecht, Evaluierung und Kooperationen sowie durch das Mitwirken in Beiräten und Ausschüssen.

Die Studierendenzahl an der Universität Wien im Bereich der Weiterbildung ist im WS 2016/17 auf 1.574 Personen angestiegen, was diese zum drittgrößten universitären Weiterbildungsanbieter in Österreich macht. Die Finanzierung des Postgraduate Center erfolgt eigenständig über die Einnahmen aus den Teilnahmeerlösen; zu Beginn wurden von Seiten der Universität Wien Investitionen in Form von Personalressourcen zur Verfügung gestellt. Die Weiterbildungsprogramme und ihre Administration werden unter Vollkosten budgetiert und damit generiert das Postgraduate Center Erlöse für die Universität Wien und ihre Fakultäten.

Von Beginn an war es der Leitung des Postgraduate Center ein großes Anliegen, sich in nationale und internationale Netzwerke aktiv und als Mitglied (AUCEN, EUCEN) einzubringen. So war von 2012 bis 2015 der Leiter des Postgraduate Center Sprecher von AUCEN. Auch die AUCEN-Geschäftsstelle war an der Universität Wien angesiedelt. International war beispielsweise das Postgraduate Center auch als einzige österreichische Universität am EUA-Projekt SIRUS[10] beteiligt. In diesem Zusammenhang ist auch eine Publikation zur Zukunft der Universitäten (Tomaschek & Gornik, 2011) entstanden.

---

10 http://www.eua.be/activities-services/projects/past-projects/learning-teaching/shaping-inclusive-and-responsive-university-strate/SIRUS-project-launch.aspx.

In die Zukunft blickend zeigen sich folgende Tendenzen der universitären/ wissenschaftlichen Weiterbildung an der Universität Wien: Zum einen absolvieren immer jüngere Bachelor-Absolventinnen, zum Teil auch mit internationalem Hintergrund, eine postgraduale Weiterbildung. Sie nutzen diese postgradualen Masterprogramme vorrangig, um sich zu spezialisieren und sich einen Vorteil beim Karriereeinstieg zu sichern. Zum anderen nehmen Personen mit fünf- bis zehnjähriger Berufserfahrung, die sich vertiefend qualifizieren möchten, um sich z. B. für eine Führungsposition zu bewerben oder sich beruflich komplett neu zu orientieren, die Angebote in Anspruch. Auch in Hinblick auf die Formate zeigt sich, dass zunehmend kürzere ECTS-basierte Kurse nachgefragt werden.

Zusammengefasst hat sich das Postgraduate Center von einem Projekt zu einer in der Universität Wien abgebildeten, eigenen Organisationseinheit entwickelt.

Entstanden ist ein serviceorientiertes Kompetenzzentrum, das die früher vereinzelten Weiterbildungsinitiativen nun zentral bündelt, professionalisiert und erfolgreich vermarktet (u. a. Aufbau einer neuen Homepage, verstärkte Social-Media-Aktivitäten, eigene Gesamtbroschüre sowie ein jährlich erscheinendes Magazin »Competence«). Ebenso konnte eine Vielzahl von neuen Programmen und Projekten entwickelt und gestartet werden. Der Übergang vom Projektstatus hin zu einer selbstfinanzierten Organisationseinheit der Universität Wien wurde ermöglicht, wenngleich vor allem universitätsintern immer wieder Widerstände gegen eine eigene »zentrale« Organisationseinheit bewältigt werden mussten. Gelungen ist es auch, die Universität Wien am universitären, hochschulischen Weiterbildungsmarkt zu positionieren und die Angebote bekannt zu machen. Das Postgraduate Center versteht sich somit als Mitgestalter des Images der Universität Wien als offene Bildungsinstitution und als Ort des lebensbegleitenden Lernens.

Im Entwicklungsplan 2020 der Universität Wien wird vor allem festgehalten, dass die Universität Wien die wissenschaftliche Weiterbildung im Sinne des lebensbegleitenden Lernens weiter vorantreiben will (Universität Wien, 2015, S. 12), was das Bekenntnis zur universitären/wissenschaftlichen Weiterbildung unterstreicht. Vor allem in Hinblick auf die Durchlässigkeit von Weiterbildungsprogrammen und Regelstudium (und umgekehrt) ist folgende Aussage relevant: »In der Gestaltung und Umsetzung ihres Weiterbildungsangebots orientiert sich die Universität Wien an den Zielen der ›European Universities' Charter on Lifelong Learning‹ sowie an den Aktionslinien der

›Strategie zum lebensbegleitenden Lernen in Österreich‹« (Universität Wien, 2015, S. 45). Konkret bedeutet dies, dass das Postgraduate Center den Ausbau des Weiterbildungsportfolios fortsetzen sowie auch den Ausbau und Professionalisierung im Bereich Marketing und PR (v. a. im Bereich Social Media) verfolgen wird. Ausbaufähig ist sicherlich noch das Community-Marketing (Alumni-Arbeit). Dazu begleitend soll auch die aktive Mitarbeit bei den Netzwerken AUCEN und EUCEN weiter fortgesetzt werden. Diese sollen auch Synergieeffekte für neue Lifelong-Learning-Projekte schaffen oder umgekehrt Initiatoren für Weiterbildungsprogramme sein. Die Professionalisierung des gesamten Weiterbildungsmanagements wird am Postgraduate Center durch die Definition, Anwendung und Evaluierung von organisatorischen Prozessen laufend verbessert. Jedoch sind nach wie vor Herausforderungen im Bereich räumlicher und personeller Ausstattung des Postgraduate Center durch die Zunahme an Weiterbildungsprogrammen, aber auch durch die Ansprüche der berufsbegleitenden universitären Weiterbildungszielgruppe gegeben.

4. Ausblick und Herausforderungen

Die universitäre/wissenschaftliche Weiterbildung hat sich in den letzten zehn Jahren in Österreich in ihrem Ausbaugrad und ihrer Qualität positiv entwickelt. Dies konnte anhand der Ausführungen und Beispiele belegt werden. Es bleiben jedoch Spannungsfelder offen, die die zukünftige Entwicklung der Weiterbildung an den österreichischen Universitäten beeinflussen werden. Die generelle Frage wird sein, ob sich die Universitäten insgesamt deutlicher in Richtung einer Lifelong Learning University entwickeln werden. Bereits 2010 wurden die »10 Wiener Thesen zur Lifelong Learning University« (Gornik & Tomaschek, 2011, S. 11) formuliert, »die das Rollenverständnis und die Rollendefinition von Universitäten als gesellschaftliche Bildungsinstitutionen stärken sollen.« (ebd., S. 10). Jedoch zeigte sich, dass Universitäten Weiterbildung (noch immer) nicht als integrativen Bestandteil sehen, sondern diese auf einen Teilaspekt der wissenschaftlichen Weiterbildung, wie der kostenpflichtigen und postgradualen Weiterbildung, beschränken. Damit vergeben die Universitäten jedoch die Chance, die gesamte Vielfalt der wissenschaftlichen Weiterbildung (z. B. Forschungsprojekte, Kurzseminare, offene Bildungsreihen, Netzwerkaufbau und -bildung, hochschulübergreifende Projekte und Programme) abzubilden. Die Anforderungen an die Universitäten steigen und hier könnte die wissenschaftliche Weiterbildung, gerade an den Universitäten mit Massenstudien, ihren Beitrag zur Gestaltung von Programmen – im Kontext der Lebensphasenorientierung der Studierenden – einbringen. Dies umfasst auch die zukunftsweisende Erwerbsintegration durch Höherqualifizierung, Höher- und Nachqualifizierung aufgrund technologischer Veränderung, Bearbeitung von Generationenkonflikten mittels intergenerationeller Studien und generell die Erhöhung von vertikaler und horizontaler Durchlässigkeit.

Die Besonderheit der wissenschaftlichen Weiterbildungseinrichtungen ist es, sich mit zahlreichen Akteurinnen und Akteuren auseinanderzusetzen: Dies beginnt bei den Teilnehmerinnen und Teilnehmern, den Studierenden, den Lehrenden, den Beschäftigten selbst, den Wissenschaftlerinnen und Wissenschaftlern im Fachgebiet der wissenschaftlichen Weiterbildung, aber auch den politischen Akteurinnen und Akteuren (i.S. der Ausführungen von Nuissl, 2007). Dabei sind v.a. die Anforderungen einer globaler einzuschätzenden Arbeits-/Berufswelt (Haberfellner & Sturm, 2016) einzubeziehen. Es wird daher sogar von intermediären Akteurinnen und Akteuren gesprochen, die sich an Schnittstellen bewegen und mit den oben Erwähnten befasst sind. Als Hypothese gehen die Autorinnen davon aus, dass diejenigen, die in den Weiterbildungseinrichtungen (oder Bereichen) verantwortlich zeichnen, sich genau als solche verstehen: Sie müssen lernen, die unterschiedlichen Sprachen und Sichtweisen der Akteurinnen und Akteure einzuordnen und gleichzeitig selbst an ihrer eigenen Identität und Akzeptanz arbeiten. Wenn universitäre Weiterbildungseinrichtungen sich dieser Herausforderung gestellt haben, so zeigt sich damit eine Chance und Stärke, die auch in den Praxisbeispielen bestätigt wird.

Die hier entfalteten drei Beispiele zeigen gewissermaßen Typen von universitären Anbietern wissenschaftlicher Weiterbildung auf: Sie haben gemeinsam, dass sie mit ihrer Angebotsstruktur für eine – zugegebenermaßen noch nicht vorhandene – Kartierung aus Sicht von Angebot und Bedarfen an wissenschaftlicher Weiterbildung bereits Antworten auf gesellschaftliche Herausforderungen geben können. Das Erfordernis, gesellschaftliche (Weiterbildungs-)Herausforderungen aus Sicht von Studienangeboten und -inhalten einzuschätzen, wird für Österreich und vergleichbare europäische Staaten immer relevanter werden. Hier setzt die universitäre/wissenschaftliche Weiterbildung an. Gemeinsam ist den ausgeführten Beispielen, dass sie die jeweilige Forschungsausrichtung auch in Form spezialisierter Masterangebote (in Österreich leider noch in Form von sog. Universitätslehrgängen) kohärent einfließen lassen. Angesichts der heutigen raschen technologischen Entwicklung wird es notwendig sein, laufend grundlegende und forschungsbasierte Wissensvermittlung anzubieten. Dabei wird erforderlich sein, bestehendes Vorwissen und (berufliche) Vorkenntnisse entsprechend zu berücksichtigen, um ein Gelingen der komplexen, interdisziplinären Wissensvermittlung zu ermöglichen. Mit ihren Themen in der universitären Weiterbildung sorgen die drei hier dargestellten Universitäten dafür, dass den gesellschaftlichen und technologischen Veränderungen sowie stetig veränderten Anforderungen der Arbeitswelt (Schlagwort Digitalisierung) auf universitärem Niveau mit Innovationspotenzial und Wissenstransfer begegnet werden kann.

Unter dieser Lesart kann komplementär zu dem, was HORIZON 2020[11] in der Forschung mittels seiner »societal challenges« zu bearbeiten versucht, die wissenschaftliche Weiterbildung visionäre Ansätze für die Lehre insgesamt beisteuern und umsetzen. Neben der Bearbeitung der »societal challenges« für die Berufs- und Arbeitswelt kommt noch der nicht zu unterschätzende regionale Nutzen dieser Angebote hinzu. So können Absolventinnen und Absolventen wissenschaftlicher Weiterbildung – nachgewiesen für den MINT-Bereich (Winters, 2015) – humankapitaltheoretisch erwünschte, verbesserte Arbeitsmarktchancen in der Region hervorrufen, in der die Absolventinnen und Absolventen arbeiten und leben.

Die zentrale Problematik, die die universitäre Weiterbildung in Österreich zur Entfaltung dieser Potenziale und visionären Entwicklungen hemmen könnte, ist jene der fehlenden Anerkennung bzw. Gleichstellung zu den »Regelstudienprogrammen«. Es herrscht noch eine Diskriminierung der österreichischen universitären Weiterbildung dahingehend vor, dass keine Gleichwertigkeit – vor allem von Masterstudien im Bereich der universitären Weiterbildung – ausgesprochen wird. Dieser vor allem von der Bildungspolitik zu klärende Aspekt führt auch international zu einer Wettbewerbsschieflage und stellt damit ein wesentliches Hemmnis für die weitere Entwicklung der Weiterbildung dar. Parallel dazu muss erreicht werden, dass die universitäre/wissenschaftliche Weiterbildung in der strategischen Ausrichtung der Universitäten entsprechend Berücksichtigung findet: »Ohne eine sich ständig erneuernde universitäre Weiterbildung kann es zu keiner richtigen Dialektik zwischen neuem Wissen und dessen Anwendung in Wirtschaft und Gesellschaft kommen. Damit verlöre das Konzept einer Wissensgesellschaft an Dynamik

---

11 https://ec.europa.eu/programmes/horizon2020/.

und Nachhaltigkeit« (Loprieno, 2015, S. 47). Offen ist derzeit noch, wie und in welcher Form der gesamtösterreichische Universitätsentwicklungsplan 2019–2024 dazu beitragen wird, die Positionierung und Wahrnehmung der universitären/wissenschaftlichen Weiterbildung national und international zu stärken.

Literatur

Bundesgesetz über den Nationalen Qualifikationsrahmen (NQR-Gesetz). Verfügbar unter: https://www.ris.bka.gv.at/GeltendeFassung.wxe?Abfrage=Bundesnormen&Gesetzesnummer=20009496 [27.01.2018].

Bundesministerium für Wissenschaft, Forschung und Wirtschaft (bmwfw) (Hrsg.). (2014). *Universitätsbericht 2014*. Verfügbar unter: https://www.bmwfw.gv.at/Presse/AktuellePresseMeldungen/Documents/Universit%C3%A4tsbericht_2014.pdf [27.01.2018].

Bundesministerium für Wissenschaft, Forschung und Wirtschaft (bmwfw) (2017). *Der gesamtösterreichische Universitätsentwicklungsplan 2019–2024*. Verfügbar unter: https://bmbwf.gv.at/wissenschaft-hochschulen/universitaeten/der-gesamtoesterreichische-universitaetsentwicklungsplan-2019-2024/ [27.01.2018].

Donau-Universität Krems (2017). *Die Strategie der Donau-Universität Krems. Leitbild, Strategische Ziele, Leitstrategien*. Verfügbar unter: https://www.donau-uni.ac.at/imperia/md/content/donau-uni/dokumente/strategie_donau-universitaet_krems.pdf [28.01.2018].

European Union (2012). *Council Recommendation of 20 December 2012 on the validation of non-formal and informal learning. Official Journal of the European Union (2012/C 398/01)*. Verfügbar unter: http://eur-lex.europa.eu/legal-content/EN/TXT/PDF/?uri=CELEX:32012H1222(01)&from=EN [27.01.2018].

Gornik, E. (2015). *Entwicklung wissenschaftlicher Weiterbildungseinrichtungen an österreichischen Universitäten. Eine Erhebung zu deren Veränderungen im Kontext der Professionalisierung von Managementstrukturen und Angebotsvielfalt*. Oldenburg: Universität Oldenburg.

Gornik, E. & Tomaschek, N. (2011). Prozesse für Lifelong Learning ermöglichen – eine Kernaufgabe der Universität der Zukunft. In N. Tomaschek & E. Gornik (Hrsg.), *The Lifelong Learning University* (S. 11–14). Münster: Waxmann.

Gornik, E., Kil, M., Mallich-Pötz, K., Steiger, A. & Stöckler-Penz, C. (2017). Netzwerk für wissenschaftliche Weiterbildung und Personalentwicklung der Universitäten in Österreich: AUCEN. In B. Hörr & W. Jütte (Hrsg.), *Weiterbildung an Hochschulen. Der Beitrag der DGWF zur Förderung wissenschaftlicher Weiterbildung* (S. 137–168). Bielefeld: wbv.

Haberfellner, R. & Sturm, R. (2016). *Die Transformation der Arbeits- und Berufswelt. Nationale und internationale Perspektiven auf (Mega-)Trends am Beginn des 21. Jahr-*

hunderts (AMS Report 120/12). Wien: Arbeitsmarktservice Österreich. Verfügbar unter: http://www.forschungsnetzwerk.at/downloadpub/AMS_report_120-121.pdf [27.01.2018].

Hanft, A. & Brinkmann, K. (Hrsg.). (2013). *Offene Hochschulen. Die Neuausrichtung der Hochschulen auf Lebenslanges Lernen*. Münster: Waxmann.

Hanft, A. & Knust, M. (Hrsg.). (2007). *Weiterbildung und lebenslanges Lernen in Hochschulen. Eine internationale Vergleichsstudie zu Strukturen, Organisation und Angebotsformen*. Münster: Waxmann.

Hanft, A. & Teichler, U. (2007). Wissenschaftliche Weiterbildung im Umbruch. Zur Funktion und Organisation der Weiterbildung an Hochschulen im internationalen Vergleich. In A. Hanft & M. Knust (Hrsg.), *Weiterbildung und lebenslanges Lernen in Hochschulen. Eine internationale Vergleichsstudie zu Strukturen, Organisation und Angebotsformen* (S. 23–36). Münster: Waxmann.

Heuer, U. & Siebers, R. (Hrsg.). (2007). *Weiterbildung am Beginn des 21. Jahrhunderts* (Festschrift für Wiltrud Gieseke). Münster: Waxmann.

Höring, M. & Brunner, L. (2011). Lebenslanges Lernen als integrativer Bestandteil einer europäischen Forschungsuniversität. In N. Tomaschek & E. Gornik (Hrsg.), *The Lifelong Learning University* (S. 15–27). Münster: Waxmann.

Hörr, B. & Jütte, W. (Hrsg.). (2017). *Weiterbildung an Hochschulen. Der Beitrag der DGWF zur Förderung wissenschaftlicher Weiterbildung*. Bielefeld: wbv.

Kil, M. (2016). Individuelle Studierpotentiale wertschätzen: Anerkennung formaler, non-formaler und informell erworbener Kompetenzen (Kompetenzstufe 6 und 7). *Der pädagogische Blick – Zeitschrift für Wissenschaft und Praxis in pädagogischen Berufen, 23* (1), 40–53.

Loprieno, A. (2015). Am Weg zur Personalisierung. *Upgrade – Das Magazin für Wissen und Weiterbildung der Donau-Universität Krems, 3*, 44–47.

Matyas, N., Auer, S., Gisinger, C., Kil, M., Keser Aschenberger, F., Klerings, I. & Gartlehner, G. (2017). Continuing Education for the Prevention of Mild Cognitive Impairment and Alzheimer's-Type Dementia: A Systematic Review Protocol. *Systematic Reviews, 6* (157). Verfügbar unter: https://systematicreviewsjournal.biomedcentral.com/track/pdf/10.1186/s13643-017-0553-0?site=systematicreviewsjournal.biomedcentral.com [27.01.2018].

Meisel, K. & Feld, T. C. (2009). *Veränderungen gestalten. Organisationsentwicklung und -beratung in Weiterbildungseinrichtungen* (Studienreihe Bildungs- und Wissenschaftsmanagement) (Bd. 10). Münster: Waxmann.

Nuissl, E. (2007). Akteure der Weiterbildung. In U. Heuer & R. Siebers (Hrsg.), *Weiterbildung am Beginn des 21. Jahrhunderts* (Festschrift für Wiltrud Gieseke) (S. 373–383). Münster: Waxmann.

Orazbayeva, B. (2017). *Lifelong Learning Strategy at Danube University Krems – University for Continuing Education: Societal Impact. Innovation. Quality*. Verfügbar unter: https://ub-cooperation.eu/pdf/cases/W_Case_Study_Danube_Krems.pdf [27.01.2018].

Österreichische Qualitätssicherungsagentur (AQA) (2012). *Qualitätsentwicklung der Weiterbildung an Hochschulen.* Wien: Facultas.wuv.

Österreichisches Institut für Berufsbildungsforschung (öibf) & Institut für Bildungsforschung der Wirtschaft (ibw) (2017). *Datengestütztes Gutachten zu Profilen und Motivationslagen von Studierenden der Donau-Universität Krems.* Unveröffentlicht.

Pellert, A. & Cendon, E. (2007). Länderstudie Österreich. In A. Hanft & M. Knust (Hrsg.), *Weiterbildung und lebenslanges Lernen in Hochschulen. Eine internationale Vergleichsstudie zu Strukturen, Organisation und Angebotsformen* (S. 273–312). Münster: Waxmann.

Pfeffer, T. & Skrivanek, I. (2013). Institutionelle Verfahren zur Anerkennung ausländischer Qualifikationen und zur Validierung nicht formal oder informell erworbener Kompetenzen in Österreich. *Zeitschrift für Bildungsforschung, 3* (1), 63–78.

Präßler, S. (2015). Bedarfsanalyse. Forschungsbericht zu Bedarfen individueller Zielgruppen. In W. Seitter, M. Schemmann & U. Vossebein (Hrsg.), *Zielgruppen in der wissenschaftlichen Weiterbildung* (S. 61–187). Wiesbaden: Springer.

Seitter, W., Schemmann, M. & Vossebein, U. (Hrsg.). (2015). *Zielgruppen in der wissenschaftlichen Weiterbildung.* Wiesbaden: Springer.

Statistik Austria (2017). *Bildung in Zahlen 2015/16. Schlüsselindikatoren und Analysen.* Wien. Verfügbar unter: https://uniko.ac.at/modules/download.php?key=13584_DE_O&cs=4BAE [27.01.2018].

Tomaschek, N. & Gornik, E. (Hrsg.). (2011). *The Lifelong Learning University.* Münster: Waxmann.

TU Graz (2017). *Entwicklungsplan 2018plus.* Verfügbar unter: http://mibla.tugraz.at/17_18/Stk_6/Entwicklungsplan2018plus_Beschluss_UR_20171214.pdf [27.01.2018].

TU Graz. *Strategie der Lehre.* Verfügbar unter: https://www.tugraz.at/studium/lehre-an-der-tu-graz/strategie-der-lehre/ [27.01.2018].

Universität Wien (Hrsg.). (2015). *Universität Wien 2025. Entwicklungsplan.* Verfügbar unter: https://www.univie.ac.at/rektorenteam/ug2002/entwicklung.pdf [27.01.2018].

Universitätsgesetz 2002 (Öst. Bundesgesetz über die Organisation der Universitäten und ihre Studien UG 02) BGBl I 2002/120.

Winters, J. (2015). Do Higher Levels of Education and Skills in an Area Benefit Wider Society? Education Benefits Individuals, but the Societal Benefits are Likely Even Greater. *IZA World of Labor, 130,* 1–10.

Wolter, A. (2011). Die Entwicklung wissenschaftlicher Weiterbildung in Deutschland: Von der postgradualen Weiterbildung zum lebenslangen Lernen. *Beiträge zur Hochschulforschung, 33* (4), 8–33.

Andreas Fischer[1] *& Hans-Rudolf Frey*[2]

Universitäre Weiterbildung zwischen Autonomie und Regulierung

Abstract

Der Artikel diskutiert die verschiedenen Steuerungsebenen in der Hochschulweiterbildung und priorisiert dabei den gesamtschweizerischen Bereich. Er beschreibt Steuerung als Spannungsfeld zwischen Regulierung (Profil, Formate, Zulassungsbedingungen) und Autonomie (Zielgruppenorientierung, Flexibilität, Passgenauigkeit). Auf Bundesebene verfügt der Staat erst seit 2015 über gesetzliche Grundlagen, um in die Hochschulweiterbildung einzugreifen. Vorher regelten Koordinationsgremien der Universitäten den Sektor weitgehend selbst. Die Analyse der Selbstregulierungsphase erlaubt es, eine Reihe von Erfolgsfaktoren und Herausforderungen zu identifizieren, die auch in Zukunft von Bedeutung sein werden. Obwohl noch keine Entscheide gefällt sind, scheinen die neuen staatlichen Steuerungsorgane zu ähnlichen Schlüssen zu gelangen.

Keywords: Steuerung, Selbstregulierung, Erfolgsfaktoren, Staatliche Einflussnahme, Gesetzliche Rahmenbedingungen

1. Einleitung

Anlass dieses Berichts ist das Inkrafttreten des eidgenössischen Hochschulförderungs- und Koordinationsgesetzes (HFKG) im Jahr 2015 sowie des eidgenössischen Weiterbildungsgesetzes (WeBiG) im Jahr 2017. Erstmals ist die universitäre Weiterbildung auf Bundesebene geregelt. Ist das nun zu begrüßen oder eher zu befürchten, und wie können die Universitäten damit umgehen? Wir zeigen die Mechanismen und Wirkungen der bisherigen übergeordneten

---

1 www.a-fischer.ch; info@a-fischer.ch.
2 https://www.linkedin.com/in/hans-rudolf-frey-5bba3b13/; hansruedi_frey@ggaweb.ch.

Steuerung der universitären Weiterbildung auf und fragen, was nach über 25 Jahren weitgehender Autonomie von den neuen Erlassen zu erwarten ist.[3] Schließlich überlegen wir, wie die Umsetzung gesamtschweizerischer Regelungen gestaltet sein müsste, um die universitäre Weiterbildung zukunftsfähig zu erhalten. Der Bericht ist als Exploration zu verstehen, die sich primär auf die langjährige Erfahrung der Autoren als Akteure in diesem Feld abstützt.

2. Besonderheiten der universitären Weiterbildung in der Schweiz

Zum Verständnis der nachfolgenden Überlegungen weisen wir auf einige Besonderheiten der Hochschulweiterbildung in der Schweiz im Vergleich zu Österreich und Deutschland hin. Seit gut zehn Jahren ist das Weiterbildungsangebot der schweizerischen Hochschulen (Universitäten, Fachhochschulen FH und Pädagogische Hochschulen PH) klar strukturiert durch die vier Formate Einzelveranstaltung ohne ECTS-Punkte und Abschluss, Certificate of Advanced Studies CAS (mindestens 10 ECTS-Punkte), Diploma of Advanced Studies DAS (mindestens 30 ECTS-Punkte) und Master of Advanced Studies MAS bzw. EMBA (mindestens 60 ECTS-Punkte). Der MAS ist nicht zu verwechseln mit dem Masterabschluss der wissenschaftlichen Erstausbildung (mindestens 90 ECTS-Punkte nach dem Bachelor bzw. insgesamt 270–300 ECTS-Punkte). Die Weiterbildungsstudiengänge richten sich grundsätzlich an »Alumni« im weiteren Sinne, weshalb die Zulassung von Personen ohne Hochschulabschluss nur ausnahmsweise und »sur dossier« möglich ist. Eine Bewegung hin zu einer »offenen Hochschule« ist in der Schweiz nicht erkennbar. Da die Hochschulweiterbildung zur Vermeidung einer Wettbewerbsverzerrung kostendeckend finanziert sein muss, fallen recht hohe Studiengebühren an. In den letzten rund zwanzig Jahren gab es keine Förderprogramme oder staatlichen Projektbeiträge zugunsten der Hochschulweiterbildung. Die Angebote sind somit

---
3 Die Weiterbildung der Fachhochschulen war schon früher relativ stark reguliert. Anders als bei den Universitäten ist die neue Gesetzgebung für sie eher ein Autonomiegewinn. Darum unterscheiden wir in diesem Artikel begrifflich auch zwischen universitärer und Hochschulweiterbildung. Universitäre Weiterbildung bezieht sich nur auf die Weiterbildung der Universitäten, Hochschulweiterbildung auf den ganzen Hochschulsektor.

sehr marktorientiert, wenn es auch in vielen Feldern aufgrund einer starken Marktsegmentierung wenig Wettbewerb gibt. Die Hochschulweiterbildung (Tertiär A) steht in Konkurrenz zur höheren Berufsbildung (Tertiär B). In den letzten Jahren ist eine starke Zunahme an Studiengängen festzustellen. Hochschultypbedingt haben die Weiterbildungen der Universitäten, FH und PH unterschiedliche Entwicklungspfade, die sich allerdings in letzter Zeit aufeinander zu bewegt haben. In diesem Artikel befassen wir uns primär mit der universitären Weiterbildung.

3. Die Steuerung der universitären Weiterbildung im Mehrebenensystem

3.1 Autonomie und übergeordnete Steuerung

Eine Stärke des universitären Weiterbildungssystems in der Schweiz ist die hohe Autonomie der Anbieter, die zu vielfältigen passgenauen Angeboten, einem starken Commitment der Leitungsorgane und langjähriger personeller Konstanz führt. Dadurch sind wichtige Voraussetzungen für die Qualität und die Nachhaltigkeit von Weiterbildungsprogrammen gegeben. Hohe Autonomie bedeutet, dass die Steuerung der Weiterbildung in erster Linie in den Händen der Anbieter liegt und die übergeordnete Einflussnahme gering ist. Dies unterscheidet die Weiterbildung als nichtformale Bildung von der formalen Bildung (Grundausbildung). In den folgenden Abschnitten zeigen wir, was auf welchen Ebenen wie gesteuert wird, um uns in der Folge auf die Steuerung seitens der gesamtschweizerischen Ebene zu konzentrieren.

3.2 Steuerungsebenen

Die Universität zeichnet sich als eine Organisation mit mehreren hierarchischen Ebenen aus, die wiederum in einen Kontext aus mehreren Ebenen eingebettet ist. Das von Schrader (2008) beschriebene Mehrebenensystem der Weiterbildung eignet sich zur Veranschaulichung dieses Sachverhalts, wenn es ergänzt wird mit einer Differenzierung innerhalb der »Organisation der universitären Weiterbildung« (vgl. Abbildung 1).

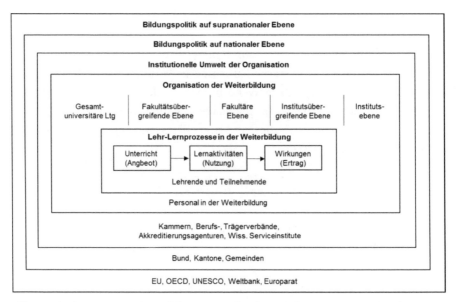

Abb. 1: Mehrebenensystem (in Anlehnung an Schrader in Schemmann, 2014, S. 116)

Steuerung erfolgt auf verschiedenen Ebenen. Untersuchungen zeigen, dass bezüglich der tatsächlichen Steuerungsmodelle eine große Diversität unter den Universitäten festzustellen ist, da die Weiterbildung nicht losgelöst von der Kultur sowie der Gesamtorganisation der Universität betrachtet werden kann (Dollhausen, Ludwig & Wolter, 2013; Fischer, 2010; Hanft & Knust, 2007).

Die Steuerung der Weiterbildung durch die (inner-)universitären Akteure ist pfadabhängig und findet in einem Kontext von Organisationen statt, die ebenfalls steuern (wollen) (Schöni, 2017, S. 55). Diese exogenen Einflüsse sind im Fall der universitären Weiterbildung in den Kontexten Hochschulen, Wissenschaft und Forschung, Arbeit und Beschäftigung sowie Weiterbildung zu situieren (Fischer, 2016, S. 72).

In der Schweiz erfolgt die staatliche Einflussnahme auf die universitäre Weiterbildung in erster Linie aus den Kontexten Hochschulen und Weiterbildung heraus. Vorerst ist aber noch zu fragen, was denn genau mit welchen Instrumenten in der universitären Weiterbildung gesteuert wird.

Abb. 2: Kontext der universitären Weiterbildung (eigene Darstellung)

3.3 Steuerungsinhalt

Die Steuerung lässt sich nach unterschiedlicher Eingriffstiefe unterscheiden: Bei der *spezifischen Angebotssteuerung* geht es primär um die Festlegung der Inhalte und die Zielgruppen. Erfolgt diese in Bezug auf das Portfolio insgesamt, handelt es sich um eine *strategische Angebotssteuerung*. Die zentralen Fragen dabei lauten: Welche Angebote oder Angebotsbereiche sind auszubauen, zu halten, abzubauen oder aufzugeben und welche neuen Angebote sind zu entwickeln?

Mit der *generellen Angebotssteuerung* legt die Universität die fördernden und einschränkenden Rahmenbedingungen fest, die für den gesamten Weiterbildungsbereich gelten. Mit diesen ermuntert sie einerseits zur Beteiligung an der Weiterbildung und Entwicklung von Angeboten, legt andererseits generelle Leitplanken fest. Diese dienen in erster Linie der Qualitätssicherung, der Corporate Identity, der geregelten Mittelverwendung sowie den Prozessen. Bezüglich Inhalte und Zielgruppen sind diese Maßnahmen jedoch indifferent.

Mit der *übergeordneten Systemsteuerung* definieren die Hochschul- und Weiterbildungspolitik die gesamtschweizerisch geltenden Rahmenbedingungen für die universitäre Weiterbildung. Diese beziehen sich in erster Linie auf

Formate und Abschlussbezeichnungen, Zulassungsvoraussetzungen, Finanzierung, Qualitätssicherung und weitere Strukturmerkmale (z. B. ECTS).

3.4 Steuerungsinstrumente

Die Steuerung der universitären Weiterbildung erfolgt auf der übergeordneten Ebene, also der Systemsteuerung, primär mit den folgenden regulatorischen oder finanziellen Instrumenten:

- Regulatorisch (hoheitlich vorgegeben oder als Selbstregulierung):
  - Gesetzliche, direkt anwendbare Bestimmungen (z. B. zur Qualitätssicherung, neu im HFKG);
  - Gesetzliche Grundsätze (z. B. im WeBiG);
  - Gesetzlich abgestützte Richtlinien mit hoher Verbindlichkeit (neu durch HFKG);
  - Empfehlungen und Regelungen ohne Durchsetzungsmöglichkeit (bisher auf Ebene Hochschulpolitik);
  - Festlegungen im Nationalen Qualifikationsrahmen;
- Finanziell:
  - Institutionsbeiträge (im Weiterbildungsbereich seit den Sondermaßnahmen des Bundes 1990–1999 nicht mehr angewendet);
  - Programm-/Projektfinanzierung (im Weiterbildungsbereich seit den Sondermaßnahmen des Bundes 1990–1996 nicht mehr angewendet);
  - Subjektfinanzierung (vorgesehen im WeBiG).

Wir werden im nächsten Kapitel aufzeigen, wie die Steuerung durch die übergeordneten Ebenen in der Schweiz bis 2015 konkret umgesetzt wurde.

4. Die übergeordnete Steuerung bis 2015

Regulatorisch: Gesetzliche Regelungen betreffend die universitäre Weiterbildung gibt es bis 2015 nur für die einzelnen Universitäten, also auf *kantonaler Ebene,* und für die beiden ETH als Institutionen des Bundes auf Bundesebene. Die Eingriffstiefe dieser Regelungen ist unterschiedlich und oft stark durch die jeweilige Universität selber beeinflusst. Auf *nationaler Ebene* hat die CRUS, die Rektorenkonferenz der schweizerischen Universitäten, Empfehlungen im Rahmen des Bologna-Prozesses erarbeitet (CRUS, 2012a). In diesem Erlass wurden unter anderem eine terminologische Vereinheitlichung und neue Gliederung der universitären Weiterbildung vorgenommen (Formate mit Mindestumfang an Kreditpunkten) sowie bezüglich des Weiterbildungsmasters Mindestumfang, Abschlussbezeichnung und Zulassungsvoraussetzungen definiert. Bezüglich der Abschlussbezeichnung für den Weiterbildungsmaster gibt es auch eine Regelung (CRUS, 2012b). Die Formate, Abschlussbezeichnungen und Bedingungen wurden auch im Nationalen Qualifikationsrahmen für den Hochschulbereich festgehalten, allerdings ohne Verbindlichkeit (NQF, 2011).

Eine regulatorische Einflussnahme des Bundes auf die universitäre Weiterbildung ist bis 2015 also inexistent. Entsprechend haben die einzelnen Universitäten ihre Autonomie ausgenützt, eingeschränkt nur durch die Rahmenbedingungen der CRUS. Diese sind aber nicht als staatliche Eingriffe, sondern als *Selbstregulierung* zu verstehen, da die CRUS eine Institution der Universitäten war. Ein wichtiger Impulsgeber, insbesondere für die Harmonisierung der Formate und die Qualitätssicherung, war der Verein »Swissuni – universitäre Weiterbildung Schweiz« als Interessenvertreter der universitären Weiterbildungsstellen (Fischer, 2017).

Finanziell: Nach Auslaufen der Sondermaßnahmen des Bundes zugunsten der universitären Weiterbildung (1996 bzw. 1999) gab es keine finanziellen Mittel mehr, mit denen der Bund steuernd auf die universitäre Weiterbildung hätte einwirken können. Die Sondermaßnahmen, die ab 1990 wirksam wurden, waren allerdings von großer Bedeutung für den Aufbau der Weiterbildung an den universitären Hochschulen (Weber & Fischer, 1992).

5. Neue Rahmenbedingungen auf Bundesebene seit 2015

5.1 Anlässe für die neuen Gesetze

Die Schweizer Stimmbevölkerung hat 2006 mit großem Mehr neue Verfassungsbestimmungen zur Bildung angenommen. Diese verpflichten Bund und Kantone gemeinsam zu einer hohen Qualität und Durchlässigkeit des gesamten Bildungsraumes Schweiz. Der Hochschulbereich ist mit Artikel 63a Gegenstand eines eigenen Verfassungsartikels geworden. Danach sorgen Bund und

Kantone gemeinsam für die Koordination und für die Gewährleistung der Qualitätssicherung im schweizerischen Hochschulwesen. Mit Artikel 64a wird auch die Weiterbildung erstmals auf Verfassungsebene geregelt und in die Bildungspolitik integriert (Schweizerischer Bundesrat, 2009; 2013). Gestützt auf diese Verfassungsartikel wurden das Hochschulförderungs- und -koordinationsgesetz (HFKG, 2011) und das Weiterbildungsgesetz (WeBiG, 2014) legiferiert. Im *Hochschulbereich* geht es neben der Finanzierung vor allem um die Koordination und die Qualitätssicherung. Demgegenüber sollen im vorwiegend privat organisierten *Weiterbildungsbereich* in einem Rahmengesetz Grundsätze formuliert werden, die günstige Rahmenbedingungen für die Weiterbildungsanbieter und die individuellen Weiterbildungsteilnehmenden schaffen. Dem Staat kommen vor allem subsidiäre Aufgaben zu (Schöni, 2017, S. 47).

5.2 Hochschulförderungs- und -koordinationsgesetz HFKG

Das HFKG äußert sich nur an zwei Stellen zur Weiterbildung. Erstens ist eines der Ziele des Bundes, die er gemeinsam mit den Kantonen im Rahmen der Zusammenarbeit verfolgt, die Vermeidung von Wettbewerbsverzerrungen durch Institutionen des Hochschulbereichs gegenüber Anbietern der höheren Berufsbildung. Dies soll über den Erlass von Vorschriften durch den Hochschulrat erfolgen. Entsprechende Bestimmungen könnten das Verbot der Subventionierung der Weiterbildungen im Hochschulbereich oder das Verbot, ähnlich lautende Titel oder Angebotsbezeichnungen wie in der höheren Berufsbildung anzubieten, sein (Schweizerischer Bundesrat, 2009, 4674). Zweitens kann der Hochschulrat einheitliche Rahmenvorschriften für die Weiterbildung erlassen.

5.3 Weiterbildungsgesetz WeBiG

Das WeBiG legt Grundsätze über die Weiterbildung fest. Zu dieser gehören sowohl allgemeinbildende als auch berufsorientierte Lernaktivitäten in Form von Unterricht außerhalb des formalen Bildungssystems und damit auch die Weiterbildung im Hochschulbereich. Für diese liegt allerdings die Zuständigkeit für die Umsetzung der Grundsätze bei den hochschulpolitischen Organen (Schweizerischer Bundesrat, 2013, 3753). Diese Sonderregelung will »den sachbedingten Eigenheiten und besonderen Anforderungen der akademischen Weiterbildung unter Wahrung der Hochschulautonomie angemessen Rechnung tragen« (Schweizerischer Bundesrat, 2013, 3789). Außerdem ergeben sich aus der Gesamtsicht des Bildungsraumes Schweiz wichtige Schnittstellen zwischen dem Hochschul- und dem Nichthochschulbereich, die im WeBiG allein nicht übergreifend erfasst werden könnten, beispielsweise die Durchlässigkeit im Weiterbildungsbereich zwischen nicht akademischer und akademischer Weiterbildung, das Transparenzgebot oder die Vermeidung von Wettbewerbsverfälschungen (Schweizerischer Bundesrat, 2013, 3789). Das WeBiG definiert Grundsätze zur Verantwortung, zur Qualitätssicherung und -entwicklung sowie Transparenz, zur Anrechnung von Bildungsleistungen für die formale Bildung, zur Verbesserung der Chancengleichheit sowie zum Wettbewerb.

6. Umsetzung der neuen Regelungen

6.1 Organisatorische Umsetzung

Eines der Hauptziele des HFKG ist also die Koordination des Hochschulwesens zwischen den drei Hochschultypen Universitäten, FH und PH sowie zwischen den einzelnen Trägerkantonen bzw. ihren Hochschulen. Organisatorisch wurden dazu die schweizerische Hochschulkonferenz, der Hochschulrat als ihr Ausschuss und die Rektorenkonferenz der schweizerischen Hochschulen (swissuniversities) geschaffen. Der Hochschulrat wird Vorschriften über die Weiterbildung in Form von einheitlichen Rahmenvorschriften erlassen. Damit wird es erstmals verbindliche Regelungen für die Hochschulweiterbildung auf gesamtschweizerischer Ebene geben und dies erst noch gemeinsam für alle Hochschultypen. Dies bedeutet auch, dass sich die Vertretungen der Weiterbildung der Universitäten, FH und PH unter dem Dach von swissuniversities zusammenfinden müssen. Die organisatorischen Details dazu sind noch offen, da sich in der Vergangenheit die Repräsentanten der verschiedenen Hochschultypen unterschiedlich organisiert hatten. Kontakte auf informeller Ebene gibt es hingegen schon seit ein paar Jahren.

6.2 Inhaltliche Umsetzung

Inhaltlich werden Rektorenkonferenz und Hochschulrat die generelle Ausrichtung der Hochschulweiterbildung auf der Basis der gesetzlichen Vorgaben definieren. Sie werden Strukturfragen regeln (Formate, Abschlussbezeichnungen, Modularisierung, Profile der drei Hochschultypen), die Weiterbildung im Nationalen Qualifikationsrahmen verorten und die Weiterbildung vom grundständigen Studium und der höheren Berufsbildung abgrenzen. Über den Qualifikationsrahmen und die Zulassungsbedingungen werden sie die Zielgruppen definieren und die Hochschulweiterbildung positionieren. Sie werden sich außerdem im Vollzug der Grundsätze des WeBiG zu Finanzierungsfragen (Kostendeckung, Subventionierung und Gewinnerwirtschaftung), Anrechnungsfragen (innerhalb des Weiterbildungssystems wie auch für die formale Bildung) sowie Qualitätsfragen (Zuständigkeit, Qualitätssicherung, Qualitätslabel) äußern. Formal wird dies in den einheitlichen Rahmenvorschriften für die Weiterbildung erfolgen.

6.3 Konsequenzen

Der Hochschulrat, der sich aus den Trägerkantonen und einem Mitglied des Bundesrates zusammensetzt, wird somit durch Setzen von neuen Rahmenbedingungen steuernd ins hochschulische Weiterbildungssystem eingreifen. Die Themenliste zeigt, dass es sich um zentrale Fragen handelt, die stufengerecht und mit ausreichendem Handlungsspielraum für die Akteure auf dem Weiterbildungsmarkt zu regeln sind. Für die universitäre Weiterbildung ist nun sehr wichtig, wie sie sich in diesen legislativen Prozess einbringen kann. Im Rahmen der Erarbeitung der Grundlagen ist eine Vertretung von Swissuni Mitglied der entsprechenden Arbeitsgruppe der Rektorenkonferenz. Maßgebend wird dann aber sein, wie die Weiterbildungsverantwortlichen der Universitäten formell in den Entscheidungsprozess eingebunden werden oder anderweitig auf die Entscheide ihrer Rektoren und der kantonalen Bildungsminister Einfluss nehmen können. Es ist zu erwarten, dass durch diese Selbstregulierung der Handlungsspielraum der Anbieter nicht unnötig eingeengt wird.

7. Erfolgsfaktoren und Herausforderungen für die Steuerung der Hochschulweiterbildung

7.1 Erfolgsfaktoren

Basierend auf der Analyse der Steuerungssysteme in der universitären Weiterbildung können nun zentrale Erfolgsfaktoren identifiziert werden, die unter der Berücksichtigung der aktuellen gesellschaftlichen Herausforderungen und der neuen bildungspolitischen Rahmenbedingungen auch für die Phase nach der Inkraftsetzung des HFKG und des WeBiG gültig sind.

7.1.1 Selbstregulierung, externe Regulierung und finanzielle Anreize

Als Steuerungsinstrumente kommen rechtliche Vorgaben, finanzielle Anreize oder die Förderung von Selbstregulierungsprozessen in Frage. Wie die Schweizer Weiterbildungsinitiative in den 1990er-Jahren gezeigt hat, können zeitlich befristete Fördermittel nachhaltige Innovationsschübe auslösen, insbesondere dann, wenn sie den Aufbau von lokalen Strukturen mitunterstützen, die die Ziele später selber weiterverfolgen können. Finanzielle Anreize sollten aber dosiert eingesetzt werden, weil sich sonst eine Akquisitions-, Vergabe- und Evaluationsindustrie entwickeln kann. Oft ist es nachhaltiger, auf Projektfinanzierungen zu verzichten und die Hochschulen mit genügend Etatmitteln auszustatten, damit sie selber Innovationen tätigen können.

Das schweizerische Hochschulsystem hat mit der Selbstregulierung der Weiterbildung gute Erfahrungen gemacht. Es ist gelungen, die Hochschulweiterbildung strategisch klar zu positionieren und ihre Weiterbildungsformate schweizweit zu etablieren. Es ist zu hoffen, dass die neuen Hochschul- und Weiterbildungsgesetze auf dieser Basis umgesetzt werden und dass den Selbstregulierungsprozessen im Rahmen der gesetzlichen Vorgaben genügend Raum gewährt wird.

7.1.2 Verlässlichkeit und Flexibilität

Das Steuerungsproblem kann als Spannungsfeld zwischen Verlässlichkeit und Transparenz einerseits und Flexibilität und Innovation andererseits beschrieben werden. KundInnen, Arbeitgeber und Fachverbände müssen das Profil und die Formate der Weiterbildung kennen und richtig einordnen können.

Dies verlangt ein gewisses Maß an Absprache, Regulierung und konzeptioneller Kohärenz. Gleichzeitig müssen die Hochschulen flexibel und innovativ auf neue Herausforderungen reagieren und ihre Angebote passgenau auf die Bedürfnisse der Zielgruppen ausrichten können. Oft müssen sie dabei auch branchenspezifische und (sprach-)regionale Besonderheiten berücksichtigen.[4] Es gilt also das Prinzip der Subsidiarität.

Die Erfahrungen haben gezeigt, dass es genügt, die allgemeine Ausrichtung (akademisches Niveau, Position im Bildungssystem) und die wichtigsten formalen Eckpunkte (Bezeichnungen, Kreditpunkte, Zulassungsbedingungen etc.) auf nationaler Ebene festzulegen. In vielen Fällen ist es auch sinnvoll, Ausnahmeregelungen für Spezialfälle zu formulieren – wie z. B. die Zulassung »sur dossier« für geeignete Personen ohne vollständige formale Zulassungsberechtigung. Die konkrete Umsetzung, die Inhalte, die didaktischen Methoden und die Qualitätssicherung sind auf jeden Fall den Hochschulen zu überlassen.

7.1.3 Anschlussfähigkeit und Wissenstransfer

Ein Spannungsfeld besteht auch zwischen den Anforderungen des Bologna-Systems und den Erwartungen der Arbeitswelt auf effizienten Wissenstransfer. Dies lässt sich besonders am MAS aufzeigen. Mit 60 Kreditpunkten ist er in der Wirtschaft geschätzt und berufsbegleitend auch ohne Anrechnung früheren Lernens in zwei Jahren gut studierbar. Er erfüllt aber die Bologna-Anforderungen nicht und berechtigt auch nicht zur Aufnahme in ein Doktoratsstudium. Die Rektorenkonferenz hat den MAS explizit als anspruchsvolle Zusatzqualifikation auf Master- oder Postmasterniveau und als Vehikel zum Wissenstransfer in die Praxis definiert. Man kann dabei zwischen drei Ausrichtungen unterscheiden: (a) *Spezialisierung oder Vertiefung* in der ursprünglichen Studienrichtung, (b) *Aufbaustudium*, verstanden als fachfremder Anschluss an eine oder mehrere ursprüngliche Studienrichtungen und (c) *inter- oder multidisziplinäre Erweiterung* einer oder mehrerer ursprünglicher Studienrichtungen (NQF, 2011, S. 15).

---

4 In der französischen Schweiz, insbesondere an der Universität Genf, wird zum Beispiel mehr Gewicht auf die Anerkennung früheren Lernens gelegt als in der deutschen Schweiz.

7.2 Aktuelle Herausforderungen

7.2.1 Die Folgen des Weiterbildungsgesetzes

Das Weiterbildungsgesetz (WeBiG, 2014) definiert Weiterbildung als nichtformale Bildung und formuliert eine Reihe von Grundsätzen, die für den ganzen Sektor gelten sollen. Sie ordnet auch die Hochschulweiterbildung dem nichtformalen Bereich zu, obwohl diese im nationalen Qualifikationsrahmen und in den kantonalen und eidgenössischen Hochschulgesetzen formal verankert ist. Immerhin wird bei der doppelten Unterstellung unter das HFKG und das WeBiG geklärt, dass die Umsetzung der im Gesetz definierten Grundsätze in den Zuständigkeitsbereich der Hochschulgremien fällt (WeBiG, Art. 2, Abs. 2).

Die dort genannten Grundsätze Eigenverantwortung, Qualitätssicherung und Chancengleichheit (Art. 5, 6, 8) sind in der Hochschulweiterbildung weitgehend erfüllt und dürften keine größeren Probleme bereiten. Ähnliches dürfte auch für den Wettbewerbsartikel gelten (Art. 9). Dieser will Wettbewerbsverzerrungen staatlich durchgeführter, geförderter oder unterstützter Weiterbildungen verhindern und fordert kostendeckende Preise »unter Berücksichtigung der Qualität, Leistung und Spezialität«.[5] Dieser Zusatz kommt den Hochschulen sehr entgegen, weil in den meisten Weiterbildungsbereichen, in denen sie tätig sind, kaum Konkurrenz mit privaten Anbietern besteht. Das forschungsbasierte Spezialwissen ist oft nur an Hochschulen vorhanden oder müsste von privaten Trägern eingekauft werden. Als Konkurrenten kommen also meist nur andere Hochschulen oder Hochschultypen oder in geringerem Maße Institutionen der höheren Berufsbildung in Frage.

Kritischer ist Artikel 7, der die Anrechnung von Bildungsleistungen aus Weiterbildung und informeller Bildung für die formale Bildung fördern will. Je nach Umsetzung des Artikels könnten auch konsekutive Bachelor- und Masterprogramme betroffen sein. Für Hochschulen ist dies ein höchst sensibler Bereich, weil sie für die Qualität ihrer Ausbildungen verantwortlich sind und die Inhalte selber kontrollieren wollen. Dazu kommen generelle Überlegungen: Die schrittweise Akkumulation von fragmentierten Wissensständen mag zwar effizient erscheinen, ist aber mit einer wissenschaftlich-forschungsbasierten Erkenntnismethode oft nicht kompatibel. Auch gewinnt der wissenschaftliche

---
[5] Unter gewissen, klar definierten Umständen akzeptiert das Gesetz sogar nicht kostendeckende Preise.

Dialog an Qualität, wenn Expertinnen und Experten im Teilnehmerfeld nicht beurlaubt werden, sondern aktiv mitdiskutieren (Frey, 2012).[6]

7.2.2 Die Folgen heterogener tertiärer Bildungsbiografien

Mit der Einführung der Fachhochschulen und der zweistufigen Studiengänge wurden die Bildungsbiografien auch auf der Tertiärstufe heterogener. Je nach Vorbildung können Bildungswillige zwischen einer höheren Berufsbildung (Tertiär B) oder einem Studium an einer Fachhochschule oder an einer Universität (beide Tertiär A) wählen.[7] Das Gros der FachhochschulabsolventInnen und eine kleine, aber wachsende Zahl von UniversitätsabgängerInnen verlässt die Hochschule mit dem Bachelordiplom. An den Universitäten sind die Weiterbildungen aber primär an Personen mit Masterabschluss adressiert.

Personen mit Bachelorabschluss, die ihr Studium nach einer Berufsphase wiederaufnehmen wollen, werden zu einer zunehmend bedeutenden Zielgruppe. Weil das schweizerische Hochschulsystem keinen Weiterbildungsmaster nach deutschen Vorbild kennt, haben diese Personen heute nur die Alternative, sich in einen konsekutiv ausgerichteten Master einzuschreiben, der sich primär an Erststudierende richtet, oder sich »sur dossier« und unter Nachweis von Berufserfahrung und Zusatzqualifikationen für einen universitären MAS zu bewerben, der nicht als Äquivalent zu einem normalen Master anerkannt ist. Weil viele die zweite Variante wählen, wächst bei den Zulassungsverantwortlichen der Druck, vermehrt Zulassungen »sur dossier« auszusprechen. Eigentlich für Ausnahmefälle konzipiert, könnten solche Zulassungen zum Normalfall werden.[8]

---

6 In der deutschen Schweiz wird die Anrechnung früheren Lernens in der Regel restriktiver gehandhabt als in der französischen Schweiz.
7 Generell setzt die Schweiz weiterhin auf das duale Bildungssystem und steht einer Akademisierung der Berufsbildung kritisch gegenüber, obwohl die Passerellen zwischen höherer Berufsbildung, Fachhochschulen und Universitäten in den letzten Jahren vereinfacht worden sind.
8 Die Zulassungsregeln zum MAS werden z. T. unterschiedlich interpretiert. Bei FHs genügt in der Regel ein Bachelor. Dies ist der Normabschluss im Erststudium. Aber auch Universitäten wenden die Masterregel mehr oder weniger strikt an, denn die wichtigsten Regelwerke sind hier nicht kongruent: Die Universitätsrektorenkonferenz empfiehlt den Master (CRUS, 2012, S. 41), im Nationalen Qualifikationsrahmen ist aber nur von einem Hochschulabschluss die Rede (NQF, 2011, S. 16).

Um dieses Problem zu entschärfen, kann man sich mindestens drei Lösungsmöglichkeiten vorstellen (Frey, 2016). Erstens könnte man die normale Zulassung generell auf BachelorabsolventInnen ausdehnen, außer allenfalls bei Spezialisierungen, die besondere Vorkenntnisse erfordern. Zweitens könnte man von BachelorabsolventInnen vor der definitiven Zulassung wissenschaftstheoretische und forschungsmethodische Ergänzungsmodule verlangen. Drittens könnte man, wie in Baden-Württemberg angedacht, zwei Stufen von Weiterbildungen vorsehen: auf Bachelorabschluss ansetzende und auf Masterabschluss ansetzende (Klenk, Armborst-Weihs, Eggert, Schaub & Wacker, 2017). Außerdem wären Kombinationen dieser Optionen möglich.

An den Zulassungsbedingungen zu schrauben, ist aber heikel, weil in der Weiterbildung andere Selektionsmaßnahmen verwendet werden als im konsekutiven Studium. Während dort Prüfungen ausschlaggebend sind, versuchen Weiterbildungsprogramme die Misserfolgsquoten möglichst tief zu halten. Dies geht nur dann ohne Qualitätseinbußen, wenn die Bewerber und Bewerberinnen besonders sorgfältig ausgesucht werden. Zwei Methoden kommen hier zum Einsatz: Die Überprüfung der formalen Kriterien (Abschlüsse, Zusatzqualifikationen, Berufserfahrung) und/oder schriftliche oder mündliche Assessmentverfahren. Weil Assessments in der Regel aufwändig sind, werden sie vor allem bei den Zulassungen »sur dossier« angewendet (Frey, 2016).

7.2.3 Anschlussfähigkeit, Bekanntheitsgrad, alternative Pfade

Es wurde bereits daraufhin gewiesen, dass MAS, DAS und CAS Programme zwar ins Bologna-System integriert sind, aber nicht zum Eintritt in einen konsekutiven Master oder zu einem Doktoratsstudium berechtigen. Auch international sind die Weiterbildungsformate der schweizerischen Hochschulen noch wenig bekannt. Zwar haben einige deutsche Hochschulen den CAS und den DAS übernommen, beim MAS geht das hingegen nicht, weil er, wie oben bereits ausgeführt, die geforderten Gleichwertigkeitsbedingungen zum konsekutiven Master nicht erfüllt (Klenk et al., 2017).

Trotzdem besteht in den Hochschulen und in der Wirtschaft kein Interesse, den MAS durch einen Weiterbildungsmaster nach deutschem Vorbild zu ersetzen. Allenfalls ins Auge gefasst werden könnte eine fakultative Ergänzung des MAS-Programms um 30 ECTS-Punkte durch die oben bereits beschriebenen theoretischen und methodologischen Zusatzmodule und durch eine umfassendere, forschungsbasierte Masterthesis. Kandidaten und Kandidatinnen hätten dann die Wahl, den Kern-MAS mit einem MAS-Diplom oder das erweiterte Format mit einem normalen Masterdiplom abzuschließen.

Bisher sind uns – mit Ausnahme einer möglichen Erweiterung der Zulassung für BachelorabsolventInnen – keine Signale in Richtung einer systematischen Änderung der Zulassungsbedingungen oder eines Ausbaus der MAS zu Masterprogrammen bekannt. Die bisherige Positionierung der Hochschulweiterbildung als Wissenstransfer und Zusatzqualifikation ist in der Schweiz unumstritten und die Zulassung »sur dossier« erlaubt ein gewisses Maß an Flexibilität.

7.2.4 Gleichwertige Rahmenbedingungen

Das schweizerische Bildungswesen ist dezentral organisiert. Auch die universitäre Weiterbildung untersteht primär kantonalem Recht. Gerade deshalb ist darauf zu achten, dass gesamtschweizerisch für alle Hochschulen des gleichen Typs ähnliche gesetzliche Rahmenbedingungen gelten. Diese müssen aber flexibel genug sein, um für markt- und regionalspezifische Besonderheiten passende Lösungen zu finden.

7.3 Institutionelle Aspekte

Wer aber sind die Akteure, die bisher die Rahmenbedingungen für die Hochschulweiterbildung definiert und die Selbstregulierungsprozesse befördert und in Gang gehalten haben und welche Herausforderungen ergeben sich daraus für die neue Phase? Bis vor Kurzem waren die führenden Akteure die Universitätsrektorenkonferenz CRUS als Vertretung der Universitäten, die Schweizerische Universitätskonferenz SUK als Vertretung von Bund und Kantonen und Swissuni als privatrechtlich organisierte Vertretung der universitären Weiterbildungsstellen. Die damals noch jungen Fachhochschulen und ihre Koordinationsorgane übernahmen in der Regel die Konzepte und Regelungen der universitären Gremien und passten sie ihren eigenen Bedürfnissen an. Swissuni war in dieser Konstellation das schwächste Glied ohne jegliche Weisungsbefugnis. Als beste Kennerin der Materie erlangte sie aber die konzeptionelle Themenführerschaft in einem Gebiet, das im Bologna-Prozess für die offizielleren Gremien damals sekundär war. Ihre Vorschläge zu den Formaten, zur Qualitätssicherung und zur Integration der Weiterbildung in den Nationalen

Qualifikationsrahmen wurden von der CRUS weitgehend aufgenommen und von der SUK in Kraft gesetzt.

Das HFKG fasst nun die Gremien der Universitäten, Fachhochschulen und Pädagogischen Hochschulen zu einer gemeinsamen Rektorenkonferenz (swissuniversities) und einer gemeinsamen Hochschulkonferenz (Bund, Kantone, Hochschulen, Wissenschaft, Sozialpartner) unter der Führung des verantwortlichen Bundesrats zusammen. Diese Maßnahme verbessert die Koordination unter den verschiedenen Hochschultypen, führt aber auch zu viel komplexeren Entscheidungsstrukturen.

Es wird sich erst zeigen müssen, inwieweit Selbstregulierung im Weiterbildungsbereich noch möglich sein wird und welche Rolle die Weiterbildungsstellen darin spielen können. Swissuni als Vertretung der universitären Weiterbildung versucht Einfluss über die Delegation Lehre der universitären Kammer der Rektorenkonferenz geltend zu machen und strebt eine engere Kooperation mit den Weiterbildungsverantwortlichen der Fachhochschulen und der pädagogischen Hochschulen an.

8. Fazit

In den letzten Jahren sind zwei neue Bundesgesetze in Kraft getreten, die die Frage aufwerfen, wie sich die universitäre Weiterbildung zukünftig zwischen Autonomie und Regulierung weiterentwickeln kann. Für die übergeordnete Steuerung wird sich mit den beiden neuen Gesetzen (aufgrund des Subsidiaritätsprinzips) wahrscheinlich nur sehr wenig ändern. Das WeBiG als Rahmengesetz verweist die Umsetzung der Grundsätze in den Hochschulbereich. In diesem ist das HFKG ein Koordinationsgesetz, durch welches sich die Hochschulen unter Aufsicht ihrer Trägerkantone und des Bundesrats weitgehend selber koordinieren sollen. Nur wenn dies nicht gelingt, kann der Bund einschreiten. Nach wie vor besteht also primär eine Selbstregulierung.

Für die Hochschulweiterbildung entsteht über die Rahmenvorschriften ein etwas erhöhter Druck auf die Festlegung gemeinsamer Rahmenbedingungen, die grosso modo das Bestehende festhalten und gegebenenfalls leicht weiterentwickelt werden. Positiv dabei ist, dass dieser Prozess zu mehr Transparenz und Verlässlichkeit führen kann. Die drei Hochschultypen werden außerdem angehalten, sich auch in der Weiterbildung miteinander auseinanderzusetzen.

Wie stark der Koordinationswille bzw. die entsprechende Durchsetzungskraft ist, wird sich an den wenigen Punkten zeigen, bei denen einzelne Hochschulen heute unterschiedliche Positionen vertreten, beispielsweise bei der Zulassung oder bei der Einführung neuer, bisher unbekannter Formate. So hat die Ecole Politechnique Fédérale de Lausanne (EPFL) kürzlich ein auf MOOCS basierendes Certificate of Open Studies (COP) eingerichtet, das sich auch an Nichtakademiker richtet, und die Universität Genf plant ein Weiterbildungsdoktorat.

Literatur

Bayerisches Staatsinstitut für Hochschulforschung und Hochschulplanung (Hrsg.). (1992). *Beiträge zur Hochschulforschung*. München: Bayerisches Staatsinstitut für Hochschulforschung und Hochschulplanung.

CRUS (2012a). *Empfehlungen der CRUS für die koordinierte Erneuerung der Lehre an den universitären Hochschulen der Schweiz im Rahmen des Bologna-Prozesses* (Fassung vom 2. Februar 2012).

CRUS (2012b). *Regelung der CRUS für die einheitliche Benennung der universitären Studienabschlüsse im Rahmen der Bologna-Reform* (Fassung vom 2. Februar 2012).

Deutsche Gesellschaft für wissenschaftliche Weiterbildung und Fernstudium (DGWF) (2015). *Organisation der wissenschaftlichen Weiterbildung an Hochschulen. DGWF-Empfehlungen*. Bielefeld: DGWF.

Dollhausen, K. (2016). Wandel oder Kontinuität institutioneller Ordnungen im Weiterbildungssektor? Zur Bedeutung von organisationsspezifischen »Planungskulturen«. In R. J. Leemann, C. Imdorf, J. Powell & M. Sert (Hrsg.), *Die Organisation von Bildung. Soziologische Analysen zu Schule, Berufsbildung, Hochschule und Weiterbildung* (S. 233–249). Weinheim: Beltz Juventa.

Dollhausen, K., Ludwig, J. & Wolter, A. (2013). Organisation und Re-Organisation wissenschaftlicher Weiterbildung in einer bewegten Hochschullandschaft. *Hochschule und Weiterbildung, 13* (2), 10–13. Bielefeld: DGWF.

Fischer, A. (2010). Steuerung der universitären Weiterbildung: Hybride Ansätze zwischen »bottom-up« und »top-down«. *Hochschule und Weiterbildung, 10* (1), 8–16.

Fischer, A. (2014). *Hochschulweiterbildung in einem heterogenen Feld. Bericht zu Handen der Geschäftsstelle des Schweizerischen Wissenschafts- und Innovationsrats* (Arbeitsdokument Geschäftsstelle SWIR (3)). Bern: Schweizerischer Wissenschafts- und Innovationsrat.

Fischer, A. (2016). Orientierungsrahmen zum Kontext der universitären Weiterbildung. In T. E. Zimmermann, W. Jütte & F. Horváth (Hrsg.), *Arenen der Weiterbildung* (S. 67–77). Bern: hep Verlag AG.

Fischer, A. (2017). Wirkungsvolle Interessenvertretung der universitären Weiterbildung in der Schweiz: Swissuni. In B. Hörr & W. Jütte (Hrsg.), *Weiterbildung an Hochschulen. Der Beitrag der DGWF zur Förderung wissenschaftlicher Weiterbildung* (S. 151–158). Bielefeld: Bertelsmann.

Frey, H.-R. (2012). *Lebenslanges Lernen: Visionen und Empfehlungen* (Beitrag zur Arbeitsgruppe Lifelong Learning: Herausforderungen für die Schweiz zu Handen der Rektorenkonferenz der Schweizer Universitäten).

Frey, H.-R. (2016). *Das Schweizer Weiterbildungsmodell für Universitäten und Fachhochschulen*. Vortrag an der Tagung »Weiter in Südbaden«, Universität Freiburg und Fachschule Furtwangen, 24. November 2016.

Hanft, A. & Knust, M. (2007). *Internationale Vergleichsstudie zur Struktur und Organisation der Weiterbildung an Hochschulen*. Oldenburg.

Hartz, S. & Schrader, J. (2008). *Steuerung und Organisation in der Weiterbildung*. Bad Heilbrunn: Klinkhardt.

Hartz, S. & Schrader, J. (Hrsg.). (2008). *Steuerung und Organisation in der Weiterbildung*. Bad Heilbrunn: Klinkhardt.

HFKG (2011). *Bundesgesetz über die Förderung der Hochschulen und die Koordination im schweizerischen Hochschulbereich vom 30. September 2011* (in Kraft seit dem 1.1.2015 (414.20)).

Hörr, B. & Jütte, W. (Hrsg.). (2017). *Weiterbildung an Hochschulen. Der Beitrag der DGWF zur Förderung wissenschaftlicher Weiterbildung*. Bielefeld: Bertelsmann.

Klenk, J., Armborst-Weihs, K., Eggert, U., Schaub, G. & Wacker, U. (2017). Wissenschaftliche Weiterbildungsangebote systematisieren. Vorschlag zur Transparenz der Formate und Qualifikationsniveaus aus baden-württembergischer Perspektive. *DIE Zeitschrift für Erwachsenenbildung, 4*, 50–52.

Leemann, R. J., Imdorf, C., Powell, J. & Sert, M. (Hrsg.). (2016). *Die Organisation von Bildung. Soziologische Analysen zu Schule, Berufsbildung, Hochschule und Weiterbildung*. Weinheim: Beltz Juventa.

Maag Merki, K., Langer, R. & Altrichter, H. (Hrsg.). (2014). *Educational Governance als Forschungsperspektive*. Wiesbaden: Springer.

NQF (2011). *Qualifikationsrahmen für den schweizerischen Hochschulbereich (nqf.ch-HS)* (mit Zustimmung aller drei Rektorenkonferenzen vom gemeinsamen Leitungsausschuss (la-rkh.ch) verabschiedet am 23. November 2009 (aktualisierte Version vom 20. September 2011) und von der Schweizerischen Universitätskonferenz (SUK) am 30. Juni 2011 genehmigt, soweit er die Universitäten betrifft (www.qualifikationsrahmen.ch)). Verfügbar unter: https://www.swissuniversities.ch/fileadmin/swissuniversities/Dokumente/Lehre/NQR/nqf-ch-HS-d.pdf [03.01.2018].

Schemmann, M. (2014). Handlungskoordination und Governance-Regime in der Weiterbildung. In K. Maag Merki, R. Langer & H. Altrichter (Hrsg.), *Educational Governance als Forschungsperspektive* (S. 111–129). Wiesbaden: Springer.

Schöni, W. (2017). *Bildungswertschöpfung. Zur politischen Ökonomie der berufsorientierten Weiterbildung*. Bern: hep Verlag AG.

Schrader, J. (2008). Steuerung im Mehrebenensystem der Weiterbildung – ein Rahmenmodell. In S. Hartz & J. Schrader (Hrsg.), *Steuerung und Organisation in der Weiterbildung* (S. 31–64). Bad Heilbrunn: Klinkhardt.

Schweizerischer Bundesrat (2009). *Botschaft zum Bundesgesetz über die Förderung der Hochschulen und die Koordination im schweizerischen Hochschulbereich (HFKG) vom 29. Mai 2009.*

Schweizerischer Bundesrat (2013). *Botschaft zum Bundesgesetz über die Weiterbildung vom 15. Mai 2013.*

Weber, K. & Fischer, A. (1992). Die universitäre Weiterbildungsinitiative der schweizerischen Regierung. Ein erfolgreiches Instrument in einem föderalistisch organisierten Hochschulwesen. In Bayerisches Staatsinstitut für Hochschulforschung und Hochschulplanung (Hrsg.), *Beiträge zur Hochschulforschung* (S. 441–465). München: Bayerisches Staatsinstitut für Hochschulforschung und Hochschulplanung.

WeBiG (2014). *Bundesgesetz über die Weiterbildung vom 20. Juni 2014* (in Kraft seit dem 1.1.2017 (419.1)).

Zimmermann, T. E., Jütte, W. & Horváth, F. (Hrsg.). (2016). *Arenen der Weiterbildung.* Bern: hep Verlag AG.

II
LIFELONG LEARNING ALS ZUKUNFTSSTRATEGIE FÜR INTERNATIONALISIERUNG UND INTERKULTURALITÄT

Beate Hörr

Promoting University Lifelong Learning through International Cooperation

The Role of Universities' Lifelong Learning Networks in Europe on Political Level

Abstract

University Lifelong Learning networks act as Communities of Practice and are the organizational frameworks for collaborative work and lobbying. A definition of »Lifelong Learning« on European level and especially »University Lifelong Learning« is offered. Examples of ULLL networks on institutional, regional, national, European and international level are given. Further structures, organizational and legal forms are described and a comparison is being made. The way these networks discuss, share and distribute their themes especially to the policy stakeholders is analyzed. Evaluated shall be the real and the potential power of political influence of these ULLL organizations.

Keywords: University Lifelong Learning (ULLL), Network, Community of Practice, Lobbying, Policy

1. University Lifelong Learning in the European Dimensions

From a University Lifelong Learning (ULLL) perspective, the role of Higher Education Institutions (HEI) in our globalized world is – among many others – the reduction of complexity. How to enable individuals, communities or organizations to increase their ability to analyze and face the changes we all live in? How do we transfer the theory we learn and share within ULLL into successful practice? The European University Association (EUA) declared ULLL via the »Charter on Lifelong Learning« as a core activity of Higher Education Institutions in 2008.

Following the definition of the European Commission in the *Memorandum on Lifelong Learning*, Lifelong Learning is the will of individuals to constantly learn »with the aim of improving knowledge, skills and competences within a personal, civic, social and/or employment-related perspective« (CEC, 2001, p. 33).

Most interpretations of Lifelong Learning found in contemporary EU Lifelong Learning policy literature promote it as a key instrument to increase employability and economic competitiveness as well as a policy of social cohesion. The development of the individual is also mentioned as one of the Lifelong Learning goals throughout this European space, but the emphasis rests mainly on employability, adaptability and vocational mobility because this is what matters for the functioning of the labor market and the economy. »This is done by promoting universal Lifelong Learning goals such as ›fostering social cohesion, providing citizens with the skills required to find new jobs and helping Europe to better respond to the challenges of globalisation‹ (EC, 2008b, p. 11).« (Rizzo, 2017, p. 19)

Beside this definition, many others exist. Lifelong Learning may be seen as an anti-concept to a former understanding of learning as a certain phase in human life that has a beginning and an end. The underlying idea is that due to the fast technical and economic changes we live in we cannot afford not to learn.

When we talk about University Lifelong Learning, we mean learning in Higher Education Institutions and on university level. Predominantly, lifelong learners come back or enter university for the first time after some years of working experience. Furthermore, senior citizens, the so-called »Learners in Later Life«, who attend university after finishing their working life are part of this definition.

2. Networks of ULLL

ULLL networks are an organized form of lobbying; they try to influence policy on institutional, regional, national, European and international level. While cooperation, partnership or strategic alliances refer to a bilateral or multilateral relation on concrete projects (e. g. in our case programmes, trainings, curricula), networks are not built on concrete actions. They follow an agreed upon structure and certain rules and aim to be sustainable.

If we talk about ULLL networks, we mean a social network, which is defined with a set of actors and the ties (or relations) between them. Various models of networks exist. In the field of ULLL networks, the most adequate model for description is the inter-organizational network (Popp, Milward, MacKean, Casebeer & Lindstrom, 2014).

By definition, issues of society at large are a key concern to HE Institutions. Yet, single institutions cannot effectively tackle this. Cooperation is of highest importance.

Trust is described as the lubricant that makes cooperation possible. Deeper trust fuels increased network effectiveness.

The leading Network for ULLL in Europe is *EUCEN* (European University Continuing Education Network). It is not only a network, but a Community of Practice. A Community of Practice (CoP) is a group of people (usually individuals) who share a concern or a passion for something they do (the practice) and who learn by interacting regularly. Three fundamental items characterize a CoP: the domain, the community and the practice. In the case of EUCEN, the domain is University Lifelong Learning (ULLL), in all its forms and implementation (Viron, 2017, p. 163).

The most important benefits of an inter-organizational network in the context of ULLL are learning, advocacy, positive deviance, innovation, flexibility and responsiveness. Learning and capacity building are the most important benefits to be mentioned. People meet in networks to learn from each other and share their knowledge. Advocacy is a pro-argument on the structural level: Legal entities are better positioned to assert influence. One can exert more (political) pressure. Moreover, positive deviance is a strong argument in favor of the ULLL network. The network members are invited to think in deviation from their standard organizational processes, to imagine new ways of thinking and to initiate new ways of practice in their home organizations. The overall aim is to be more agile and able to create change, and/or to be more responsive to change than mere bureaucratic organizations.

Of course, there are big challenges to working in inter-organizational networks: achieving consensus on the network purpose and goals, culture clashes, loss of autonomy, coordination fatigue, the time and effort it takes to develop trusting relationships and, last but not least, power imbalances.

Level of Analysis	Description	Sample Outcomes
Individual	Assessment of the impact that the network has on the individuals who interact in the network on behalf of their respective organizations and on individual clients.	• Increased job satisfaction • Increased capacity • Increased client satisfaction with Services • Improved client outcomes
Organization	Assessment of the impact that the network has on member organizations, as the success of network members is critical to overall network effectiveness.	• Agency/organization survival • Enhanced legitimacy • Resource acquisition • Improvement in referrals
Network	Assessment of the network itself can have a variety of foci, many of which depend on the relative maturity of the network. The strength of relationships across the whole network is always an important focus.	• Network membership growth • Relationship strength • member commitment to network goals
Community	Assessment of the contributions that the network makes to the community it was established to serve.	• Better integration of services • Less duplication of and fewer gaps in services • Services provided at lower cost to the community • Positive policy change • Improved population-level outcomes

Figure 1: Levels of Analysis in Inter-Organizational Network Evaluation. Adapted from Popp et al., 2014, p. 79

So the key question before working in networks is: What are the benefits? If so, do they outweigh the challenges and limitations?

Following the argumentation of Popp et al. (2014) the collaborative inter-organizational networks have mainly three functions:

1. information diffusion and knowledge exchange,
2. network learning,
3. innovation.

The policy dimension of networks is embedded in all three functions mentioned above: Policymaking consists of distribution of information and knowledge exchange. It is about development of actors within the networks (stakeholders). And finally and most importantly, the driving force of policy is innovation.

There are three main factors of networking success: 1. network governance, 2. management and leadership of and in networks, and 3. network structures.

Sustainability and trust-building measures are key factors of successful networks.

2.1 Networks of ULLL on Institutional Level: The Influence of ULLL Networks and European Projects on HE Institutions and their Strategy on Lifelong Learning

Networks of ULLL do not act on institutional level. They promote their views and expertise via ULLL policy and strategy to other networks, stakeholders or policy makers. Gaining strength via cooperation, the respective Center for ULLL, as a network member, may use the power and influence of the network for strengthening its own power within its own institution. The Center for ULLL then can assume the same position as the ULLL network, in some cases down to the exact wording. As Mark 6:4 tells us: A prophet is not without honor except in his own town, among his relatives and in his own home. Therefore, the institution's voice may not be heard within its own university. The way to influence the own institutional ULLL policy and strategy might take roundabout routes: As a member of a ULLL network, seeking the support of a Center for ULLL can strengthen one's position. Then the Center has the opportunity to refer to this »expert« position. Usually, this is done by publishing a position paper. This method has proven to be much more effective than a position paper, which is published by the ULLL Center itself.

Likewise, ULLL projects are run by ULLL networks. For example, there are many useful materials developed within European ULLL projects. The BeFlex Project was one of them (Multilateral Project: Modernisation of Higher Education, Project No. 134538-LLP-1-2007-1-BE-Erasmus-EMHE). It aimed at stimulating further development of best practice and innovative actions for ULLL, particularly those using the Bologna tools in regional learning partnerships and strategies for LLL. The BeFlex output contains materials and tools for a variety of themes ULLL centers deal with on a daily basis, e. g. the Recognition of Prior Learning or Diversity in LLL. Further, the question of »Implementing Institutional Change in ULLL« was explored. Improvement within the ULLL revolves around probing the structure of operations to assist institutions to begin and improve efforts of change.

The materials also include considerations on how to prioritize and plan changes and evaluate their ongoing success. Due to the fact that the impact of the different factors on universities varies considerably, the BeFlex project selected seven universities all over Europe to represent one case study for the question of how to implement institutional change in ULLL. With these BeFlex materials and tools, a ULLL center can start or improve the internal discussion based on a strategy or policy of ULLL. Experience shows university leaders will accept these materials and tools much easier as neutral and quality assured than materials or ideas that come out of the ULLL center itself. Therefore, the influence and power of ULLL networks as a reference of experience cannot be estimated high enough in the context of institutional strategy and policy building.

2.2 Networks of ULLL on Regional Level: The Regional Networks of the German Association for Continuing Education and Distance Learning (DGWF)

What can ULLL networks achieve on regional level? For the German national network on ULLL, the benefits are clear: As culture and education fall within the remit of the 16 federal states in Germany, the ULLL policy is made on the level of each federal state. The German national network of ULLL, the German Association for Continuing Education and Distance Learning, DGWF, is organized thematically and regionally. There are four thematic working groups (Distance Education, Research, Management and Learning in Later Life) and eight regional groups geographically covering all 16 federal states. The DGWF was founded in 1970 and it is one of the oldest national networks for ULLL in Europe.

The aims of the DGWF are very similar to the aims of other ULLL national networks in Europe and the European network for ULLL, EUCEN: The DGWF wants to stress that the progress of HE/CE goes along with ULLL. Another aim is to strengthen the influence of HE Institutions in ULLL knowledge and policies in Germany and in Europe. The DGWF further aims to promote discussions on the development and dissemination of ULLL within HE Institutions. It stands for quality assurance in the big and growing market of ULLL. The German national network cooperates with stakeholders, organizations and policy makers within the field of ULLL. It enables, promotes and makes visible research about ULLL.

The regional groups of the ULLL network DGWF meet once or twice a year. While some groups are very active, others are to a lesser extent. The regional

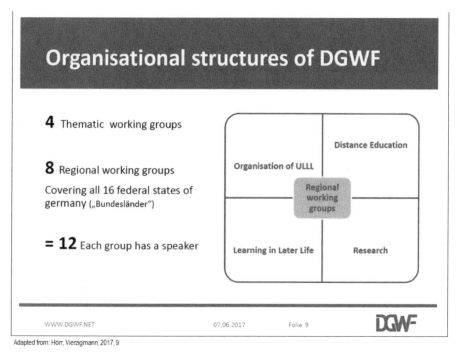

Figure 2: Organisational structures of DGWF I.

groups of the DGWF work on concrete challenges concerning ULLL in their daily working life: When, for example, amending a law for education and/or universities in one of the 16 federal states is planned, the corresponding regional group makes suggestions to the responsible ministry for the new law. Over the years, regional groups developed good relationships with ministries; they are regarded as »the voice« of ULLL in the corresponding federal state.

In addition, these regional groups bring statements or initiatives on national or even European level into the discussion. For example, the regional group for Rhineland-Palatinate and Saarland suggested to members of the European Parliament an Initiative Report on the subject of »Academic training and distance learning as part of the European Lifelong Learning strategy« in 2016. The regional group contributed, in cooperation with a working group consisting of the DGWF board, to this Initiative Report. The report contains well over 70 recommendations for action, with which the European Parliament calls on the European Commission to make scientific training and distance learning an integral part of a European Lifelong Learning strategy. Central demands of the DGWF were taken into account in this respect. The most important

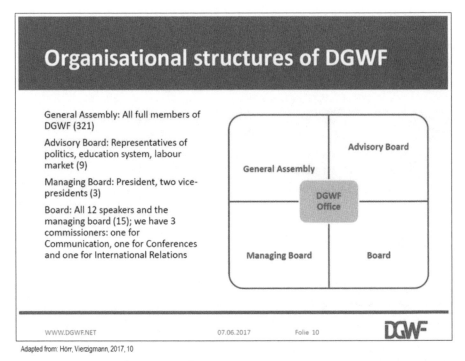

Figure 3: Organisational structures of DGWF II.

ones are the recognition of scientific training and distance learning as a public order of universities, the creation of improved financing conditions, the greater interlinking of professional and academic continuing training including uniform EU-wide quality standards, as well as the explicit integration of scientific training and distance learning into a European digital strategy. Finally, a clear majority of 577 votes in favor approved this Initiative Report in the European Parliament on September 12, 2017.

By launching actions like this Initiative Report in the European Parliament, the DGWF and its regional groups aim at raising awareness of the potential of scientific training and distance learning at a European level. The German ULLL network wants to win over policy makers to join ULLL.

This is just one example for the possible political influence and power a ULLL network can have.

2.3 Networks of ULLL on National Level: The Example of the French Network

The French ULLL network CDSUFC (Conférence nationale des Directeurs de Service Universitaire de la Formation Continue) was founded as a non-formal network in 1981. It was transformed into a formal association in March 2004. Every French university is represented in the association. There is no membership fee, but universities must pay 900 euro per year to access services. The association has a Steering Committee with 12 members. The network has a national recognition at institutional level: Ministry of Higher Education, trade unions, employers' federations etc.

The network focuses on one main mission: The representation of universities for all UCE issues, especially at national level (Ministries, Conference of rectors, professionals' organizations, unions etc.). Furthermore, the network takes care of the centralization and communication of information on ULLL and promotes all kinds of exchanges amongst its members. The support of specific research activities on new trends in UCE and ULLL is another task of this network. Finally, yet most importantly, the French network organizes actions and courses to further ULLL.

Core activities are two general meetings and one national conference each year (with an average of 300 attendees), meetings and contacts with main actors in the field: government, trade unions, many working groups on various subjects proposed to members (e. g. on long distance learning, work-based learning, RPL, management tools and information systems for the UCE, seniors, ULLL, quality in ULLL, ICT and ULLL, research projects). In addition, a training program on activities in continuing education is offered, which is proposed for staff development. Website management for the communication and information of the public and an intranet site for members is serviced. Current issues for the French ULLL network are UCE and ULLL strategy, professional staff development, and new regulations in many areas of the ULLL activities.

In France, like in many other countries, the traditional debate concerning universities and higher education in general is concentrated on the roles and missions of the HE Institutions. Do they have to prepare for specific qualifications required by the labor market (professional oriented) or do they have to prepare for more general capacities, which are academia-based?

Observing the French higher education system, the French ULLL network proposes an analysis based on the national regulations and their implementation. Starting from the law issued after 1968's events, several steps can be identified aiming to bridge the gap between the two »worlds«: professional and the academia.

This law has introduced the words »professional« and »economic needs« in the regulations, both for initial studies and for »adults« returning to university and generalized the creation of technological institutes inside the universities. The following steps have formalized the management of university continuing education in the context of labor laws (1972, 1984). In 2002, the »Validation des Acquis de l'Expérience (VAE)« was introduced. The VAE is a procedure that allows any French educational institution to grant degrees partly or completely based on work experience. A portfolio of the applicant's achievements and work experience is presented to a committee at the educational institution. The committee will then decide if the documents presented in the portfolio show work that merits partial credit towards a particular degree. This VAE process, together with the description of diplomas by the learning outcomes and skills competencies at all levels, have been a »shock therapy« to the academic community and started a slow but real evolution of the institutions.

The last steps in 2007 (introduction of mandatory publication of the professional insertion indicators) and in 2013 (introduction of the words »Lifelong Learning« in the missions of universities) have strengthened the links between universities and the socio-economic environment. Considering the objectives of new programs are more »skill oriented«, considering the »professional insertion of graduates« used as performance indicators, considering the market share of continuing education and the development of work-based learning for bachelor and master degrees etc., the question of today is: »Are universities Vocational Education Training (VET) providers?«

The French ULLL network is prepared to discuss the answer weighing these socio-economic objectives and constraints against the claimed (and legally based) independence and autonomy of university teachers-researchers to guarantee creativity, innovation and ethics.

Especially with the question of the balance of the VET sector and the HE Institutions and the field of ULLL the French network is representing a general theme, which is discussed in other national networks as well.

2.4 A ULLL Network on European Level: The Example of EUCEN (European Universities' Continuing Education Network)

Introduction: The European Policy on ULLL

With a population of just over 500 million and the world's largest market, the EU is an international organization representing an exclusive form of cooperation among 28 sovereign countries. It has been

> the beacon for prosperity and peace in the region since the Second World War. In 2010, it accounted for 7.3 per cent of the world's population and over one quarter of the world's GDP (Eurostat, 2012, p. 17). It is governed by international treaties and memorandums signed not only by national governments of Member States, but also, where necessary, by neighboring governments (in education matters this responsibility falls on the ETF). (Rizzo, 2017, p. 20)

In the 1960s, the education of adults was known as adult education. Then, the first reports (by UNESCO), which put it on the international radar called the education of adults lifelong education. It then changed once more to recurrent education, and then lifelong education and finally Lifelong Learning (Milana & Holford, 2014, p. 35 ff.).

Stephen Rizzo described in his thesis »The politics of knowledge that govern the European Union Lifelong Learning policy space – A Foucauldian reading« the history of the Lifelong Learning Policy of the European Union. He mentions that in 2007, the Action Plan *It is always a good time to learn* (CEC, 2007) affirmed that

> the need for a high quality and accessible adult learning system is no longer a point of discussion (CEC, 2007, p. 3). One year later, a resolution by the European Parliament on adult learning (EP, 2008) recognised that ›adult learning is becoming a political priority‹ (idem, para. A), and urged EU Member States (MS) ›to establish a Lifelong Learning culture, primarily focusing on education and training for adults‹ (idem, para. 3). This rationale is present in most Lifelong Learning policies (Rizzo, 2017, p. 7).

In his overview, Rizzo points out that Lifelong Learning has been a key reform measure of education and vocational training systems since the 1990s. In the middle of the 1990s, the Commission postulated three aims for education and training: social integration, enhancement of employability and personal fulfillment. Lifelong Learning and training moved from the periphery to the center. In the Memorandum for Lifelong Learning (CEC, 2000), the EU set itself the often quoted strategic goal »to become the most competitive and dynamic knowledge-based economy in the world capable of sustainable economic growth with more and better jobs and greater social cohesion« by 2010 (EC, 2000, para. 5). In 2001, the EC established working groups to support and monitor the implementation of objectives at national level, develop indicators, and benchmarks. In 2003, the Council decided on five benchmarks and fixed five goals for education and training to be reached by 2010. Amongst the enormous body of literature published during this time, some noteworthy were a *Communication* and a complementary *Action Plan*. In the following year, a *Recommendation*, two Lifelong Learning surveys done by Eurostat in the years 2006 and 2011 and the Lifelong Learning Programme 2007–2013 with an overall budget of 13.62 billion euros were published to unify all education and training programs into one program. In 2010, the EU adopted a *strategic framework*, which replaced the Lisbon strategy with further long-term strategic goals (see Rizzo, 2017, p. 21 and following).

EUCEN

The leading European network for ULLL is EUCEN, the European University Continuing Education Network, founded in 1991 after Belgian law with the secretary general office located in Barcelona. EUCEN currently has more than 185 members from 34 countries, with 15 members representing national networks. To mention some: Austria (Austrian University Continuing Education Network, AUCEN), Switzerland (Swiss University Continuing Education: swissuni), Estonia (Estonian Network for University Continuing Education: ENUCE), Germany (Deutsche Gesellschaft für wissenschaftliche Weiterbildung und Fernstudium e. V., DGWF), Spain (Red Universitaria de Estudios de Postgrado y Educacion Permanente, RUEPEP), Finland (University Continuing Education Network in Finland, UCEF), France (La Conférence des Directeurs de Service Universitaire de Formation Continue, CDSUFC), Hungary (Hungarian University Lifelong Learning Network MELLearN), Ireland (Higher Education Lifelong Learning Ireland Network, HELLIN), Italy (Italian University Network for Lifelong Learning RUIAP), Turkey (Turkish Universities Continuing Education Centres TÜSEM), Scotland (Scottish Universities Association for Lifelong Learning SUALL) and United Kingdom (Universities Association for Lifelong Learning UALL).

The current president of EUCEN, Prof. Francoise de Viron, characterizes EUCEN as follows:

> The main goals of eucen are twofold: first to contribute to the social, economic and cultural life of Europe through the promotion and advancement of Lifelong Learning within Higher Education Institutions in Europe and elsewhere; second to foster universities' influence in the development of Lifelong Learning knowledge and policies throughout Europe. The eucen vision is a European model of Lifelong Learning based on democracy, equal rights and social justice (…) and contributing to economic, social and cultural needs (www.eucen.eu) (Viron, 2017, p. 161).

The non-profit network EUCEN provides a forum for the development, interchange and dissemination of innovation and good practice on ULLL within European HE. EUCEN works to encourage high standards in all areas of Lifelong Learning and to harmonize levels of quality for ULLL among its members. EUCEN represents the interests of the Lifelong Learning community within higher education and to European policymakers. The European network facilitates communication, liaison and collaboration with other appropriate bodies and organizations.

It promotes and conducts research into ULLL and disseminates the results of this research. The network EUCEN assists ULLL policy makers in selecting the most appropriate and effective policies for their own institutions.

The measures to achieve these aims are the same as described above for the other networks (conferences, seminars, forums etc.). However, EUCEN is also very experienced in implementing European projects. There is a long list of European projects which EUCEN led, in the last years with a focus on application for EU Grants within the Erasmus+ program and »Key Action 3: Support for Policy Reform«. A current effort is »HE4u2: Integrating Cultural Diversity in Higher Education«. This project on policy reform will contribute to the reform of teaching and learning in higher education to improve accessibility and encourage migrants and ethnic minority students.

Among its national network members, EUCEN launches a survey on the three most important issues these national networks of ULLL are dealing with every year. With this practice, EUCEN continues to understand the strategic and political aims of all national network members.

The board members of EUCEN use their voice and influence within the political debate on HE and ULLL. Therefore, EUCEN regularly takes part in events hosted by the EC on themes of ULLL. For example, board members of EUCEN, experts in the field of VET, took part and presented the EUCEN position paper on VET at the last political debate about VET and the connection of VET to the HE sector, which took place in Brussels in autumn 2017.

Likewise, the 49th annual EUCEN conference in 2017, held at the University of Mainz, was dedicated to the relation between ULLL and the VET sector: »ULLL and the labour market in Europe – The contribution of continuing education and vocational education to the challenges of changing work and qualifications requirements.«

The responsibility for ULLL and VET are located in different sections of the EC. Although many of the themes and target groups overlap, funding is separate. The EUCEN network's aim with events as mentioned above is to explain to the EC that ULLL and VET should be treated as two sides of one coin. The effects and the influence such events can have on policy makers is enormous. Therefore, showing presence and making personal contacts via such events is of the highest importance to the ULLL networks. Precisely because of opportunities like this, EUCEN has become an attractive ULL network partner for the EC and/or EP when it comes to political statements, the evaluation and designing of new ULLL programs and projects on ULLL.

2.5 ULLL Networks on International Level: The Example of RECLA, the Latin-American Network for ULLL

The European network on ULLL, EUCEN, is not only well connected to national networks in Europe, it is also linked worldwide. EUCEN has strong ties to e. g. IACEE, the International Association for Continuing Education of Engineers, UPCEA, the University Professional and Continuing Education Association in the US, and the ULLL network in Latin-American RECLA (Red de Educación Continuada en Latinoamérica). RECLA and EUCEN offer mutual membership in their networks.

The Latin American network RECLA is represented by 70 universities from 12 different countries in Latin America (and Europe, i. e. Spain). RECLA follows the same aims and a similar structure as other ULLL networks mentioned before. The network's overall aim is to influence the national ministries' legislation and strategies on ULLL for a better implementation of ULLL within the Latin American HE Institutions. Since the whole field of Quality Assurance in HEI in Latin America is not ideally developed yet and therefore is not comparable to the European Quality Assurance System, the network RECLA is very interested in the exchange of best practice examples and quality assurance systems for ULLL in Europe. The network has a strong focus on collecting data, since the sector of ULLL is not yet integrated in the data collection within HEI. Due to historical reasons, the RECLA network often regards the US HE system as the standard for its own development. This has changed in the last years, thanks to the fact that the European ULLL network EUCEN is growing and more visible on the international stage as well.

The RECLA annual conferences are usually held in a Latin American country, yet every three years it takes place in Spain. This is meant as a signal to the European ULLL networks that RECLA is very interested in European ULLL, and serves to initiate contacts with European colleagues. However, language barriers are to be overcome, since, contrary to Europe, the lingua franca among RECLA members continues to be Spanish, not English.

3. Summary

An overview of the ULLL network situation in Europe on institutional, regional, national, European and international level was given. A definition of ULLL as well as an overview of the evolution of ULLL in European policy was provided. An observation of different national networks on ULLL displayed the structure, the types of membership and legal organization forms of the ULLL networks as well as their aims and missions, which are often quite similar, while the individual levels of network professionalization are not. The most successful and important instruments and methods of policy lobbying were described, such as Initiative Reports, project applications and project materials and tools, mission statements, position papers and contributions to higher education legislation. The criteria and indicators of how to measure political influence on education policies in the countries themselves and on European level are to be counted in the number of activities: conference participation of stakeholders and policy makers, the number of European projects within policy making programs like Key Action 3 within the Erasmus+ program, cooperation with and invitations of ULLL networks to EC or EP events and other activities. However, until today research on data concerning the political influence of ULLL networks is missing. Nevertheless, nobody doubts the growing power and influence of the ULLL networks. Growth in membership and ULLL networks are strong indicators in this respect. Undoubtedly, ULLL lobbying has an important impact on European policy and decision-making.

Bibliography

BeFlex: *Lifelong Learning Universities: Developing Flexibility and Sustainability* (BeFlex Plus Training Pack. Multilateral Project: Modernisation of Higher Education). Project No. 134538-LLP-1-2007-1-BE-Erasmus-EMHE.

Blackmore, C. (Hrsg.). (2010). *Social Learning Systems and Communities of Practice*. London: Springer.

Breznik, K., Dermol, V. & Košir, S. (2010). Networking for Lifelong Learning. In H. Urponen & R. Mark (Hrsg.), *Lifelong Learning for the New Decade* (S. 135–144). Rovaniemi: University of Lapland.

Commission of the European Communities (CEC) (2000). *Memorandum on Lifelong Learning* (SEC(2000) 1832). Brussels. Verfügbar unter: http://arhiv.acs.si/dokumenti/Memorandum_on_Lifelong_Learning.pdf [05.02.2018].

Commission of the European Communities (CEC) (2001). *Communication on Making a European Area of Lifelong Learning a Reality* (COM (2001) 678 final). Brussels. Verfügbar unter: http://www.europarl.europa.eu/meetdocs/committees/cult/20020122/com(2001)678_en.pdf [05.02.2018].

Commission of the European Communities (CEC) (2007). *Communication* on *Action Plan on Adult Learning: It Is Always a Good Time to Learn* (COM (2007) 558 final). Brussels: European Communities.

European Commission (EC) (2000). *Lisbon Strategy. Lisbon European Council 23–24 March. Presidency Conclusions*. Brussels: European Communities.

De Viron, F. (2017). Working Together to Promote University Lifelong Learning in Europe: eucen. In B. Hörr & W. Jütte (Hrsg.), *Weiterbildung an Hochschulen. Der Beitrag der DGWF zur Förderung der wissenschaftlichen Weiterbildung* (S. 159–168). Bielefeld: Bertelsmann wbv.

De Viron, F. & Davies, P. (2015). From University Lifelong Learning to Lifelong Learning Universities – Developing and Implementing Effective Strategy. In J. Yang, C. Schneller & S. Roche (Hrsg.), *The Role of Higher Education in Promoting Lifelong Learning* (Lifelong Learning Policies and Strategies No. 3) (S. 40–59). Hamburg: UNESCO Institute for Lifelong Learning.

European Council (EC) (2008). *Council Conclusions on the Priorities for Enhanced European Cooperation in Vocational Education and Training for the Period 2011–2020*. Brussels.

Hanft, A. & Knust, M. (2007). *Weiterbildung und lebenslanges Lernen in Hochschulen. Eine internationale Vergleichsstudie zu Strukturen, Organisation und Angebotsformen*. Münster: Waxmann.

Hörr, B. & Jütte, W. (Hrsg.). (2017). *Weiterbildung an Hochschulen. Der Beitrag der DGWF zur Förderung der wissenschaftlichen Weiterbildung*. Bielefeld: Bertelsmann wbv.

Milana, M. & Holford, J. (2014). *Adult Education Policy and the European Union: Theoretical and Methodological Perspectives*. Rotterdam: Sense Publishers.

Popp, J., Milward, H. B., MacKean, G., Casebeer, A. & Lindstrom, R. (2014). *Inter-Organizational Networks. A Review of the Literature to Inform Practice* (Collaborating Across Boundaries Series). Washington DC: IBM.

Rizzo, S. (2017). *The Politics of Knowledge that Govern the European Union Lifelong Learning Policy Space – A Foucauldian Reading*. Luxembourg: Doctoral School in Educational Sciences at the Faculty of Language and Literature, Humanities, Arts and Education at the Université du Luxembourg. Verfügbar unter: http://orbilu.uni.lu/bitstream/10993/32346/1/PhD%20%20%20%20Thesis_FINAL_Rizzo_Stephen.pdf [05.02.2018].

Tomaschek, N. & Gornik, E. (2011). *The Lifelong Learning University*. Münster: Waxmann.

Torlone, F. & Federighi, P. (2010). *Regional Governance and Lifelong Learning Policies. Building a Broad Strategy for the Next European Planning Period*. Florenz: Firenze University Press.

Urponen, H. & Mark, R. (Hrsg.). (2010). *Lifelong Learning for the New Decade*. Rovaniemi: University of Lapland.

Wenger, E. (2010). Communities of Practice and Social Learning Systems: The Career of a Concept. In C. Blackmore (Hrsg.), *Social Learning Systems and Communities of Practice* (S. 179–198). London: Springer.

Yang, J., Schneller, C. & Roche, S. (Hrsg.). (2015). *The Role of Higher Education in Promoting Lifelong Learning* (Lifelong Learning Policies and Strategies No. 3). Hamburg: UNESCO Institute for Lifelong Learning.

Josephine Finn, Camilla Fitzsimons, Bernie Grummell & Maggie Noone

Difference and Inclusion in Higher Education
Integrating Cultural Diversity in Lifelong Learning

Abstract

The topic for this paper emerged from research that is being conducted by the authors as part of an Erasmus+ project entitled »Integrating Cultural Diversity in Higher Education« (HE4u2) coordinated by the European University Continuing Education Network (EUCEN). HE4u2 is grounded in a social justice perspective and its principal focus is to promote inclusion within Higher Education (HE) with an emphasis on the experiences of migrant students. In this paper, we consider the research findings from the project, completing a discourse analysis of the findings. We discuss them in relation to LL and examine their effects on pedagogy and curricula in HE. We show how guidelines for inclusive learning proposed by the HE4u2 project could be adopted by LL generally to address some of the problems of integration and recognition of difference articulated in the research. Collaborative discourse analysis is used to explore the HE4u2 data. The aim of the approach is to provide a second layer of analysis that will identify embedded discourses that effect students who self-identify as culturally different as well as the policies guiding higher education institutions. The discourses are analysed to explore concepts of difference and inclusion perpetuated by them. The outcome of the paper is to unravel discourses of difference in the data in order to expose their impact on curriculum design in higher education. They are discussed in the context of LL and suggestions are made on how to create inclusive learning environments using guidelines developed in the HE4u2 project.

Keywords: Lifelong Learning, Inclusion, Migrant Students, Social Justice, Difference

Introduction

This chapter explores how lifelong learning can support conditions for greater cultural diversity and inclusive learning in higher education. It is based on research emerging from an Erasmus+ funded project entitled *Integrating Cultural Diversity in Higher Education* (HE4u2)[1]. The project is based in a social justice perspective and its principal focus is to promote inclusion within higher education with an emphasis on the diverse experience of students from migrant backgrounds. We contend that recognition of difference is fundamental to the promotion of diversity and inclusion in higher education. In this chapter, we use Deleuze's arguments about difference as a concept to unravel the discourses of difference evidenced in the HE4u2 research in order to explore their impact on learning in the formal and informal spaces of higher education.

Deleuze highlights how difference is determined in philosophy as ›unilateral distinction‹ and is used for comparison between things – »this is different from that« or in »making a difference« – but he claims that difference, as a concept, is not well conceived in itself (Deleuze, 2004, p. 36). Deleuze's work raises some important issues in relation to how we conceptualise difference and offers some alternative thinking about diversity and inclusion in lifelong learning. Current conceptions of ›difference‹ have set things and people apart and have created ›habits of thought‹ that can perpetuate oppositional thinking and the creation of systems which are indifferent to exclusion in education. Higher education is a site where this perpetuation of difference has historical roots in the elitism of universities (Lynch & Ivancheva, 2015) and continues through the reproductive power of higher education globally (Bourdieu & Passeron, 1979).

Drawing on Deleuze's work, we explore the reconceptualization of difference at a theoretical level and within educational practice, as an integral dimension of formal and informal learning. Through this process, we start to think ›difference‹ positively in ourselves and in groups and begin to value explicitly different ways of knowing. In this context, ›difference‹ is fostered not ›othered‹ and used to advance knowledge and support human enrichment. This challenges higher education to create new approaches to learning where diversity and inclusion are central.

---

1 HE4u2 project is funded by the Erasmus+ KA3 Programme of the European Union: http://he4u2.eucen.eu/.

In developing this argument, we explore the findings of the HE4u2 research project on integrating cultural diversity in higher education to illuminate the positive force and challenges that difference can bring to lifelong learning. This research highlights the need to challenge existing global inequalities and include world knowledge and pedagogies into western curricula. This should bridge lifelong learning, connecting the real world experiences of learners (university staff and students) to knowledge and learning that is recognised by universities. Curricula and pedagogies based on world knowledge and pedagogies that recognise different lifewide experiences, regardless of age, gender, ability, culture and ethnic background, are essential in creating more equitable learning environments. Thus, we endeavour to explore ways of learning that widen the local to include the global and to propose pedagogies and learning that both problematise and facilitate difference in all its forms and uniqueness.

Difference as a Concept

As identified in the introduction to this chapter, Deleuze critiques how difference is understood as ›unilateral distinction‹ and used for comparison between things – »*this* is different *from* that« or in »making a difference« (2004, p. 36). For Deleuze, without difference, thought would be plunged into the »undifferentiated abyss« or a »white nothingness« in which everything is dissolved. Difference is engaged at all levels of thought; without difference, thought is impossible. Yet he is critical about how difference is understood and how it works. For Deleuze without difference there is no thought, without thought there no being, thus without difference there is no being. Deleuze saw difference as primary to being and asks »Is thought possible without difference?« (ibid). This has implications for how we conceptualise learning because it infers that learning involves active thinking as thought engages with reality and vice versa. Hence thought is fundamentally energetic and dynamic with difference underlying all learning and thinking.

Deleuze locates the power to impose difference on the world with us as we use representational thinking to order the world. Academic papers, higher education policies and teaching guides are full of taxonomies and categories of one type or another, such as the categorisations of learning styles, types of learning, or frameworks of qualifications. We habitually create structures to represent ideas and these structures are developed through other structures of representation based on rational-critical modes of logic and reason. As Lynch and Ivancheva point out, much of academic thinking brackets our understandings within »the cultural biases of dominant Western intellectual traditions, and the limitations they impose on our understanding of the world outside the linguistic, philosophical and paradigmatic frameworks of Cartesian, Eurocentric/Western thought« (2015, p. 9). Deleuze maintains that we think difference »from within the structure of representation itself« (1994, p. 41) and name the world in this way. For Deleuze, structures of representation based on reason allow difference to be used to conceive identities, compare things, create oppositions and perceive similarities (Brogue, 1989, p. 57).

This process of differentiation is often based on group identity and »othering«; a binary oppositional process of »us« versus »them«. How this is contextually and historically grounded is important. We believe it is the normative power of the social and culture values of the capitalist economies of Western Europe and nations of Western European heritage that dominate our educational processes and systems. This unquestioned dominance often results in othering and indifference about other ways of knowing and living in the world. When discussing the ›othering‹ of what is commonly referred to as the Far East, Said (1978, p. 49) reveals how West is seen as »rational, peaceful, liberal, logical, capable of holding real values without natural suspicion«, whilst ›the Orient‹ is seen as »none of these things«.

One perception that often concretises notions of difference is through perceptions of racial/ethnic difference. We believe racial difference is not fixed but is socially constructed through a process of racialisation where, over time, certain traits have been socio-culturally assigned to homogenised populations with little or no consideration for historical and political contexts (Lentin, 2004; Carr, 2015).

Racial othering has also been encouraged from within the academy. This is through the intentional invention of scientific facts (Kendall, 2013, p. 43), sociological critiques of inter-racial reproduction that helped perpetuate racist ideology (Webb, 2017), and an all too common practice of talking about those othered (as we are doing now), thus excluding them from knowledge production about their own experiences.

A particularly influential antidote to ›us‹ versus ›them‹ dichotomisations (and one which is somewhat cautiously adopted in this research) is a growing multicultural movement where differences are showcased and celebrated. Notwithstanding some variance in ways of being, much activism that supports this movement actually reinforces difference presenting those racialised as white as normal and those non-white as ethnic (Halley, Eshleman & Mahadevan Bijaya, 2011, p. 55). bell hooks (1994; 2010) is particularly critical of multiculturalism (or interculturalism) believing the perspective re-enforces rather than dissolves difference, particularly socially constructed differences of race. For hooks, white people benefit most from this seemingly neutral approach as they are saved from examining how the privileges they hold are accrued at the expense of others. Even where racial diversity is well established, claims of cultural difference are sometimes used to uphold and perpetuate difference such as through the notion of ›black-culture‹, a concept held together through perceptions about life-choices that essentialise and often commodify the lives of those racialised as black (Fitzsimons, 2018).

Returning to the ideas of Deleuze, the project is therefore to »replace the philosophy of identity and representation with a philosophy of difference« (Brogue, 1989, p. 56). Using his approach, we look at how representation effects difference and what it does to difference, in other words how difference is represented in the HE4u2 research findings.

Researching Experiences of Difference – He4u2

The purpose of the research project *Integrating Cultural Diversity in Higher Education* (HE4u2) is to explore levels of cultural diversity in university curricula and to develop guidelines for developing intercultural learning environments across the participating seven institutions: Université Catholique de Louvain, Belgium, Maynooth University, Ireland, University of Turku, Finland, Aristotle University of Thessaloniki, Greece, University of Porto, Portugal, University of Vienna, Austria, and Johannes Gutenberg University Mainz, Germany. The project is led by the European Universities Continuing Education Network (EUCEN).

As part of the project a comparative survey was carried out in each institution in 2016, with students who self-selected as being from culturally diverse and migrant backgrounds. The purpose of the survey was to find out how they were experiencing so-called cultural diversity in their institutions. As well as presenting these findings as the main focus of this chapter, we also draw from a case study of the continuous professional development programme designed and delivered in Maynooth University, Ireland as part of the HE4u2 process. Analysis of both survey and case study findings are complemented by a discourse analysis of policies on equality and inclusion governing the Irish context.

The online survey was circulated by partners across seven European partner universities and one EUCEN member institution. The survey was translated to the primary languages of each higher education context and responses were translated to English by partners. This process of translation raised methodological and epistemological issues (Fitzsimons, Grummell & Noone, 2017; Resch & Enzenhofer, 2018). Students were invited to participate on the basis of self-selected definitions of themselves as being from a cultural and/or ethnic identity that is under-represented or mis-represented in the country where they are currently studying. The response rate was higher in some institutions giving a total response rate of 206 students across eight European higher education institutions. Given these variant factors, it is intended to give a qualitative insight into the experiences of students rather than a representative sample.

Difference, Identity and Naming

In general, the responses of students from migrant backgrounds in these eight European institutions were very mixed. While most students reported that their experience of racism was low, their comments about their experiences of the institutions, people, curriculum and learning give key insights into the complexity of these issues. When students were asked about the level of intercultural diversity in the curriculum, the statements they made highlight the processes of similitude and (in-)differentiation. »*They [lecturers] tend to consider all Asians as a group, even though they distinguish Europeans from different countries*« (Student, Finland). These processes of similitude and differentiation reveal how students are ›othered‹ through indifference, describing students from Asian backgrounds as a singular group whilst recognising the identities of European students in diverse ways. It was also evident through informal relationships and use of names in learning contexts.

> *One of the lecturers used to only ask the Irish students for their names and next time responded to them answering in class by their first names, when it came to us foreigners he said ›this lady here‹ or as ›that lady there‹ just answered.* (Student, Ireland)

These examples reveal how we use language to differentiate or gloss over cultural differences. This issue was also evident in the continuous professional development (CPD) course on cultural diversity in Maynooth University, where several participants described their uncertainty pronouncing people's names correctly and consequent avoidance of using their names. They described how this reluctance and apparent indifference came from their own ›cultural politeness‹ and reluctance to reveal their difficulty in learning how to pronounce unfamiliar names (often with phonic pronunciations that were unfamiliar to them). This highlights how addressing intercultural issues can be difficult for higher education staff, especially when it is something new for educators. Staff described how they felt that there were no organisational cultures or structures to guide them to address intercultural issues in their work. This can also be located within the broader context where educational norms are shaped by the social weight of ›race‹ (Carr, 2015, p. 28; O'Connor, 2010) and the weight of white privilege (Halley et al., 2011; Kendall, 2013; Fitzsimons, 2018). Influential scholar McIntosh (1988, p. 2) believes those amongst us racialised as white are »taught to think of their lives as morally neutral, normative, and average, and also ideal«.

The implications of this reluctance to reveal difficulties with learning about cultural difference and diversity was expressed by one student in terms of conceived identity and the limits it exposes about the presuppositions we can hold of others.

> *Merely based on where I come from (Iran), people allow themselves to assume they know who I am, that I am a practicing Muslim, what my regard for and level of familiarity with ›Western values‹ looks like, even what my diet is. If the case was that people were ignorant and would admit their ignorance and ask questions, I would be more than happy to engage in dialogue with them. What is challenging is the expectation of me (as a mere example of an ›other‹) to accommodate their presuppositions about myself.* (Student, Germany)

The indifference to potential differences within communities evident in this statement is striking in the lack of willingness by many to acknowledge their unawareness, to ask questions and to engage in dialogue.

Clark (1996, p. 48) endorses »culture-conscious« approaches to interculturalism which

> encourages educators to create learning communities where people experience core feelings of significance, that I matter, of solidarity, that I belong, and of safety, that I won't be harmed either physically or psychologically. These feelings should be nurtured in a way that doesn't weaken each person's own sense of identity or destroy the identity of others. (Fitzsimons, 2017, p. 13)

This is vital to creating safe learning environments where people can be supported to challenge their normative assumptions and engage in dialogue.

Institutional Environments and Cultural Practices

The complexity of students' experience is also evident in the environments of learning, with students identifying limited dietary choice, a lack of quiet spaces, language and higher fees for international students as specific issues students from migrant and culturally diverse backgrounds face. Some students spoke of the difficulties that they experienced with their lecturers in an educational context where a dominant language is assumed. »*Some professors show no interest or patience to foreigners. They do not let us explain what we want to say. They forget that we are not German native speakers and so we need more time to express ourselves*«. (Student, Germany) For other students, it varied acknowledging that

> *Things always depend on both sides – the teacher and the student. There are teachers who present great knowledge and know how to facilitate the student understands the course [...] but there are also teachers who do not represent good linguistic level and their course is also concentrated only in their country.* (Student, Portugal)

Recognition of difference by some academics is evident in their integration of difference in their pedagogical approach to learning, however, the nature of knowledge produced by lecturers is limited, in some cases, to local and regional contexts and thus without global relevance. Institutional services and processes also reflect local cultural needs. For example, some students highlighted the lack of recognition of religious diversity with no or poorly designed spaces, with one student describing how »*I found it very sad when I saw the unworthy prayer place under the staircase.*« (Student, Germany) Students also spoke of different experiences of student and higher education support offices, with some students describing supportive structures and groups, while others felt that there were no visible support structures or processes for students from migrant to culturally diverse backgrounds. This also applied to other institutional services, with another student describing how there were few bibliographic sources available in their language or about their culture in the library, indicative of the multiple ways difference and indifference are experienced in the institutional practices, cultures and environment.

Difference and Indifference in the Curriculum and Pedagogy

Students' experiences of indifference are most evident when we look at their experiences of the curriculum and pedagogy. Many students highlighted how they experienced an indifference for their diverse cultures very clearly in the curriculum

> Even though the program is International and European Business Law, all the courses refer to US, UK and EU. No reference to the rest of the world. USA, UK and EU alone doesn't make it international. No reference to China, Japan, Russia etc. (Student, Austria)

Similarly, another student describes »*When we for example discuss/get presented diseases, the only focus in the Epidemiology is this country or Europe, or in the case of genetic disorders other countries are not being addressed*« (Student, Germany). This indifference that is evident in curricular content was mentioned by many participants across numerous disciplines of arts, humanities, social sciences and sciences, with one student describing their curriculum as »*a reflection of Western realities*« (Student, Belgium).

It was also evident in the CPD course in Maynooth, where lecturers spoke of their realisation of the Eurocentric nature of their reading lists, curriculum documents, images and language. This finding is also supported by literature in curriculum studies (Bracken & Bryan, 2011; Gay, 2010; Hussein-Muharram, 2012; Jessop & Williams, 2009). This is not an isolated experience. Drawing from other similar studies, Fitzsimons recounts how »when ethnic minority and migrant students are asked about their experience of curricula, they identify a white, Eurocentric perspective that consistently fails to draw from literary contributions and commercial practices from a non-Western, non-white perspective« (2017, p. 13 f.). The accounts express a critique of knowledge produced in European higher education. It is represented as a world view which it is not and consequently only pertains to specific contexts – western ones making it irrelevant to the majority of the world which is different. Equally this sense of indifference was felt in the pedagogical processes being used, where students were made to feel difference and were excluded, especially in group work contexts where »*It's a challenge when doing group work to find a team when you are a minority and some of the teachers ignore these concerns even when raised in class*« (Student, EUCEN partner university).

One student suggested that we need

> *[a] deep analysis of racism from the perspective of black people directly, not from the white majority who writes the books and who tend to always have the most of the audience, due to Western Academia not wanting to much touch the subject of racism full on and from the perspective of the people who actually suffer under it.* (Student, Ireland)

This is echoed in literature that asks for educators to »challenge this practice by deliberately introducing literature from outside of the Global North and by designing images, case-studies and other scenarios that reflect diversity as the norm. These inclusive learning strategies should be introduced to all educational environments« (Fitzsimons, 2017, p. 14). Such positive experiences are also evident in HE4u2 findings, with students describing inclusive pedagogical approaches where all professors »*included cultural diversity as a topic in class especially when forming groups or teams for projects*« (Student, Finland). This is echoed by other students describing how the »*teacher as well as the students were very open towards the cultural diversity of all participants, each was understanding of and interested in the others.*« (Student, Austria)

Institutional and Policy Positions on Interculturalism

In the backdrop of student experiences are the institutional and policy practices which shape interculturalism. HE4u2 is currently completing a comparative analysis of policies across the participating higher education institutions »to determine how the current regulation of policies in the [participating] countries and at EU level contribute to integrate cultural diversity within HE, i. e. promoting or supporting integration of learners or teachers from minorities, from under-represented groups, with experience of migration.« (Bernal Gonzalez, De Viron & Souto Lopez, 2018, p. 4) This chapter draws on the Irish context as an example to illustrate the implications for educators and students. Policy statements on interculturalism and inclusion reveal strong aspirations to equality in Irish higher education which are often framed within the statutory requirements of the *Employment Equality Acts 1998 to 2007* not to discriminate on nine named grounds of age, disability, membership of the Traveller community, marital status, family status, gender, religion, sexual orientation, race, colour, ethnic or national origin. For example, Maynooth University's Equality policy centres on issues relating to i) employment equality, ii) equality of educational access and attainment among students, and iii) general equality issues, »*recognis[ing] that the obstacles to equality are complex and can include deep-rooted structural biases as well as formal barriers*« (Maynooth University, 2008, p. 2).

The implementation of this policy is directly supported by the *Standing Committee on Equality, Diversity and Interculturalism* (established under Universities Act 1997) and the work of an Equality Officer, as well as other offices and services of the university. Equality and intercultural issues are also included in the Strategic Plan of Maynooth University 2012–2017. These formal structures are supported by the cultural practices and processes within the university. It is at this level that policy implementation can be opaque, as it intersects with working culture and assumptive norms of Irish society and university life. As Fitzsimons (2017, p. 13) reminds us

> Working interculturally also involves understanding prejudice through the perspectives of those at the receiving end and never dismissing the cumulative effects of racism and discrimination. Institutions can support this perspective by publishing statements in support of integration, offering staff training on the prevention of racism and creating structures where incidences of racism can be reported and dealt with.

While this is evident in Maynooth University's policies (and national policies), translating it into institutional processes and practice often remains unclear. For example, the *National Strategy for Higher Education to 2030*, which has driven the policy direction for higher education in Ireland in recent decades, makes no direct mention of cultural inclusion or diversity. Issues of interculturalism are mentioned in the context of internationalisation of students and graduate experiences. National access strategies similarly have prioritised other issues and groups in recent years with vulnerable migrants identified as a subgroup in the *National Plan for Equity of Access to Higher Education 2015–2019*. The initial findings of the HE4u2 comparative analysis of European policies governing the eight participating countries indicate how »[m]any of the partner universities focus on enhancing diversity in their institutions, yet while some institutions do not explicitly address migrant and minority students, others give little indication of how their visions are to be implemented« (Bernal Gonzalez, De Viron & Souto Lopez, 2018). Policies focusing on students from migrant backgrounds need to involve recognition and validation of prior learning, the provision of language courses, financial support as well as preparatory courses for specific groups of persons into HE – i. e. foreign students and Roma students.

Guo (2015, p. 45) notes the importance of deconstructing discourses of integration to reveal how they are often contradictory. Despite being based on ideas of the two-way process of adjustment and integration that respects the host and migrants' diverse cultures, in practice »the assessment of integration is often based on a narrow understanding and […] slow assimilation« (ibid). The difficulty of translating policy principles into practice is obvious in these examples. This has profound implications for learners from culturally diverse backgrounds who »*are made to feel more like we need to blend in rather than stand out.*« (Student, EUCEN partner institution)

Concluding Discussion

»*The greatest difference is always an opposition, but of all the forms of opposition, which is the most perfect, the most complete, is that which ›agrees‹ best*« (Deleuze, 2004, p. 38).

Deleuze deconstructs this conceptualisation of difference and challenges us to see difference in a new way. There are many different ways of knowing the world; but many are denigrated, marginalised and ignored in face of the global dominance of the rational critical knowledge of Western academic and scientific knowledge (de Sousa Santos, 2014; Grummell, 2017). As imperialist actions by the west continue to perpetuate difference (Kundnani, 2015; Fitzsimons,

2017; 2018), we need to deconstruct our assumptions about lifelong learning and higher education to break out of our Eurocentric habits and our assumptions about the value of learning and of all learners in all their difference.

Different knowings are mapped on us from our experiences of the world. We can draw out these knowings to examine »the whole of the lived« of a problem and to develop learning processes that respect the lived experiences of all learners and educators (Freire, 1972). In this way difference can be put to work to create and advance knowledge in new ways. Fitzsimons (2017, p. 11) suggests that

> [a]dult educators must firstly reflect on their own socio-cultural and racialised identity including how these interpretations are constructed. Secondly, each of us must examine the prejudices we hold and consider how these contribute to the othered discourse [...] A third action educators should undertake is to deliberately nurture intercultural relationships in adult learning environments. Finally, our curricula must reflect the normality of diversity.

Thus, as Deleuze contends, we need to chase difference to accompany us in our desire to address inequalities and find new and emergent lines of thought to bring us to new destinations. »*Only with more people living together and expressing the tensions of everyday life it would be possible to better know what to do. Without differences, it's hard to think about the changes*« (Student, Portugal). Difference works to erupt things, it is invoked to create new concepts and to open up new lines of flight.

Bibliography

Bernal Gonzalez, A., De Viron, F. & Souto Lopez, M. (2018). *Synthesis of Data Analysis on Policies for Integrating Cultural Diversity in Higher Education: HE4U2 – Work Package 4*. (im Erscheinen).

Bourdieu P. & Passeron J. C. (1979). *The Inheritors: French Students and their Relation to Culture*. Chicago: University of Chicago Press.

Bracken, M. & Bryan, A. (2011). *Learning to Read the World? Teaching and Learning about Global Citizenship and International Development in Post-primary Schools*. Dublin: University College.

Brogue, R. (1989). *Deleuze and Guattari*. Abingdon: Oxon.

Carr, J. (2015). *Experiences of Islamophobia: Living with Racism in the Neoliberal Era*. London: Routledge.

Clark, D. (1996). *Schools as Learning Communities. Transforming Education.* London: Cassell Education.

De Sousa Santos, B. (2014). *Epistemologies of the South. Justice against Epistemicide.* Boulder: Paradigm Publishers.

Deleuze, G. (2004). *Difference and Repetition.* London: Bloomsbury Academic.

Deleuze, G. & Guattari, F. (1994). *What is Philosophy.* London: Verso.

Deleuze, G. & Guattari, F. (2004). *A Thousand Plateaus Capitalism and Schizophrenia.* London: Continuum Books.

Employment Equality Act, 1998. (1998). Verfügbar unter: http://www.irishstatutebook.ie/eli/1998/act/21/enacted/en/pdf [03.03.2018].

Fitzsimons, C. (2017). Adult Education Responses to the ›Othering‹ of Muslim Identity: Perspectives from Ireland. *Journal of Adult and Continuing Education, 23,* 263–280.

Fitzsimons, C. (2017). *Community Education and Neoliberalism; Philosophies, Practices and Policies in Ireland.* London: Palgrave MacMillan.

Fitzsimons, C. (2018). *Adult Education and White Privilege, Using Story to Untangle Dilemmas of Privilege and Power.* Paper anlässlich der ESREA Interrogating Transformative Processes in Learning and Education Conference, Juli, 2018, University of Milano-Bicocca, Mailand, Italien.

Fitzsimons, C., Grummell, B. & Noone, M. (2017). *HE4u2 Survey Findings – Integrating Cultural Diversity in Higher Education.* Verfügbar unter: http:/he4u2.eucen.eu/outputs [03.03.2018].

Flick, U. (Hrsg.). (2018). *The SAGE Handbook of Qualitative Data Collection.* London: Sage.

Freire, P. (1972). *Pedagogy of the Oppressed.* Middlesex: Penguin Education.

Gay, G. (2010). *Culturally Responsive Teaching: Theory, Research, and Practice* (2. Aufl.). New York: Teachers College Press.

Grummell, B. (2017). Love, Care and Solidarity in the Changing Context of Irish Education. *AISHE-J: The All Ireland Journal of Teaching and Learning in Higher Education, 9* (1), 3141–31410. Verfügbar unter: http://ojs.aishe.org/index.php/aishe-j/article/view/314/501 [03.03.2018].

Guo, Y. (2015). Language Policies and Programs for Adult Immigrants in Canada: Deconstructing Discourses of Integration. *New Directions for Adult and Continuing Education, 146,* 41–51.

Halley, J., Eshleman, A. & Mahadevan Bijaya, R. (2011). *Seeing White: An introduction to White Privilege and Race.* New York: Rowan and Littlefield publishers.

Higher Education Authority (HEA) (2015). *National Plan for Equity of Access to Higher Education 2015–2019.* Verfügbar unter: http://hea.ie/assets/uploads/2017/06/National-Plan-for-Equity-of-Access-to-Higher-Education-2015-2019.pdf [03.03.2018].

hooks, b. (1994). *Teaching to Transgress.* New York: Routledge.

hooks, b. (2010) *Teaching Critical Thinking. Practical Wisdom.* New York: Taylor and Francis Ltd.

Hussein-Muharram, M. A. (2012). The Marginalization of Arabic fiction in the Postcolonial and World English Curriculum: Slips? Or Orientalism and Racism? *Minnesota Review, 78*, 130–145.

Jessop, T. & Williams, A. (2009). Equivocal Tales about Identity, Racism and the Curriculum. *Teaching in Higher Education, 14*, 95–106.

Kendall, F. E. (2013). *Understanding White Privilege: Creating Pathways to Authentic Relationships across Race* (2. Aufl.). New York: Routledge.

Kundnani, A. (2014). *The Muslims Are Coming! Islamophobia, Extremism, and the Domestic War on Terror*. New York: Verso.

Lentin, A. (2004). *Racism and Anti-Racism in Europe*. London: Pluto Press.

Lynch, K. & Ivancheva, M. P. (2015). Academic Freedom and the Commercialisation of Universities: A Critical Ethical Analysis. *Ethics in Science and Environmental Politics, 15* (1), 1–15.

Maynooth University (2008). *The Statement of Policy on Equality*. Verfügbar unter: https://www.maynoothuniversity.ie/sites/default/files/assets/document/Statement%20of%20Policy%20on%20Equality%200515_0.pdf [03.03.2018].

Maynooth University (o. J.). *National University of Ireland Maynooth Strategic Plan 2012–2017*. Verfügbar unter: https://www.maynoothuniversity.ie/sites/default/files/assets/document/strategicplan20122017.pdf [03.03.2018].

McIntosh, P. (1988). *White Privilege and Male Privilege: A Personal Account of Coming to See Correspondences through Work in Women's Studies*. Verfügbar unter: http://www.collegeart.org/pdf/diversity/white-privilege-and-male-privilege.pdf [07.03.2018].

O'Connor, F. (2010). Institutional Racism in Irish Adult Education: Fact or Fiction? *The Adult Learner The Irish Journal of Adult and Community Education*, 29–52.

Resch, K. & Enzenhofer, E. (2018). Collecting Data in Other Languages. Strategies for Cross-Language Research in Multilingual Societies. In U. Flick (Hrsg.), *The SAGE Handbook of Qualitative Data Collection* (S. 131–147). London: Sage.

Said, E. (1978). *Orientalism*. London: Routledge.

Somers-Hall, H. (2013). *Deleuze's Difference and Repetition*. Edinburgh: Edinburgh Academic Press.

Universities Act, 1997 (1997). Verfügbar unter: http://www.irishstatutebook.ie/eli/1997/act/24/enacted/en/html [03.03.2018].

Webb, C. (2017). Special Relationships: Mixed-Race Couples in Post-War Britain and the United States. *Women's History Review, 26* (1), 110–129.

Edith Hammer

Roles and Responsibilities of Universities in the Context of the 2030 Agenda for Sustainable Development

Abstract

This paper explores the relationship between lifelong learning and sustainable development in the context of higher education and argues that – by following a lifelong learning approach and engaging in an open dialogue with society as well as the political and entrepreneurial sector – universities can become crucial drivers for sustainable development. They can make a major contribution to the achievement of all of the 17 global goals, particularly of SDG 4, which aims to »ensure inclusive and equitable quality education and promote lifelong learning opportunities for all«. The paper presents different dimensions in which sustainability can be promoted within universities, taking into account that sustainable development is a matter of complex governance between international, national, local and institutional levels.

Keywords: Sustainable Development Goals, Universities, Lifelong Learning, Governance, 2030 Agenda

1. Introduction

In September 2015, the Member States of the United Nations adopted the *2030 Agenda for Sustainable Development* (United Nations, 2015), which sets out an ambitious and transformational vision for the twenty-first century. With its 17 *Sustainable Development Goals* (SDGs), the agenda brought an important new momentum to international politics. It is a call to action for governments, institutions and individuals to help secure a livable planet for everyone now and for future generations.

Education and lifelong learning have been acknowledged to be key to the achievement of these global goals (UNESCO, 2016a; 2017), given their positive impact on the dimensions of sustainable development: social, environmental and economic. In 2012, higher education leaders, several UN Agencies, students and networks gathered at the UN Conference on Sustainable Development Rio + 20 to define how universities and colleges can contribute to sustainable development and to »advocate for the realignment of priorities, funding and activities to support sustainability in higher education« (UNESCO, 2014a, p. 114). As part of their societal responsibility, many universities have committed to develop and implement sustainability strategies, including green campus management, research on sustainable development and the integration of sustainability-related content into higher education curricula. Yet, making sustainability a reality in the context of universities is not an easy task, considering the profound institutional change and learning processes this requires.

This paper will explore various challenges universities are facing in the implementation of the SDGs and actions taken in response. After an introduction to the 2030 Agenda and the SDGs, particularly linking it to the context of the higher education sector, the paper describes the different levels of governance related to the implementation of the new global agenda. It will then address the transformative process of universities in the context of sustainable development along four main fields of action. To illustrate the theoretical and policy-based knowledge about these levels and fields examples from the German context, including strategies, commitments and actions taken at the national (Federal government), local (City of Hamburg) and institutional level (University of Hamburg) will be provided.

2. The 2030 Agenda for Sustainable Development

At the heart of the 2030 Agenda are the 17 Sustainable Development Goals (SDGs) and 169 associated targets, covering a broad set of priorities to tackle the world's most urgent challenges, linking social, environmental and economic dimensions of sustainability. For the 2030 Agenda to be successfully enacted, it requires simultaneous progress in all three dimensions. Importantly, the SDG goals and targets are integrated and indivisible and have to be addressed in the context of one another. Its intersectorial approach is a main strength

Goal 1: *End poverty* in all its forms everywhere

Goal 2: *End hunger*, achieve food security and improved nutrition and promote sustainable agriculture

Goal 3: Ensure *healthy lives* and promote well-being for all at all ages

Goal 4: Ensure inclusive and equitable quality *education* and promote *lifelong learning* opportunities for all

Goal 5: Achieve *gender equality* and empower all women and girls

Goal 6: Ensure availability and sustainable management of *water and sanitation* for all

Goal 7: Ensure access to affordable, reliable, sustainable and *modern energy* for all

Goal 8: Promote sustained, inclusive and *sustainable economic growth*, full and productive employment and *decent work* for all

Goal 9: Build *resilient infrastructure*, promote inclusive and sustainable industrialization and foster innovation

Goal 10: *Reduce inequality* within and among countries

Goal 11: Make *cities and human settlements* inclusive, safe, resilient and sustainable

Goal 12: Ensure *sustainable consumption and production* patterns

Goal 13: Take urgent action to *combat climate change* and its impacts

Goal 14: Conserve and sustainably use the *oceans, seas and marine resources* for sustainable development

Goal 15: Protect, restore and promote *sustainable use of terrestrial ecosystems*, sustainably manage forests, combat desertification, and halt and reverse land degradation and halt biodiversity loss

Goal 16: Promote *peaceful and inclusive societies* for sustainable development, provide access to justice for all and build effective, accountable and inclusive institutions at all levels

Goal 17: Strengthen the means of implementation and revitalize the *global partnership* for sustainable development of the 2030 Agenda, encouraging collaboration on common goals between agencies in different fields, including education and research institutions.

Education has been widely recognized as a main driver of sustainable development and as crucial for achieving all of the SDGs. The importance of lifelong learning in this process has been captured in SDG 4, which is to »ensure inclusive and equitable quality education and promote lifelong learning opportunities for all« (United Nations, 2015). The *Education 2030 Framework for Action* (UNESCO, 2016a) demonstrates a strong commitment towards promoting quality lifelong learning opportunities for people of all ages, in all settings and at all levels of education. Target 4.3 refers to higher education, pointing out the importance of equal access »to affordable and quality technical, vocational and tertiary education, including university« (United Nations, 2015). It can be assumed that ensuring equal opportunities for students to enter higher education will positively impact on equality in the wider society (McCowan, 2016), thus contributing to multiple SDGs, such as eliminating poverty (SDG 1) and reducing inequalities (SDG 10). As a first step towards achieving this, universities might undertake a critical review of admission and selection criteria, enrolment and graduation rates and evaluate if equal opportunities are provided to all (potential) students. Yet, it needs to be noted that equal access cannot solely be achieved through the efforts of universities themselves as this is strongly related to existing national policies on formal and non-formal education, admission norms, costs and financial support schemes, regulations on curricular design etc. (UNESCO, 2016b).

The provision of flexible learning pathways and the development of mechanisms for the recognition, validation and accreditation of the outcomes of non-formal and informal learning are further relevant steps forward to enhance equitable access. Universities can support access to academic knowledge for all members of society by providing open educational resources and distance learning programmes, such as massive open online courses. Considering their social responsibility, universities should also pay attention to offering lifelong learning opportunities to vulnerable groups, including persons with disabilities and those affected by poverty. An example for widening access to higher education to marginalized groups is provided by Germany, where, in response to the increased arrival of refugees since 2015, the Federal Ministry for Education and Research issued a comprehensive package of measures. The first priority targets enabling »access to education and training« (language promotion services, identification of skills and potential, vocational orientation and entering training), the second priority is on »access to studies« (identifying skills and qualifications, ensuring aptitude for study and supporting integration at universities). These measures are accompanied by research projects to broaden the knowledge about migration and integration, in particular linked to the context of education and learning (The Federal Government, 2016, p. 148).

Another important step for ensuring quality education and embedding sustainability in higher education in the light of SDG 4 is the development of frameworks for quality assurance, to track progress and evaluate the effectiveness of measures taken. Such general frameworks for quality assurance in higher education exist in many countries and can provide a solid basis for the integration of a »specific focus to ensure that sustainable development is productively and consistently embedded in all of the activities of our universities« (Mader, Scott & Razak, 2013, p. 280). An evaluation framework for this purpose has been developed by the Association for the Advancement of Sustainability in Higher Education, a US-based network with more than 900 members, mainly US and Canadian higher education institutions, businesses and non-profit organizations: The Sustainable Campus Index is based on a broad understanding of sustainability in the context of higher education and serves as a system for tracking, assessing and rating sustainability in higher education institutions, considering four main categories: Academics, Engagement, Operations and Planning & Administration (AASHE, 2017).

3. Integrated Governance – from Global to Local

The 2030 Agenda clearly states that the transformative journey to sustainable development involves everyone and that it can only succeed as a concerted effort from »governments as well as parliaments, the United Nations system and other international institutions, local authorities, indigenous peoples, civil society, business and the private sector, the scientific and academic community – and all people« (United Nations, 2015, p. 52). While the primary responsibility for achieving the SDGs lies with national governments, the goals' implementation requires a strong commitment and coordinated action at all levels. This means that the implementation of the SDGs and the role of universities in this process is also a question of complex governance, implying that systems (e. g. school or higher education systems) are shaped by a multitude of actors

(Altrichter, 2015). This further means that universities, if they want to enable profound institutional change, need to understand their connectedness with the whole higher education system, comprising research and training centers, innovation hubs, employers, student groups, quality assurance agencies and governmental bodies, among others. This is important, because it has an impact on and might limit the way universities can transform, for example »while universities are innovating practice, those engaged in informing, funding, regulating or supporting the system influence the pace and direction of change« (Rio + 20, 2012, p. 2). The higher education system itself is embedded within a broader social system, including, among others, governmental actors, policy makers, the private sector, the civil society and knowledge institutions such as libraries and museums. Higher education institutions can help to build bridges between stakeholders and link their multiple activities, and based on the strength of the stakeholders it can further enhance their capacity to contribute to sustainable development (Rio + 20, 2012, p. 3).

In the context of the 2030 Agenda, multiple international higher education associations and networks with an emphasis on sustainability have emerged. The relevance of universities in implementing the SDGs has been emphasized, for example, through the launch of the UN-driven *Higher Education Sustainability Initiative* (HESI), to which more than 300 organizations have committed at Rio + 20 in 2012. Another large network in the field of higher education, which was also officially launched at Rio + 20, is the *Global Universities Partnership for Environment and Sustainability* (GUPES), which currently counts more than 370 members. Through this network, the UN Environmental Programme aims to support and provide capacity building for universities in developing sustainability curricula and green campuses.

International Frameworks

In addition to the UN-driven 2030 Agenda and the Education 2030 Framework for Action, many other global programmes have emerged, supporting coordinated actions for sustainable development. It is worth noting that sustainability was already a core topic on the global agenda before 2015. In 2005, the UN had proclaimed the Decade for Education for Sustainable Development (DESD) with the aim »to integrate values, activities and principles that are inherently linked to sustainable development into all forms of education and learning and help usher in a change in attitudes, behaviours and values to ensure a more sustainable future in social, environmental and economic terms« (UNESCO, 2007, p. 5). Based on the belief that education and learning are key to bring about change in values, attitudes and lifestyles to create more sustainable environments and just societies, the DESD provided national governments with the opportunity to reorient various dimensions of education and skills training towards sustainable development with the purpose of creating learning processes with locally relevant real-life applications.

In continuation of the UN Decade and as a contribution to the post-2015 agenda, UNESCO's Global Action Programme (GAP) was launched at the World Conference on Education for Sustainable Development (ESD) in 2014. The GAP is a worldwide effort to create and scale up ESD action at all levels of governance, throughout the whole education system and in all sectors relevant to sustainable development. At the UNESCO World Conference on Education for Sustainable Development, which took place in Japan in 2014, the participants committed to a wide approach to promote ESD, namely by supporting »policy support, whole-institution approaches, educators, youth, and local communities, through inclusive quality education and lifelong learning via formal, non-formal and informal settings« (UNESCO, 2014b, p. 12). The GAP comprises around 90 major ESD stakeholders, one of which is the City of Hamburg in the priority area »Accelerating Sustainable Solutions at the local level«.

National Governments

As mentioned above, national governments are expected to take ownership of the SDG agenda and have the primary responsibility for follow-up and review in relation to the progress made in implementing the goals and targets (United Nations, 2015). They are asked to develop comprehensive national strategies and frameworks, allocate resources and provide targeted subsidies for sustainability initiatives. Importantly, their role is also to demonstrate a strong public commitment to implementing the SDGs (SDSN, 2015).

In the context of higher education, which is commonly (to a large extent) within the responsibility of national education policy, governments can promote sustainable teaching and research by incentivizing universities' sustainability initiatives. The Global Education Monitoring Report 2016 lists a set of actions to be taken by national governments, such as offering incentives »for agricultural extension to focus on green economic growth and sustainable agricultural production«; promoting »cooperation across all sectors to encourage full economic participation by women or minority groups«; and incentivizing universities to »produce graduates and researchers who address large-scale systemic challenges through creative thinking and problem-solving« (UNESCO, 2016b, p. 165).

In 2016, the German Government introduced a fully revised *National Sustainable Development Strategy* (initially adopted in 2002), which outlines the government's commitment to sustainable development and the 2030 Agenda with specific targets and measures to meet them (The Federal Government, 2016). Germany has been dedicated to the implementation of the UN Decade for Education for Sustainable Development (2005–14) and in 2017 published a *National Action Plan for ESD*, outlining the German contribution to the subsequent UNESCO Global Action Programme on ESD. To support the governance of the process, a national platform with 37 decision-makers from politics, science, the private sector and civil society was established as a steering group to develop a National Action Plan. This plan emphasizes the role of higher education institutions for sustainable development and the necessity for systematic organizational change. It defines five fields of action for the federal and state governments as well as the higher education institutions themselves necessary to achieve this transformation: alignment of funding schemes for higher education with sustainability; linking research and education for sustainable development based quality criteria; encouraging diverse approaches to ESD in higher education; promoting the engagement of students as pioneers of change; and developing transformative narratives for ESD to make contributions visible to the public (Nationale Platform Bildung für Nachhaltige Entwicklung, 2017). The defined targets and measures to be taken also serve as a framework for universities to develop their own institutional strategies for sustainable development.

Local Governments

Implementing the SDGs requires adapting them to the local environments of people, institutions and enterprises. Local governments are well placed to operationalize the SDGs within the context of local communities, as they are closer to the people than other levels of governments (UIL, 2017, p. 5). Particularly cities, comprising half of the world's population, will be critical for successfully implementing the sustainable development agenda and serve as »dynamic test beds for new sustainable development strategies and approaches« (SDSN, 2015, p. 16).

To exemplify the local implementation of sustainable development, we can take a look at the City of Hamburg, Germany, which has a long history of promoting sustainability at municipal level. From 2005–2014, it contributed to the UN Decade for ESD with the initiative »Hamburg Learns Sustainability«, which covered all fields of education, including non-formal and informal modalities of learning (Freie und Hansestadt Hamburg, 2014). The 180 measures taken in Hamburg during the UN Decade cover a wide range of topics in all education levels, also including informal learning as one field of action. Among the measures were several projects in the higher education sector, such as the development of a comprehensive Sustainability Strategy at the Hamburg University of Technology and the formation of a Competence Center for Renewable Energy and Energy Efficiency at the Hamburg University of Applied Sciences. The University of Hamburg established a Centre for a Sustainable University, which since 2011 has been providing a think tank and experiential space to transform the university into a »University for a Sustainable Future«. In continuation of the UN Decade for ESD, the City of Hamburg has committed to the implementation of the Global Action Programme on ESD, with the aim of further developing the initiated projects (Freie und Hansestadt Hamburg, 2016).

4. Sustainable Universities – a Transformative Process

As part of their social mission, universities have increasingly started to acknowledge their critical role as agents of change to transform ecological, social and economic systems. The SDGs provide a globally agreed framework, which supports the development of institutional sustainability strategies at universities and, as a global imperative, it helps both to strengthen internal commitment (among research staff, management and students) and to communicate universities' contributions to external stakeholders (including Ministries of Education, funding agencies and business partners).

The »Peoples' Sustainability Treaty on Higher Education«, developed by an international group of higher education institutions, teachers and students associations, researchers and sustainability networks at the UN Conference on Sustainable Development Rio + 20 in May 2012, points out that »before higher education can genuinely contribute to sustainable development, it must transform itself« (Rio + 20, 2012, p. 1). This transformation is seen as an all-encompassing process, including, among others, a shift in institutional responsibility, a reorientation of curriculum and a change of structures – allowing for interdisciplinarity and engagement with communities of practice. As key stakeholders, universities should critically take stock of their current teaching and research practices and evaluate »whether the evidence and knowledge they are generating contributes to the pursuit of a more sustainable world for people and planet« (SDSN, 2015, p. 14).

5. Four Areas of Intervention

Sustainable development requires a whole-of-institution approach, which must be reflected across all pillars of a university. Based on national strategies, declarations and guides for promoting sustainability in higher education (Rio + 20, 2012; Deutsche UNESCO-Kommission e. V., 2013; SDSN Australia/Pacific, 2016), four general fields of a university's contributions to sustainable development can be distinguished:

1) *Teaching and Learning* (ESD, co-curricular activities, professional training, adult education);
2) *Research* (inter- and transdisciplinary research on the SDGs, national and local implementation, capacity building for research);
3) *Third Mission* (public and community engagement, lifelong learning, cross-sectorial dialogue and action, policy development and advocacy for the sector); and
4) *Institutional Governance and Operations of the University* (governance aligned with the SDGs, corporate social responsibility, campus management).

In the next part, these four areas will be described in more depth, followed by a description of the University of Hamburg's approach to sustainable development.

Teaching and Learning

Universities not only provide students with opportunities to gain job-related skills, they are places where critical, analytical and creative thinking is nurtured, where philosophical thoughts and scientific knowledge for social, environmental and economic development are created and disseminated. Education for sustainable development has been defined as a distinct field of action through SDG target 4.7, which emphasizes the necessity for learners to acquire the needed knowledge and skills to promote and contribute to »sustainable lifestyles, human rights, gender equality, promotion of a culture of peace and non-violence, global citizenship and appreciation of cultural diversity and of culture's contribution to sustainable development« (United Nations, 2015, p. 17).

At universities, the implementation of a teaching and learning approach based on the principles of ESD is often driven by a rather scattered integration of specialist sustainability-related content. While equipping students with the skills and knowledge needed to deal with increasingly complex and uncertain realities is certainly important, it is equally necessary to promote critically reflective and innovative pedagogies. ESD is transformational education, which requires a shift from teaching to learning, including action-oriented and self-directed learning, also linking formal, non-formal and informal learning. Furthermore, committing to ESD in higher education means to apply it as a principle throughout the whole course of a study, instead of just regarding it as an add-on to certain seminars (Mulà, Tilbury, Ryan, Mader, Dlouhá, Mader, Benayas, Dlouhy & Alba, 2017; UNESCO, 2017). There is a need to acknowledge that fully integrating the principles of sustainable development into university teaching requires professional development and strong leadership. This transformative process demands a unique set of skills and capabilities to capture the complexity of the change, to think holistically and to transform learning systems. This can only be achieved through long-term continuous efforts and in collaboration with a multitude of stakeholders in the higher education field. For professional development strategies to be effective, they would further have to include guidance and mentoring as core components and generally reflect »an institution-wide, systemic approach that engage[s] educators to influence practice across all higher education programmes as a learning objective and an institutional teaching and learning priority« (Mulà et al., 2017, p. 813). The efforts »to transform our societies must thus prioritise the education of educators – building their understanding of sustainability and their ability to transform curriculum and wider learning opportunities« (Mulà et al., 2017, p. 798). Building capacities of educators and trainers is also one of the five priority areas of the GAP for ESD (UNESCO, 2014b).

Research

In addition to including key issues of sustainability into teaching and learning, academic research is fundamental for the development of concepts and solutions in response to the many complex challenges related to sustainable development. As such, universities are drivers of technological and societal progress and innovation (UNESCO, 2016a; SDSN Australia/Pacific, 2016). It is a responsibility of academia to address the challenges of society and develop new research questions and projects based on current issues. Universities have a range of opportunities to promote research on sustainable development, for example, by providing incentives and allocating resources. Yet, it is also important to acknowledge that universities' steering power regarding the topics of research also has its boundaries with respect to the freedom of science and research (which in Germany is enshrined in the constitution).

One of the major challenges for transforming the field of research in the context of sustainable development is the persistence of silo mentalities in academic disciplines, which can be a severe barrier to fully integrating sustainable development in universities. The exploration and analysis of complex issues as well as gaining problem-solving skills across social, economic and environmental dimensions can be restricted by narrow disciplinary boundaries. Opening up to society and going beyond the boundaries of highly specialized disciplines is often challenging for researchers though, as the academic system is dominantly structured along disciplines and it is usually easier for them to make original contributions within the clear scope of their research field. So far, there is little recognition in the scientific community for researcher's inter- and transdisciplinary approaches and contributions to societal transformation (Müller-Christ, Giesenbauer & Tegeler, 2017; UNESCO, 2014a).

Third Mission

Universities have a social responsibility for the knowledge they produce, teach and make accessible to the wider public, also taking into account the purposes particular knowledge serves. Knowledge, which is shared and disseminated outside of the academic context, influences society and can impact social, environmental and economic practices (Nölting & Pape, 2017). Knowledge can serve the benefits of humankind and the planet, e. g. by contributing to more sustainable living environments, but likewise it can also be used in the interest of a particular group, causing disadvantages to the wider society (McCowan, 2016). Therefore, universities need to have ethical considerations with regard to the impact of knowledge within society, while at the same time being aware of their high potential to change public discourses and to drive social transformations, such as sustainable development. Universities are particularly powerful agents of change, as they »are trusted by the public and are seen as neutral actors by other sectors« (SDSN Australia/Pacific, 2017, p. 28).

It is important to point out that the transfer of knowledge is not a one-way road (from university to society), but rather a mutual process, which also involves the integration of socially relevant questions into academic research. Committing to sustainable development requires universities to strengthen their ties with public institutions, private enterprises and civil society. Universities have often been criticized as ivory towers, detached from the society in which they are situated. Integrating issues of sustainable development into the curriculum and research activities also provides new potential for universities to establish fruitful collaborations with different stakeholders and develop new research questions. Cross-sectorial collaborations and community engagement can be accelerated by the government, for example by offering incentives for change (Rio + 20, 2012). With regard to their third mission and public responsibility in the context of the 2030 agenda, the Sustainable Development Solutions Network emphasizes that universities can be a »critical and invaluable source of long-term independent technical assistance to governments to design and support implementation of SDG plans, working with specific ministries and/or national statistical offices« (SDSN, 2015, p. 16).

Institutional Governance and Operations of the University

The governance and operations of the university comprise the management of a wide range of activities, including those »relating to employment, finance, campus services, support services, facilities, procurements, human resources, and student administration« (SDSN Australia/Pacific, 2017, p. 23). All of these fields support the transformation of the university, which should not only carry out research on sustainability, but also pursue responsible research, applying the principles of sustainability to all stages and elements of the research process itself.

Profound change in higher education requires both strong leadership and collaboration among all departments and units of the university. Mader, Scott and Razak (2013) identify a set of criteria, which should frame a transformational approach, such as a common vision, social networks and trust, shared responsibilities and organizational learning. For sustainable development to be effectively implemented, it needs to be embedded within university governance and leadership. Sustainable transformation requires that all areas of the university (teaching, research, third mission and operations) are integrated in a more coherent and systemic way with clear roles and responsibilities. Universities have complex governance regimes, involving numerous internal and external stakeholders and interests. There are different types of governance, which can be distinguished referring to different groups of stakeholders. Schimank (2007) differentiates between five dimensions: the *top-down state regulation* (legal measures, directives, resource allocation), *external guidance* (guidance, goal setting, evaluation), *academic self-governance* (collegial self-steering within universities), *managerial self-governance* (internal hierarchies, goal setting, resource distribution) and *competition for scarce resources* (similar to market processes). On the one hand, these different types of governance models influence how a university will be able to implement sustainable development as an institution-wide principle, on the other hand, the changes implied by sustainable development also influence and can change the governance of a university.

As governance and leadership have been identified as crucial to effective change, capacity development for the university's leaders and management should be defined as one of the priorities in the process of operationalizing the global SDG agenda (UNESCO, 2014a). This is of particular importance as senior management commitment is crucial to cultural change and »leadership needs to be backed by institutional as well as higher education stakeholders groups if the change is to be achieved« (Rio + 20, 2012, p. 4).

Another important area of sustainable development concerning universities' operations is campus management. In fact, for a long time the commitments of higher education institutions to sustainable development mainly focused on green campus management. The early efforts to promote recycling programmes, energy efficiency, healthy food, green transport options and sustainable water management, have been widely successful and contributed to improved environmental footprints (UNESCO, 2014a). In recent years, universities' initiatives to promote sustainable campus management have become more comprehensive, including a higher awareness for fair-trade products and creating campuses that serve as living laboratories for learning (Rio + 20, 2012). The last-mentioned is also reflected in SDG target 4.a, which proposes to »build and upgrade education facilities that are child, disability and gender sensitive and provide safe, non-violent, inclusive and effective learning environments« as a means to achieve equitable and quality education for all (United Nations, 2015).

»University for a Sustainable Future«

In 2011, the University of Hamburg took the decision to reposition itself as a »University for a Sustainable Future«, which was reflected in the foundation of the Centre for a Sustainable University, working across departments and administrative units. Monitoring and reporting mechanisms were established, with two sustainability reports published so far (Universität Hamburg, 2012; 2016). As one of the first universities, it has signed the *Declaration on Conformity of the German Sustainability Code*, which proposes a set of 20 criteria, guiding institutions and companies in their strategic orientation (German Council for Sustainable Development, 2017). The university follows a broad understanding of sustainability, taking into account social, environmental and economic aspects. In a position paper, where the university describes its strategic approach, four dimensions of sustainability are defined as relevant fields of action (Bassen, Frost, Held, Horstmann, Schmitt & Schramme, 2016): research, reflection of science, the didactic and institutional dimension.

Teaching and learning (didactic dimension) refer to both integrating content on sustainability into curricula as well as defining sustainability as a criterion of quality for teaching and learning. In the winter term 2015/16, around 20 per cent of study programmes included topics related to sustainable development (Universität Hamburg, 2016). Sustainable teaching is defined as equipping students with future-oriented knowledge, abilities, attitudes and critical reflectivity, which is pursued, for example, by offering interdisciplinary courses.

At the University of Hamburg, two sustainability dimensions are connected to aspects of research: While the first dimension focuses on the topics of research, asking for the contribution that research can make to sustainable development, the second dimension is called reflection of science, mainly referring to the benefits of alternative ways of thinking and interdisciplinary research approaches (Bassen et al., 2016). The promotion of sustainability as a research topic is evident in the rising number of sustainability-related research projects, which has increased from 8 per cent in 2010 to 24 per cent in 2014. With regard to the thematic spectrum, it is worth noting that 20 per cent of the research projects and more than two thirds of the dissertations, which are related to sustainability, tackle climate issues (which is related to the established cluster of excellence »Integrated Climate System Analysis and Prediction«). Other topics are energy (15 per cent), sustainability in general (13 per cent), future viability and natural resources (with 9 per cent each). So far, the social dimension, including ethics, peace, social innovation, justice and corporate social responsibility, has not been represented equally strong in the research activities (Universität Hamburg, 2016). The project »Multilingualism as resource of the Sustainable University«, which is supported by the Centre for a Sustainable University, provides an example of a project with a social approach.

Third mission or transfer activities are not defined as a dimension in the sustainability model of the University of Hamburg. The latest progress report (Universität Hamburg, 2016) describes a range of transfer activities, comprising, among others, social media activities and an online app for students, a Children's University and a science café for exchange. In addition, transfer includes presentations at national and international conferences on sustainability and the organization of thematic seminars. The co-foundation of the »Higher Education Alliance for Sustainability Hamburg« provides an example of local networking to further promote the topic.

The fourth dimension in the sustainability approach of the University of Hamburg is related to institutional governance, with the goal of applying the principle of sustainability to its own structures and processes and serving as a role model (Bassen et al., 2016). According to the sustainability reports (Universität Hamburg, 2012; 2016), key issues of sustainability have been integrated into the university's operations, e. g. by promoting local suppliers (economic dimension), recycling, decreasing energy consumption and emissions (environmental dimension) and enhancing diversity and gender equality, health prevention and work-life balance (social dimension).

6. Final Remarks

This paper explored the potential of universities in contributing to the achievement of the Sustainable Development Goals and presented four different dimensions in which sustainability can be integrated into the core missions of universities. It showed that sustainable development is a matter of multilevel and cross-sectorial governance, cutting across international, national, local and institutional levels and emphasized that universities are embedded within complex systems: They operate within the frameworks and regulations of the higher education sector and are influenced by global trends, national policies and local priorities concerning sustainable development.

Sustainability and »Education for Sustainable Development« have often been understood predominantly in terms of ecological issues and environmental protection (e. g. climate change, water and waste management, energy efficiency), which was also reflected in many sustainability projects and institutional strategies. The new 2030 Agenda and the 17 SDGs clearly promote a broader understanding and wider scope of sustainability issues, cutting across the environmental, social, cultural and economic dimension. Education for Sustainable Development needs to be understood as inherent in the concept of lifelong learning (UNESCO, 2017). This means that not only all education institutions, but also stakeholders from other sectors and the learners themselves should consider their contributions to foster the development of sustainability knowledge and skills. To raise awareness among the wider society, widening access to lifelong learning and ESD is crucial. Universities can reach new groups of learners and promote sustainable development by offering continuing education programmes and workshops and by complementing campus-based education with distance and online learning models.

As part of their societal responsibility, many universities have committed to integrating principles of sustainability into teaching and research, their third mission activates as well as the university's operations, including campus management. For universities, this kind of complex transformative process needs strong leadership, professional guidance as well as capacity building among teaching staff, facilitators, researchers, and the management.

As sustainable development is an all-encompassing process, it requires both a change of culture as well as a culture of change. In the discourse on lifelong learning, the concept has often been framed as a response to the changing world, as a necessity for individuals to compete in the labor market or as a way to keep up with the accelerating development of new technologies. Following the principle of lifelong learning for sustainability, there is a shift in the meaning and purpose of lifelong learning, from reacting to change to actively driving the transformation. In this sense, the understanding of a Lifelong Learning University would be truly that of a learning organization, which allows for innovative pedagogies, acknowledges inter- and transdisciplinary research, enables the transformation of institutional structures and opens up to the many challenges of society. University lifelong learning should not be limited to the provision of continuing education programmes to enhance better employability and career opportunities. It should rather encompass a broad range of actions directed towards enabling people to acquire the knowledge and skills needed to become agents of change and contribute to a more sustainable future.

Bibliography

AASHE (2017). *Sustainable Campus Index*. Association for the Advancement of Sustainability in Higher Education. Verfügbar unter: http://www.aashe.org/wp-content/uploads/2017/11/2017_Sustainable_Campus_Index.pdf [17.01.2018].

Altrichter, H. (2015). Theory and Evidence on Governance: Conceptual and Empirical Strategies of Research on Governance in Education. In J. Schrader, J. Schmid, K. Amos & A. Thiel (Hrsg.), *Governance von Bildung im Wandel* (S. 25–43). Wiesbaden: Springer Fachmedien.

Bassen, A., Frost, J., Held, H., Horstmann, A., Schmitt, C. & Schramme, T. (2016). *Zwischen Wissenschaftsfreiheit und gesellschaftlicher Verantwortung: Die Universität Hamburg auf dem Weg zu einer Universität der Nachhaltigkeit*. Verfügbar unter:

https://www.nachhaltige.uni-hamburg.de/downloads/1_7-positionspapiere/knu-positionspapier-2-aufl-april-2016.pdf [17.01.2018].

Benz, A., Lütz, S., Schimank, U. & Simonis, G. (Hrsg.). (2007). *Governance. Ein Handbuch*. Wiesbaden: Springer VS Verlag für Sozialwissenschaften.

Deutsche UNESCO-Kommission e. V. (2013). *Hochschulen für eine nachhaltige Entwicklung. Ideen zur Institutionalisierung und Implementierung*. Verfügbar unter: http://www.bne-portal.de/sites/default/files/downloads/publikationen/2013_Hochschul-Broschuere.pdf [17.01.2018].

Freie und Hansestadt Hamburg (2014). *Hamburger Aktionsplan zur Unterstützung der UN-Dekade »Bildung für nachhaltige Entwicklung« (2005–2014)*. Hamburg: Behörde für Stadtentwicklung und Umwelt. Verfügbar unter: http://www.hamburg.de/contentblob/4406514/26fefae3210fe0c0b4d5d9410e613513/data/hhap-2014.pdf [17.01.2018].

Freie und Hansestadt Hamburg (2016). *Mitteilung des Senats and die Bürgerschaft. Hamburgs Beitrag zum »Weltaktionsprogramm Bildung für nachhaltige Entwicklung« der UNESCO (2015–2019)* (Drucksache 21/5468). Verfügbar unter: http://www.hamburg.de/contentblob/7324362/62831f4db342c4d721767c3fa5220f5c/data/d-.pdf [17.01.2018].

German Council for Sustainable Development (2017). *The Sustainability Code. Benchmarking Sustainable Development* (4th revised edition). Verfügbar unter: https://www.deutscher-nachhaltigkeitskodex.de/fileadmin/user_upload/dnk/dok/kodex/The_SustainabilityCode_2017.pdf [17.01.2018].

Leal Filho, W. (Hrsg.). (2017). *Innovationen in der Nachhaltigkeitsforschung*. Wiesbaden: Springer.

Mader, C., Scott, G. & Razak, D. A. (2013). Effective change management, governance and policy for sustainability transformation in higher education. *Sustainability Accounting Management and Policy Journal, 4* (3), 264–284.

McCowan, T. (2016). Universities and the Post-2015 Development Agenda: An Analytical Framework. *Higher Education, 72* (4), 505–523.

Mulà, I., Tilbury, D., Ryan, A., Mader, M., Dlouhá, J., Mader, C., Benayas, J., Dlouhy, J. & Alba, D. (2017). Catalysing Change in Higher Education for Sustainable Development. A Review of Professional Development Initiatives for University Educators. *International Journal of Sustainability in Higher Education, 18* (5), 798–820.

Müller-Christ, G., Giesenbauer, B. & Tegeler, M. K. (2017). *Studie zur Umsetzung der SDG im deutschen Bildungssystem. Rat für Nachhaltige Entwicklung*. Rat für Nachhaltige Entwicklung. Verfügbar unter: https://www.nachhaltigkeitsrat.de/wp-content/uploads/2017/11/Mueller-Christ_Giesenbauer_Tegeler_2017-10_Studie_zur_Umsetzung_der_SDG_im_deutschen_Bildungssystem.pdf [17.01.2018].

Nationale Platform Bildung für Nachhaltige Entwicklung (2017). *Nationaler Aktionsplan Bildung für Nachhaltige Entwicklung*. Verfügbar unter: https://www.bmbf.de/files/Nationaler%20Aktionsplan%20BNE%202017.pdf [17.01.2018].

Nölting, B. & Pape, J. (2017). Third-Mission und Transfer als Impuls für nachhaltige

Hochschulen. In W. Leal Filho (Hrsg.), *Innovationen in der Nachhaltigkeitsforschung* (S. 265–280). Wiesbaden: Springer.

Rio + 20 (2012). *Peoples Sustainability Treaty on Higher Education.* United Nations Conference on Sustainable Development, Juni 2012, Rio de Janeiro. Verfügbar unter: https://sustainabilitytreaties.files.wordpress.com/2012/05/peoples-sustainability-treaty-on-higher-education-draft-for-rio20.pdf [17.01. 2018].

Schimank, U. (2007). *Elementare Mechanismen.* In A. Benz, S. Lütz, U. Schimank & G. Simonis (Hrsg.), *Governance. Ein Handbuch* (S. 29–45). Wiesbaden: Springer VS Verlag für Sozialwissenschaften.

Schrader, J., Schmid, J., Amos, K. & Thiel, A. (Hrsg.). (2015). *Governance von Bildung im Wandel.* Wiesbaden: Springer Fachmedien.

SDSN (2015). *Getting Started with the Sustainable Development Goals. A Guide for Stakeholders.* Verfügbar unter: http://unsdsn.org/wp-content/uploads/2015/12/151211-getting-started-guide-FINAL-PDF-.pdf [17.01.2018].

SDSN Australia/Pacific (2016). *Getting Started with the SDGs in Universities. A Guide for Universities, Higher Education Institutions, and the Academic Sector* (Australia, New Zealand and Pacific Edition). Melbourne: Sustainable Development Solutions Network – Australia/Pacific. Verfügbar unter: http://ap-unsdsn.org/wp-content/uploads/2017/08/University-SDG-Guide_web.pdf [17.01.2018].

The Federal Government (2016). *German Sustainable Development Strategy.* Verfügbar unter: https://www.bundesregierung.de/Content/DE/_Anlagen/Nachhaltigkeit-wiederhergestellt / 2017 - 06 - 20 - nachhaltigkeit - neuauflage - engl . pdf;jsessionid = A9BF7BD754C054A35093F64D5FF9AC8E . s2t2 ? _ _ blob = publicationFile & v = 2 [17.01.2018].

UIL (2017). *Learning Cities and the SDGs: A Guide to Action.* Hamburg: UNESCO Institute for Lifelong Learning. Verfügbar unter: http://unesdoc.unesco.org/images/0026/002604/260442e.pdf [17.01.2018].

UNESCO (2007). *The UN Decade for Education for Sustainable Development (DESD 2005–2014). The First Two Years.* Paris: UNESCO. Verfügbar unter: http://unesdoc.unesco.org/images/0015/001540/154093e.pdf [17.01.2018].

UNESCO (2014a). *Shaping the Future We Want. UN Decade of Education for Sustainable Development (2005–2014)* (Final Report). Paris: UNESCO. Verfügbar unter: https://sustainabledevelopment.un.org/content/documents/1682Shaping%20the%20future%20we%20want.pdf [17.01.2018].

UNESCO (2014b). *Aichi-Nagoya Declaration on Education for Sustainable Development.* Verfügbar unter: https://sustainabledevelopment.un.org/content/documents/5859Aichi-Nagoya_Declaration_EN.pdf [17.01.2018].

UNESCO (2016a). *Education 2030. Incheon Declaration and Framework for Action for the Implementation of Sustainable Development Goal 4.* Verfügbar unter: http://uis.unesco.org/sites/default/files/documents/education-2030-incheon-framework-for-action-implementation-of-sdg4-2016-en_2.pdf [17.01.2018].

UNESCO (2016b). *Education for People and Planet. Creating Sustainable Futures for*

All. Global Education Monitoring Report. Paris: UNESCO. Verfügbar unter: http://unesdoc.unesco.org/images/0024/002457/245752e.pdf [17.01.2018].

UNESCO (2017). *Education for Sustainable Development. Learning Objectives.* Paris: UNESCO. Verfügbar unter: http://unesdoc.unesco.org/images/0024/002474/247444e.pdf [17.01.2018].

United Nations (2015). *Transforming our World: The 2030 Agenda for Sustainable Development* (Resolution adopted by the General Assembly on 25 September 2015). Verfügbar unter: http://www.un.org/ga/search/view_doc.asp?symbol=A/RES/70/1&Lang=E [17.01.2018].

Universität Hamburg (2012). *Nachhaltigkeitsbericht für die Universität Hamburg. 2010/11.* Verfügbar unter: https://www.nachhaltige.uni-hamburg.de/downloads/1_5projekte/nachhaltigkeitsbericht-2011-2012.pdf [17.01.2018].

Universität Hamburg (2016). *Nachhaltigkeitsbericht für die Universität Hamburg. 2011–2014.* Verfügbar unter: https://www.nachhaltige.uni-hamburg.de/downloads/uhh-nachhaltigkeitsbericht-online.pdf [17.01.2018].

III
SOZIALE UND GESELLSCHAFTSPOLITISCHE VERANTWORTUNG VON HOCHSCHULEN

Isabel Vidal, Jordi Miret & Maurici Romero

University Social Responsibility
Rationale and Increasing Need

Abstract

This chapter is a call for greater engagement by universities in the community at large. The systemic concept behind the term »university social responsibility« (USR) can be made to inform all of any university institution's daily decision-making. Essentially, it can be used to manage the decision-making in ways that bear in mind the effects this has on the institution's various stakeholders. The chapter examines the concepts of sustainable development and social responsibility and defines USR as a university's impact on society. The chapter also describes the University of Barcelona's ongoing experience of implementing a USR strategy.

Keywords: Sustainable Development, Social Responsibility, Strategic Management, Dialogue with Stakeholders, Social Impact

1. Introduction

University social responsibility (USR) is the strategic response of higher education institutions to the new expectations and demands of their stakeholder groups (Wallace & Resch, 2017). USR bases its fundamental theories on the concept of corporate social responsibility (CSR) or simply social responsibility (SR), and has been given impetus by the OECD (2001; 2011), the United Nations (Global Compact, 2000), the European Commission (2001b; 2002; 2011) and the International Labour Organisation (2003), among other international organisations. These organisations apply soft policy approaches: They invite companies, universities, NGOs and other types of organisation to manage their activities while bearing in mind their impact on society. As a result, social responsibility focuses its attention on how to manage an organisation while keeping in mind the expectations of that organisation's stakeholders.

This invitation to manage institutional activities while respecting the expectations of the different groups is considered to be a complement to the public policies and actions directed to achieving a model of sustainable development. Soft policy does not assume the substitution of public policy for responsible behaviour (Martinuzzi, Krumay & Pisano, 2011), but regulations, policies and plans for public action alone cannot achieve global growth, which is humane and respectful of the environment.

This chapter is structured in five sections. The first is this introduction. We then use documents from the European Commission to link the concepts of sustainable development and social responsibility. The third section explains the process of institutionalising social responsibility as experienced by the University of Barcelona and the university's future plans. The penultimate section contains the conclusions and the chapter finishes by listing the biographical references that appear in the text.

2. The European Commission's Commitment to Sustainable Development and Social Responsibility

This second section links sustainable development and social responsibility.

2.1 Sustainable Development

Sustainable development first became front page news in global current affairs in 1992 during the Earth Summit, which was organised by the United Nations in Rio de Janeiro as a consequence of the Brundtland Report presented by the UN's World Commission on Environment and Development in 1987. The European Commission (EC) signed the Rio Declaration, thus initiating a commitment to fostering sustainable development that it has now maintained for more than 30 years.

What the EC understands by »sustainable development« was first made clear in its communication of 15 May 2001, »A Sustainable Europe for a Better World: A European Union Strategy for Sustainable Development«, where it defined sustainable development as being based on the four pillars of economic, social, environmental and world governance (EC, 2001a). These pillars, it proposed, should be mutually reinforcing. The EC also proposed that the economic, social and environmental impacts and consequences should be taken into account in all decisions and policies. In short, the objective of sustainable development was to influence the behaviour of society as a whole, which could be achieved by taking measures related to the principal challenges identified as well as transversal measures involving the participation of all of the stakeholders. The basic principles of the strategy were the following:

- Promotion and protection of fundamental rights
- Intra- and inter-generational solidarity
- Guarantee of an open and democratic society
- Participation of citizens, businesses and social interlocutors
- Use of the best knowledge available
- Observance of the precautionary principle and »putting a price on pollution«

To respond to these principal challenges required – and still requires – applying a set of measures, including cross-sectoral measures. For the EC, the knowledge society should drive sustainable development. It considers that the knowledge society has to put special emphasis on the ambit of the education and training of the highest possible number of citizens in order to change social behaviour and equip individuals with the competences to achieve the objectives set out in the strategy. Moreover, the knowledge society should promote scientific and technical innovation, especially through the framework programmes of research and development, with the collaboration of the universities, research institutions, companies and public leaders.

In December 2005, the EC published its »Communication from the Commission to the Council and the European Parliament on the review of the Sustainable Development Strategy. A platform for action« (EC, 2005), whose recommendations included the following:

- Identify the principal ambits in which »stronger impetus is needed in the coming years«, recalling that these are »interlinked« and require cooperation and solidarity, R&D and the education of the citizens;
- Maintain »a continuous dialogue with the people and the organisations« (including stakeholders in business, regional and local government and non-governmental organisations) committed to »making change happen« (EC, 2005, p. 5).

2.2 Social Responsibility

Since the 1990s, the OECD, United Nations, the European Commission and the member states of the European Union have invited private and public for profit and non-profit organisations to adopt behaviour which facilitates economic growth, the creation of jobs, social welfare and, definitively, sustainable development. This is contained in the concept we refer to as social responsibility (SR). When directed at companies, it is identified as corporate social responsibility (CSR). When the organisation is an institution of higher education it is referred to as university social responsibility (USR). In 2001, the EC published the green paper »Promoting a European framework for Corporate Social Responsibility« (EC, 2001b). The document differentiated between the internal and external dimensions of SR and analysed the aspects which formed part of each dimension. It saw SR as a voluntary option of private and public for profit and not for profit organisations, and introduced the concept of dialogue with different stakeholder groups with the aim of advancing together along the path of sustainable development. In 2002, the Commission published its first communication on CSR: »Corporate Social Responsibility: A business contribution to Sustainable Development« (EC, 2002). The communication, whose very title linked sustainable development with CSR, proposed that CSR could be the voluntary contribution of the organisations to the strategy of sustainable development. It invited organisations to integrate into their operations the economic, social and environmental consequences. It further proposed that they should inform their stakeholder groups of the decisions they were planning to take. As a consequence, any strategic decision would be based on the scrutiny of the foreseeable consequences for the different groups. So that these groups could carry out an evaluation of those consequences, the organisation needed to create a report based on the concept of the triple count of results: economic-financial, social, and environmental. Against the backdrop of the global financial crisis, the Commission published a new report defining CSR as »the responsibility of enterprises for their impacts on society« in 2011 (EC, 2011, p. 6).

The EC needed the involvement of the EU member governments to foster national actions related to sustainable development and SR. Many governments accepted this invitation and developed strategies and incentives to help organisations to manage their activities sustainably. In the case of Spain and among other initiatives, on 30 January 2009 the government's Council of Ministers approved the document »Estrategia Universidad 2015« (EU 2015), thus responding to the EC's call for the modernisation of European universities, originating in their proposal from 2006. EU 2015 is organised in nine major areas. Of these nine areas, we would like to mention four (Ministerio de Educación, 2011, p. 6):

- Improving the governance and management of university resources with sufficient autonomy;
- Establishing structured and sustainable collaborations between universities and the business community;
- Providing suitable capacities and competences for the labour market, including employability and business spirit;
- Observing institutional social responsibility by putting knowledge at the service of society.

The University of Barcelona accepted the EU2015 document and, from 2009 on, voluntarily initiated its own journey towards socially responsible management.

3. The Impact of the Universities on Society

In December 2017, a second edition of the report »Economic contribution of the LERU Universities« was presented in Brussels, created with data from 2016 provided by the independent consultancy BiGGAR Economics at LERU's own request (LERU, the League of European Research Universities, groups together the 23 most intensively research-directed European universities, including the University of Barcelona). According to the report, in 2016 the 23 LERU universities had contributed € 99.8 billion in Gross Value Added (GVA) and 1.3 million jobs to the European economy. Each Euro in GVA directly generated by the LERU Universities contributes almost 7 Euro in GVA to the European economy, and every job directly created by the LERU Universities supported almost 6 jobs in the European economy. The direct GVA of the LERU Universities was estimated at €14.5 billion across Europe in 2016, directly supporting 222.800 jobs (BiGGAR Economics, 2017).

The University of Barcelona (UB) is a public institution created more than 550 years ago and the second biggest in the Spanish university system. According to BiGGAR Economics (2017) the University of Barcelona had contributed

€ 2.3 billion GVA and supported 39.300 jobs in 2016. The report also indicated that approximately three quarters of the impact of the UB was concentrated in the Catalan economy.

In 2009, highly aware of the importance of the university institutions, the Rector of the UB accepted the challenge of initiating a process to formalise a university social responsibility (USR) plan and to progressively increase the impact of the UB in its principal area of activity.

The next sub-sections describe:

- The first period in which the UB formalised its USR plan, between 2009 and December 2016.
- The new actions taken to implement the UB's USR plan, starting in January 2017.

3.1 The Period 2009–2016: The First Stage in the Formalisation of the University of Barcelona's University Social Responsibility

Three important factors helped to define the opening premises adopted by the planners (Romero & Miret, 2017). First, they had to redefine their model for implementing socially responsible management after first working on the literature and practices carried out by large companies under the label of Corporate Social Responsibility (CSR) and then seeing that this generated a lack of confidence between different UB stakeholder groups, as it was noted that some companies equalled CSR with social marketing. From this moment, the planners became aware that this concept of SR had no place within a university institution. Second, the planners also verified that USR was not a third mission, understood as a new activity parallel to the activities of research and knowledge transfer. The UB's USR had to provide transversal ways of understanding the management of an institution. Third, the planners quickly learned that where the management of the UB as an institution was concerned, USR had to be understood systemically insofar as the ›S‹ stood for ›social‹. Consequently, USR makes no reference to voluntary service or to the provision of social services in the community.

Objective of Implementing USR in the UB

The objective was to progressively strengthen the UB's institutional impact in society by gradually improving the management of the policies and decisions carried out daily within the university.

Working Instrument

To achieve this objective, the USR team set out to strengthen the dialogue between the UB and its different internal and external stakeholder groups following the recommendations in the EC's communications (2001b, 2002 and 2011). It was considered that strengthening the dialogue with the different stakeholder groups would facilitate a more fluid and cooperative working relationship. The network this created would serve to align the possibilities in research and knowledge transfer with the expectations the stakeholders had placed in the UB; also, in this way, the university could increase its economic and social impact on the community at large.

Support Structures

Since 2009, two institutional bodies have taken charge of the UB's USR initiative:

- The Committee for Social Responsibility (a governing mechanism)
- The Office for Internal Control, Risks and Social Responsibility (an administrative unit responsible for the technical implementation)

The following sub-sections describe these two mechanisms, which support the formal and transversal implementation of USR in the UB.

The Committee for Social Responsibility

This committee acts as a political organ with a structure of multi-stakeholder governance. Participating in it and with a right to vote are the UB's principal stakeholders. Delegated by the UB's Governing Council, the Committee for Social Responsibility approves decisions with the same weight as the Council itself, and comprises representatives from the following collectives:

- Personal d'administració i serveis (administrative and service staff or PAS)
- Personal docent i investigador (teaching and research staff or PDI)

- Students
- Board of Trustees (representatives from civil society)
- Governing team (including the rector)
- The Office for Internal Control, Risks and Responsibilities (including an academic specialist in SR)

The Committee for Social Responsibility has four main responsibilities:

- To design the guidelines for the progressive implementation of a model of management based on SR;
- To provide a specific meeting space for the different stakeholder groups and maximise networking activities with the principal groups;
- To approve the contents of the Office for Internal Control, Risks and Social Responsibility's annual »Report on Social Responsibility« (see below), to determine the contents which the following year's report should contain in accordance with the interests expressed by the stakeholders represented in the Committee, and to accept any other relevant SR-related documents;
- To promote dialogue between the UB's stakeholders.

The Office for Internal Control, Risks and Social Responsibility
(Oficina de Control Intern, Riscos i Responsabilitat Social, OCI)

This technical unit was chosen by the governing team to drive and coordinate the implementation of USR. The unit has two main areas of responsibility:

- Internal control and risks
- Social responsibility

Why does the UB assign SR responsibilities to the same administrative unit that takes charge of internal control and risks? As mentioned above, the UB understands USR as the socially responsible management of the public and private resources the university receives from society. Internal control refers to those activities the Office carries out in the area of financial supervision prior to all economic actions in different units of the university. This involves not only budget control, but also adaptation to legal regulations, and carrying out financial controls when deemed opportune. As for risks, this part of the Office's job consists in analysing the dangers associated with the important decisions that the UB should take. Therefore, the functions of internal control and risk control are vital for assuring the sustainability of the university, especially from an economic point of view.

With respect to the second area, social responsibility, the Office takes charge of the following:

- Compiling all of the UB's SR-related initiatives;
- Representing the UB to announce SR-related UB policy and strategy;
- Keeping the UB's stakeholder groups abreast of developments in SR-related UB initiatives, policy and strategy (practising transparency);
- Disseminating social responsibility and its values;
- Coordinating and participating in SR-related initiatives of interest to the University;
- Collaborating in the creation of a theoretical framework and in the implementation of the UB governing team's SR policy.

For more information on the UB's SR-related activities from the academic year 2008/2009 to the present, the reader can consult the annual reports kept at http://www.ub.edu/responsabilitatsocial/en/memoria.html. These reports are of great importance in that they not only contain the UB's SR commitments and actions during the period reported, but also consider future plans.

3.2 Future Perspectives in the Formal Implementation of University Social Responsibility in the University of Barcelona from January 2017

In December 2016, the new UB governing team that took office expressed its readiness to continue the process of implementing USR. Until that moment, the USR plan had depended directly on the rector but the new team moved forward with the formalisation of the structure of government of USR and assigned the task of promoting SR-related activities to the Office of the Vice-Rector for Equal Opportunities and Social Action. In June 2017, new members were elected to the Committee for Social Responsibility, respecting the criterion of the multi-stakeholder commission. Finally, the new governing team asked the Office for Internal Control, Risks and Social Responsibility to take charge of the following tasks:

- To create an updated map of the level of implementation of responsible management in the UB's different administrative, academic, and research units;

- To identify what the UB should have and do to make the organisation and management of the University socially responsible in the fullest sense;
- To create a short- to medium-term action plan addressing those areas in which the UB could have a fairly immediate positive impact with measures that are currently attainable.

4. Conclusions

The initial process of disseminating social responsibility in the EU member countries was initiated by the European Commission's green paper »Promoting a European framework for Corporate Social Responsibility« (EC, 2001b) and the communication »Corporate Social Responsibility: A business contribution to Sustainable Development« (EC, 2002). At first, holistic approaches were dominant and were used as a new marketing instrument by some companies. Nevertheless, the passing of time has allowed organisations to begin to understand SR as a strategy of transversal management of the complete organisation that not only offers them the opportunity to have greater social visibility, but above all, produces benefits.

In the now fully established field of higher education institutions, USR remains relatively unknown. All of the universities carry out actions which could be classified as USR, but they do this informally and separately. The challenge as set out in the final document of the project »University Meets Social Responsibility (UNIBILITY), 2015–2017« (Wallace & Resch, 2017) is for the leaders of the institutions of higher education to begin a process of reflection over what USR could offer their institution, construct a map of its principal stakeholders and analyse what institutions are already doing. From here, such institutions could develop an SR implementation strategy, which according to Wallace and Resch would allow them to:

- Increase the impact of their university in society and contribute to facing current social challenges;
- Help stakeholders have a better understanding of what is going on in universities, above all in the field of research;
- Increase collaboration between companies and public administrations which act in the territory;

- Increase the social and cultural impact of university research in the daily life of the local community;
- To help universities become more highly valued by their main stakeholders, so that they may more effectively adapt to new trends in political policy and funding.

A precondition for good performance is knowing what society expects from the university system: knowing its social and business expectations in a specific rather than generic manner. Each territory and industry has certain needs and, therefore, certain social and business expectations. To meet these and commit to responding to the social and business demands in each territory requires a real desire to share, cooperate and, in short, to work in a strategic alliance with different stakeholders. That, we would argue, is a true demonstration of integration in society: When the community at large no longer considers an institution as an ivory tower and instead perceives it as key in the economic and social development of the territory. This was the UB's starting point in its implementation of USR. At first, as explained above, the planners did not actually know how to apply the concept of social responsibility to a public institution of higher education. But with time, USR has taken shape as a transversal strategy for the entire organisation of the UB, facilitating the University's economic sustainability and, consequently, its durability over time. As explained in the third section of this chapter, from the very first moment the University of Barcelona assigned the strategic rolling out of USR to its Office for Internal Control, Risks and Social Responsibility. The process is slow; the dialogue with internal stakeholder groups is not easy. The resources are limited, the available information is still not perfect and we still need impact indicators that are adjusted to the reality of an institution of higher education. Nevertheless, the strategic development of the transversal implementation of USR in the UB is moving forward and an increasing number of internal stakeholders are becoming familiar with SR-related activity and conscious of the concepts of sustainability and responsible management that drive it.

Bibliography

BiGGAR Economics (2017). *The Economic Contribution of the LERU Universities.* Verfügbar unter: https://www.leru.org/publications/the-economic-contribution-of-the-leru-universities-2016 [31.12.2017].

European Commission (EC) (2001a). *A Sustainable Europe for a Better World: A European Union Strategy for Sustainable Development* (Commission's proposal to the Gothenburg European Council) (COM (2001) 264 final). Verfügbar unter: http://eur-lex.europa.eu/legal-content/EN/TXT/PDF/?uri=CELEX:52001DC0264&from=EN [31.12.2017].

European Commission (EC) (2001b). *Promoting a European Framework for Corporate Social Responsibility* (Green Paper) (COM (2001) 366 final). Verfügbar unter: http://www.europarl.europa.eu/meetdocs/committees/deve/20020122/com%282001%29366_en.pdf [31.12.2017].

European Commission (EC) (2002). *Corporate Social Responsibility: A Business Contribution to Sustainable Development* (COM (2002) 347 final). Verfügbar unter: http://eur-lex.europa.eu/LexUirServ/LexUriServ.do?uri=COM:2002:0347:FIN:EN:PDF [31.12.2017].

European Commission (EC) (2005). *Communication from the Commission to the Council and the European Parliament on the Review of the Sustainable Development Strategy. A Platform for Action* (COM (2005) 658 final). Verfügbar unter: http://eur-lex.europa.eu/legal-content/EN/TXT/PDF/?uri=CELEX:52005DC0658&from=EN [31.12.2017].

European Commission (EC) (2011). *Communication from the Commission to the European Parliament, the Council, the European Economic and Social Committee and the Committee of the Regions: A Renewed EU Strategy 2011–14 for Corporate Social Responsibility* (COM (2011) 681 final). Verfügbar unter: http://www.europarl.europa.eu/meetdocs/2009_2014/documents/com/com_com(2011)0681_/com_com(2011)0681_en.pdf [31.12.2017].

International Labor Organization (2003). *Nota informativa sobre la responsabilidad social de la empresa y normas internacionales del trabajo.* Genf: ILO.

Martinuzzi, A., Krumay, B. & Pisano, U. (2011). *Focus CSR: The New Communication of the EU Commission on CSR and National CSR Strategies and Action Plans* (ESDN Quarterly Report N. 23), Verfügbar unter: http://www.sd-network.eu/quarterly%20reports/report%20files/pdf/2011-December-The_New_Communication_of_the_EU_Commission_on_CSR_and_National_CSR_strategies.pdf [31.12.2017].

Ministerio de Educación (2011). *Estrategia Universidad 2015 . The Contribution of Universities to Spanish Socio Economic Progress.* Verfügbar unter: https://www.mecd.gob.es/dms-static/a8c5f36e-f467-4e87-b749-3529cc3b856b/2011-estrategia-universidad-2015-pdf.pdf [25.01.2018].

Organisation for Economic Co-operation and Development (OECD) (2001). *Corporate Responsibility: Private Initiatives and Public Goals.* Verfügbar unter: http://www.oecd.org/daf/inv/corporateresponsibility/35315900.pdf [31.12.2017].

Organisation for Economic Co-operation and Development (OECD) (2011). *OECD Guidelines for Multinational Enterprises. Recommendations for Responsible Business Conduct in a Global Context*. Verfügbar unter: https://www.oecd.org/corporate/mne/48004323.pdf [31.12.2017].

Romero, M. & Miret, J. (2017). Control interno, gestión de riesgos y Responsabilidad Social: el caso de la Universidad de Barcelona. *Cuadernos de RSO, 5* (1), 127–137. Verfügbar unter: http://ucu.edu.uy/sites/default/files/facultad/fce/rso/romero-y-miret.pdf [31.12.2017].

UN Global Compact (2000). *The Ten Principles of the UN Global Compact*. Verfügbar unter: https://www.unglobalcompact.org/what-is-gc/mission/principles [27.01.2018].

Wallace, M. & Resch, K. (Hrsg.). (2017). *Guidelines for Universities Engaging in Social Responsibility* (final document of the project University Meets Social Responsibility (UNIBILITY), 2015–2017, co-funded by the Erasmus+ Programme of the European Union). Verfügbar unter: http://www.postgraduatecenter.at/fileadmin/user_upload/pgc/2_LifeLong_Learning_Projekte/0_Lifelong_Learning_Projekte/UNIBILITY/Downloads/Guidelines/IO8_Guidelines_final_version_2017-09-12_print.pdf [31.12.2017].

Attila Pausits

Die dritte Mission als institutionelles Handlungsfeld der Universitäten
Eine systemische Bestandsaufnahme der wissenschaftlichen Weiterbildung in Österreich

Abstract

Wenngleich eine weitere Öffnung der Universitäten in Richtung gesellschaftlicher Anspruchsgruppen ein Teil der Modernisierungsagenda im europäischen Hochschulraum ist, scheint lebenslanges Lernen und damit die wissenschaftliche Weiterbildung kein zentrales Thema (mehr) zu sein. Stattdessen wird diese (neue) Öffnung immer mehr mit dem Begriff der »dritten Mission« statt wissenschaftlichen Weiterbildung überschrieben. Damit verliert die wissenschaftliche Weiterbildung an strategischer und institutioneller Sichtbarkeit. In diesem Beitrag werden die Ergebnisse der Analyse der 22 öffentlichen Universitäten und deren strategische Positionierung in Bezug auf wissenschaftliche Weiterbildung in Österreich dargestellt und dafür die Leistungsvereinbarungen und Entwicklungspläne der Universitäten quantitativ und qualitativ analysiert.

Keywords: dritte Mission, wissenschaftliche Weiterbildung, Leistungsvereinbarung, Entwicklungsplan

1. Einführung

Die europäische Hochschulpolitik wurde in der jüngsten Vergangenheit durch eine ambitionierte Modernisierungsagenda der nationalstaatlichen Hochschulsysteme dominiert. Die Hochschulautonomie und -Governance, der Bologna-Prozess, die Exzellenzinitiative, aber auch die Änderungen in der Hochschulfinanzierung, um einige der zentralen Themen zu nennen, haben zu einer grundlegenden Diskussion über die Rolle und Aufgaben der Universitäten geführt, ohne dabei explizit die wissenschaftliche Weiterbildung oder lebenslanges Leben (LLL) zu berühren. Wenngleich eine weitere Öffnung der Universitäten in Richtung gesellschaftlicher Anspruchsgruppen ein Teil der Modernisierungsagenda im europäischen Hochschulraum ist, scheint die wissenschaftliche Weiterbildung kein zentrales Thema (mehr) zu sein.

Diese (neue) Öffnung wird immer mehr mit dem Begriff der »dritten Mission« statt wie noch vor einigen Jahren mit der wissenschaftlichen Weiterbildung überschrieben. Die dritte Mission bündelt dabei alle Aktivitäten, die außerhalb des akademischen Umfelds die Interaktion mit anderen Zielgruppen fördern (Pinheiro, Langa & Pausits, 2015a). Dabei werden typischer Weise Bereiche der wissenschaftlichen Weiterbildung, Technologietransfer und Innovation sowie das soziale Engagement der dritten Mission zugeordnet (Marhl & Pausits, 2012). Nach diesem Konzept wäre die wissenschaftliche Weiterbildung zwar inkludiert, aber nicht mehr wie u. a. durch institutionelle Strategien des lebenslangen Lernens als eigenständige Domäne universitärer Weiterentwicklung positioniert. Diese Bündelung der Aufgabenbereiche bedeutet einerseits eine Aufwertung von Leistungen der Universitäten neben Lehre und Forschung als eine weitere dritte wesentliche Mission. Andererseits hat damit die Bedeutung der wissenschaftlichen Weiterbildung an strategischer und institutioneller Sichtbarkeit verloren.

Die Modernisierungsagenda der Universitäten hat viele unterschiedliche Aspekte, die aber anscheinend allein in dieser einen – dritten – Mission zusammenkommen. Regierungen fordern mehr Rechenschaftspflicht von den Universitäten und mehr Verantwortung für die zur Verfügung gestellten Mittel. Neue Universitätskonzepte wie die Universität Alto – ein Zusammenschluss von drei unterschiedlichen Hochschulen in Finnland – oder die Donau-Universität Krems in Österreich als einzige öffentliche Universität für Weiterbildung in Europa sind Beispiele für eine neue Differenzierung des Hochschulwesens. Das Streben nach »World Class University« (Sadlak & Cai, 2009) und elitären Positionen in internationalen Hochschulrankings als Maßstab dieser Zielerreichung auf der einen Seite, und Universitäten mit starkem regionalen Fokus (Arbo & Benneworth, 2007) auf der anderen Seite sind beispielhafte Charaktere eines neuen globalen, nationalen und regionalen Wettbewerbs um Ressourcen. Die Hochschullandschaft wird daher in Zukunft mehr durch institutionelle Diversität gekennzeichnet sein.

In diesem Beitrag werden die Ergebnisse der Analyse der 22 öffentlichen Universitäten und deren strategische Positionierung in Bezug auf wissenschaftliche Weiterbildung in Österreich summativ dargestellt. Dazu werden alle Leistungsvereinbarungen sowie Entwicklungspläne der Universitäten im Zeitraum 2012–2015 quantitativ und qualitativ analysiert. Das zu Grunde liegende Öffnungskonzept verwendet die dritte Mission als Sammelbegriff für Aktivitäten und Leistungen außerhalb der »klassischen« Aufgaben Forschung und Lehre. Die Dokumentenanalyse konzentrierte sich auf die Leistungsvereinbarungen der Periode 2012–2015, die auf der öffentlich zugänglichen Uni:Data-Webseite[1] veröffentlicht wurden. Alle 22 öffentlichen Universitäten in Österreich wurden in die Analyse mit einbezogen. Da es sich um teilweise sehr umfangreiche Dokumente und Texte handelt, wurde durch Text Mining eine erste quantitative Analyse erarbeitet. Mit dieser Methode lassen sich quantitative Maße zum Vergleich unterschiedlicher Texte wie handlungstragender oder sprachlicher Strukturen eines Textes erschließen, als auch Besonderheiten von Texten oder gewisser Merkmale innerhalb der Textstruktur entdecken (Puchinger, 2016). Ergänzend wurden die einzelnen Dokumente in bestimmten Bereichen bzw. Kapiteln gezielt qualitativ untersucht. Als Ergebnis wird die institutionelle und strategische Verankerung der wissenschaftlichen Weiterbildung dargestellt.

Die Vermutung, dass wissenschaftliche Weiterbildung nicht (mehr) über eine politische und institutionelle Bedeutung verfügt, gilt es hier zu überprüfen. Sowohl die Einbindung der Stakeholder-Gruppen als auch ein Verständnisgewinn aller Beteiligten über Bedeutung, Form und Wechselwirkungen der dritten Mission ist zunächst notwendig. Erst eine Klarheit über die dritte Mission wird auch die wissenschaftliche Weiterbildung verorten. Daher ist es erforderlich, die hierzu bereits existierenden und entwickelten Konzepte und Zugänge zu hinterfragen. Aufbauend auf diese Konzepte wird die empirische Analyse der zentralen Dokumente der Strategien universitären Handelns einen Überblick zu den zentralen Erkenntnissen geben. Ausgehend von den Ergebnissen werden dann Handlungsempfehlungen in Bezug auf die wissenschaftliche Weiterbildung abgeleitet.

---

1 http://www.bmwf.gv.at/unidata.

2. Die dritte Mission

Der Begriff Mission leitet sich vom lateinischen »missio« (Sendung) ab und bezeichnete zunächst die Verbreitung des Glaubens. Die dritte Mission der Universität hat jedoch vielmehr mit der organisationstheoretischen Bedeutung des Begriffes zu tun: Mission als Auftrag (Altbach & Peterson, 2007). In der Fachliteratur wird die »dritte Mission« aus zwei unterschiedlichen Perspektiven abgeleitet. Die eine Perspektive beschäftigt sich mit den Aufgaben einer Universität und leitet die Notwendigkeit, eine weitere Mission zu definieren, aus der Aufgabenkomplexität ab (Goddard & Puukka, 2008; Cross & Pickering, 2008). Die andere begründet die dritte Mission durch die Universität als spezielle Organisationsform und die damit verbundene gesellschaftliche Rolle (Montesinos & Mora, 2008; Molas-Gallart, Salter, Patel, Scott & Duran, 2002).

Bereits in den 1960er-Jahren hat der Deutsche Bildungsrat wissenschaftliche Weiterbildung als die dritte Säule der Universitäten (Deutscher Bildungsrat, 1975) definiert. Dieser Aspekt hat nicht zuletzt durch die Diskussion um die Bedeutung des LLL sowie die Rolle der Universitäten in diesem Kontext eine Aufwertung erhalten. Logische Folgen waren die Entwicklung von LLL-Strategien an österreichischen Universitäten (Pinheiro et al., 2015a), die Etablierung von Weiterbildungszentren innerhalb oder außerhalb der Universitäten (Herm, Koepernik, Leuterer, Richter & Wolter, 2003) oder die Gründung von nationalen oder internationalen Netzwerken für wissenschaftliche Weiterbildung. Zu diesen Netzwerken zählen zum Beispiel in Österreich AUCEN (Austrian University Continuing Education and Staff Development Network), die DGWF (Deutsche Gesellschaft für Wissenschaftliche Weiterbildung und Fernlehre) in Deutschland oder das europäische Netzwerk EUCEN (European Universities Continuing Education Network). So wurde deutlich, dass neben Ausbildung auch Weiterbildung zu den originären Aufgaben der Universitäten gehört, und dass Universitäten vom Lebensabschnittspartner in der Lehre zum lebensbegleitenden Partner des Lernens avancieren sollen.

Eine weitere Annäherung aus der Perspektive der Aufgaben erfolgt über die Forschung und Produktion des Wissens. In ihrer Publikation beschreiben Gibbons et al. (Gibbons, Limoges, Nowotny, Schwartzmann, Scott & Trow, 1994) die Notwendigkeit einer stärkeren Kontextualisierung der Forschung sowie einer Öffnung in Richtung der Märkte, und außerdem die Gesellschaft und weitere Akteure als integraler Bestandteil der Wissenserzeugung. Dies bedeutet, dass die Relevanz der Forschung mehr und mehr von den Abnehmern und

Betroffenen abhängt. Die Autoren bezeichnen dies als »Mode 2« und weisen auf eine fortschreitende Bedeutung der Wissenschaft in und für die Gesellschaft hin. Das neue Modell soll eben von einer hierarchischen und disziplinorientierten Forschung hin zu einer interdisziplinären, anwendungsorientierten Forschung führen. Dies bedeutet jedoch eine Erweiterung des Forschungsverständnisses der Universität und des traditionellen Gesellschaftsauftrages. Somit sind sowohl die Lehre als auch die Forschung mit einer Veränderung des Zielsystems und Organisationszwecks konfrontiert.

Beide Zugänge führten in der Lehre zu Reformansätzen sowohl in der Struktur (Stichwort: Bologna-Prozess) als auch in der Schwerpunktsetzung und im Ausbau der wissenschaftlichen Weiterbildung an Universitäten. Als Folge dieses Perspektivenwechsels in der Forschung wurde eine Vielzahl an neuen Konzepten über die Rolle der Universitäten in den nationalen Innovationssystemen entwickelt (Endquist, 1997). Dazu zählt das Konzept der Tripple Helix von Etzkowitz und Leydesdorff (Etzkowitz & Leydesdorff, 2000). Sie beschreiben die Beziehung zwischen Universität, Industrie und der öffentlichen Hand und definieren dabei neben Forschung und Lehre auch Wissenstransfer in die Gesellschaft als weitere – dritte – Aufgabe.

Beide Veränderungen sowohl in der Lehre als auch in der Forschung indizieren eine institutionelle Anpassung und einen Umbau der originären Aufgaben, oder zumindest eine Erweiterung dieser. In der Entwicklung solcher Konzepte spielt insbesondere die von Burton Clark beschriebene »Entrepreneurial University« eine wesentliche Rolle (Clark, 1998). Die unternehmerische Universität nimmt einerseits ihre Kernaufgaben wahr und ist andererseits auch in der Lage, sich flexibel und adäquat an gesellschaftliche Entwicklungen anzupassen. Offensichtlich gibt es nicht nur ein einziges Konzept für die unternehmerische Universität. Vielmehr gibt es Beispiele für eine gute Umsetzung in den nationalen Hochschulkontexten, die den Anspruch einer unternehmerischen Universität nach Burton Clark erfüllen (Clark, 2004). Damit geht es nicht um den schematischen Einsatz eines Modells wie dem einer unternehmerischen Universität, sondern vielmehr um institutionelle Antworten eines neuen Universitätstypus. Es geht nicht darum Vergleichbares zu schaffen, sondern ausgerichtet an gesellschaftlichen Ansprüchen institutionelle und individuelle Antworten zu finden.

Das implementierte Konzept der »Entrepreneurial University« existiert in der Ausgestaltung der institutionellen Rahmenbedingungen in einem gegebenen (nationalen) Hochschulsystem. Analog bekommt auch die dritte Mission der Universitäten eine Diskontierung nach den Rahmenbedingungen. Es existieren bereits heute Indikatoren, zum Beispiel in England, die für einen bestimmten Teil der Hochschulfinanzierung herangezogen werden. Andere Hochschulsysteme – so auch in Österreich – haben bereits die Ziel- und Leistungsvereinbarungen der Universitäten um diese Perspektiven erweitert oder bewusst expliziter gemacht.

Die Diskussion über das Hochschulwesen und damit über die dritte Mission erfolgt primär aus einer AkteurInnenperspektive (Pinheiro, Langa & Pausits, 2015b). So bestimmen aktuell Themen wie Finanzierung und Hochschulzugang die Debatte über die Entwicklung. Zweifelsohne wichtige Aspekte und bis dato nicht zufriedenstellend gelöste Probleme in Österreich. Diese »Schwerpunktsetzung« überlagert jedoch eine weitere Auseinandersetzung mit der wissenschaftlichen Weiterbildung. Denn zuvor wurde diese durch den europäischen Diskurs über LLL an Universitäten und durch eine gesetzliche Vorgabe als Handlungsverpflichtung für Universitäten in Österreich begründet.

»Third Mission«, »Third Stream«, »dritte Mission« oder auch »gesellschaftliches Engagement« sind Begriffe für ein sehr breit angelegtes und international sowie teilweise sogar national und regional unterschiedlich begriffenes Konzept, welches in verschiedenen Initiativen mit unterschiedlichsten Ansätzen behandelt und definiert wurde. In den vergangenen 30 Jahren entwickelte sich eine soziale Verbindung (Goddard & Puukka, 2008) zwischen Universitäten und der Gesellschaft. Die Hochschulen werden seitdem als »engine of the knowledge economy« (Vorley & Nelles, 2008, S. 120) betrachtet. In den letzten Jahren wurde die dritte Mission immer weiter in den Universitäten etabliert, was zu einer Ausdifferenzierung dieses Engagements führte. Zu Beginn waren dritte-Mission-Aktivitäten aufgrund ihrer starken Fokussierung auf Technologietransfer und zugleich wissenschaftlichen Fundierung exklusiv den forschungsintensiven Universitäten vorbehalten. Bedingt durch die wachsenden Aktivitäten, die der dritten Mission zugesprochen werden, können sich nun auch weniger forschungsintensive Einrichtungen in dritte-Mission-Aktivitäten engagieren (Vorley & Nelles, 2008).

Eine Sichtung der bereits vorhandenen Literatur zum Thema dritte Mission zeigt auf, dass es sich hierbei um ein globales Phänomen handelt, welches aufgegriffen und in verschiedenen Kontexten erforscht wird. Für die dritte Mission kann festgestellt werden, dass globale Phänomene immer lokal eingebettet und vor dem Hintergrund lokaler Rahmenbedingungen, Traditionen und Paradigmen adaptiert werden. Dies bedeutet per se, dass globale Phänomene wie die dritte Mission keine Homogenität erfahren können. Es kann festgehalten werden, dass dritte Mission als Begriff oder auch als Konzept von global agierenden Akteuren angewandt wird, gleichzeitig aber auch durch lokale Institutionen eine regionalspezifische Anpassung durchläuft. Im von der EU geförderten Projekt »European Indicators and Ranking Methodology for University Third Mission« heißt es daher:

> Each country operates in contexts which define its own good practices. A global best practice for Third Mission therefore does not exist. Each country – and each university – finds its own solutions. (E3M-Project, 2012a, S. 18)

Die dritte Mission wird in der Literatur entweder als »separate Mission« bezeichnet und als Sammelbezeichnung für alles verwendet, was nicht entweder zur Mission Lehre oder Mission Forschung zugehörig ist.

Aktuelle(re) Ansätze versuchen dagegen die dritte Mission als etwas zu beschreiben, was nicht neben, sondern durch die Kernaktivitäten Forschung und Lehre mit erfüllt wird. Die dritte Mission wird als ein Weg oder eine Denkart betrachtet, um die ersten beiden Missionen zu vollbringen (»Third Mission as a way of doing or a mind-set for accomplishing the first two« (E3M-Project, 2012a, S. 12)).

Neben diesen beiden konträren Auslegungen wird der Begriff auch genutzt, um weitere Aufgaben von Hochschulen zu beschreiben, die mit dem Kerngeschäft der Hochschulen primär keine Überschneidung haben, wie z. B. »Diversity«. Die dritte Mission kann hier als ein Sammelbegriff für alle gesellschaftsbezogenen Hochschulaktivitäten gesehen werden. Diese Aktivitäten können in drei Dimensionen dargestellt werden: soziales Engagement, Technologietransfer und Innovation sowie wissenschaftliche Weiterbildung. Damit ist die wissenschaftliche Weiterbildung eine Dimension der dritten Mission.

Die Ziele von E3M waren es, einerseits Indikatoren zu entwickeln, die eine Messbarkeit der Aktivitäten ermöglichen, andererseits einen internationalen aber auch institutionsinternen Diskurs über die Rolle der dritten Mission zu initiieren. Darüber hinaus sollten diese Indikatoren eine methodische Weiterentwicklung der Rankings ermöglichen. Denn Aktivitäten der dritten Mission werden kaum oder gar nicht in den aktuellen Rankings im Hochschulbereich erfasst. Diese sind aber als integraler Bestandteil universitärer Aufgaben und Tätigkeiten zu sehen und bedürfen daher auch in den Rankings einer Berücksichtigung. Dies gilt ebenso für die wissenschaftliche Weiterbildung. Um weitere internationale Perspektiven und Aspekte zu berücksichtigen, hat die

Gruppe auch die Delphi-Methode angewendet und konnte so Meinungen von insgesamt fast 50 Expertinnen und Experten europaweit erfassen. Als Ergebnis sind drei Dimensionen erarbeitet: »Weiterbildung«, »Technologietransfer und Innovation« sowie »soziales Engagement«. Jede Dimension wurde in relevante Prozesse und darunter in Aktivitäten aufgeteilt und beschrieben. Als Ergebnis stehen nun 18 Indikatoren für den Bereich der »Weiterbildung«, 16 Indikatoren für die Dimension »Technologietransfer und Innovation« und 20 Indikatoren für die Messung des »sozialen Engagements« zur Verfügung. Ein erster exemplarischer Test zeigte jedoch, dass viele der entwickelten Indikatoren nicht oder nur begrenzt eingesetzt werden können, da relevante Daten entweder gar nicht oder in nicht ausreichender Qualität oder in nicht vergleichbarer Form vorhanden sind. Offensichtlich decken die Daten, die Universitäten heute für das Monitoring sowie die Qualitätskontrolle verwenden, den Bereich der dritten Mission wenig oder kaum ab. Die fehlenden Anknüpfungen in den Ziel- und Leistungsvereinbarungen – auch in Österreich – und die nicht disponierten Finanzierungsgrößen in den Budgetpositionen machen ein Erfassen dieser Daten nicht zwingend notwendig.

3. Die wissenschaftliche Weiterbildung in Österreich

Das E3M-Projekt verwendet folgende Definition der wissenschaftlichen Weiterbildung und stellt fest, dass

> In the European framework, the term Lifelong Learning/Continuing Education refers to all learning activity undertaken throughout life, with the aim of improving knowledge, skills and competences within a personal, civic, social and/or employment related perspective (E3M-Project, 2012b, S. 3).

Somit wird eine eher breite Definition als Grundlage für die wissenschaftliche Weiterbildung herangezogen, die unterschiedliche Formate als Teil der wissenschaftlichen Weiterbildung betrachtet.

Insgesamt, wie hier dargestellt, werden acht Hauptprozesse an Universitäten beschrieben, die in vielerlei Hinsicht die Prozesse der Lehre abbilden. Jedoch betont E3M durch die Zielgruppe und Form der Implementierung den Unterschied zu der Mission »Lehre«, sodass wissenschaftliche Weiterbildung eine Abgrenzung erhält. Auffallend ist, dass das als CE0 beschriebene »insti-

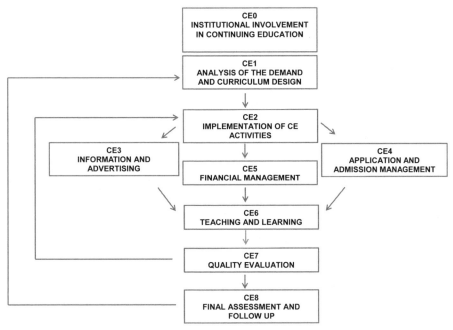

Abb. 1: Aufbau von Prozessen in der wissenschaftlichen Weiterbildung (E3M-Projekt, 2012b, S. 13)

tutional involvement in continuing education« als Grundlage eine strategische Verankerung der Aktivitäten verlangt. Damit wird im E3M-Konzept geprüft und sichergestellt, dass wissenschaftliche Weiterbildung institutionell verankert ist und keine »Insellösung« darstellt. Analog findet man diesen Prozess der institutionellen Verankerung in den anderen beiden Dimensionen ebenso. So wird erkennbar, dass wissenschaftliche Weiterbildung, aber auch die dritte Mission, als integraler Bestandteil universitärer Strategie und Handelns zu verstehen ist, und dass neben Prozessen der Operationalisierung (CE1–CE8) auch strategische Prozesse notwendig sind.

Dieser Beitrag bezieht sich analog zur der internationalen Begleitstudie von Hanft und Knust (2007) auf Universitätslehrgänge sowie berufsbegleitende Weiterbildung, weil diese Bereiche durch den Behelf der Leistungsvereinbarung explizit genannt werden und Universitäten angehalten sind sich hierzu zu positionieren. Wissenschaftliche Weiterbildungsangebote richten sich primär an Personen, die bereits über einen universitären Abschluss verfügen. Ferner an jene Personen, die »eine allgemeine Universitätsreife oder künstlerische Eignung und in der Regel eine einschlägige berufliche Erfahrung nachweisen können« (UNIKO, 2014, S. 1). Folgende Tab. 1 zeigt die häufigsten Begriffe sowie deren Aufteilung in den einzelnen Dokumententypen. Dabei wird ersichtlich, dass »LLL-Strategie« insbesondere in den Leistungsvereinbarungen verwendet wird. Da die Universitäten über eine LLL-Strategie verfügen sollen, ist es verständlich, dass die strategische Perspektive eine wesentliche Rolle einnimmt. Unter wissenschaftlicher Weiterbildung wird sehr oft der Universitätslehrgang als Hauptangebot genannt. Interessant ist jedoch, dass in der wissenschaftlichen Weiterbildung der Bereich der »außerordentlichen Studien« kaum (Entwicklungsplan) oder nur selten (Leistungsvereinbarung) genannt wird. Dies ist wohl dem juristischen Terminus »Technicus« im Universitätsgesetz geschuldet, das die Weiterbildungsprogramme als außerordentliche Studien, um diese von den Regelstudien zu unterscheiden, verwendet. Da Studien eher im Kapitel C.1 thematisiert werden, wird es wohl um die Vorstudienlehrgänge gehen, die zur Vorbereitung für das Studium angeboten werden.

Tab. 1: Dimension Wissenschaftliche Weiterbildung: Dokumententyp

Konzepte	Entwicklungspläne	Leistungsvereinbarungen
Masterstudium	269	669
Universitätslehrgang	150	297
Weiterbildungsangebot	91	119
berufsbegleitend	73	85
LLL	57	120
Anerkennung	57	59
LLL-Strategie	7	120
Praktikum	24	25
außerordentliche Studien	2	15
Summer School	11	13
LLL:2020	1	25
Universitätskurs	0	15
Zertifikatskurs	1	7
Wissenschaftliche Weiterbildung	9	4
Seniorenstudium	0	2

Eine weitere quantitative Analyse der Leistungsvereinbarungen zeigt, wie aus Tabelle 2 ersichtlich wird, dass die Zuordnung der wissenschaftlichen Weiterbildung zum Kapitel C.2 »Weiterbildung« durch die Häufigkeitsanalyse bestätigt wird. Eine Verankerung der LLL-Strategie in der Gesamtstrategie der

Universitäten kann jedoch anhand der quantitativen Analyse noch nicht bestätigt werden. Nur wenige Universitäten beziehen sich auf eine LLL-Strategie im Kapitel A »Strategische Ziele, Profilbildung und Universitätsentwicklung«. Da die meisten Universitäten in dieser Leistungsvereinbarungsperiode ihre LLL-Strategien erarbeiten oder erarbeitet haben, wird an dieser Stelle oft der Hinweis auf die Entwicklung einer LLL-Strategie kommuniziert. Die Tatsache, dass lediglich einzelne Universitäten in den Entwicklungsplänen über eine LLL-Strategie verfügen, untermauert weiter die Beobachtung der fehlenden institutionellen Verankerung. »Wissenschaftliche Weiterbildung« als Ausdruck wird demnach auch nahezu nie als Begriff in beiden Dokumententypen verwendet. Es ist insofern verwunderlich, als denn in den meisten Darstellungen und insbesondere im Kapitel C.2 der Leistungsvereinbarung sich die Universitäten primär, wenn nicht ausschließlich, mit wissenschaftlicher Weiterbildung (Universitätslehrgängen) beschäftigen. Somit werden dieses Konzept und der Bereich nicht als »Marke« dargestellt. Weiterbildung als Konzept ist aber eher umfassend zu verstehen, und daher ist eine Reduktion auf bestimmte Formen der Weiterbildung zu eng gefasst. Daraus resultiert ein Unterschied zwischen den Überschriften und den Inhalten der zugehörigen Kapitel.

Einerseits wird bestätigt, dass wissenschaftliche Weiterbildung als universitäres Handlungsfeld berücksichtigt wird und dass die Häufigkeiten die relevante und dazugehörige Kapitelstruktur bestätigen. Gleichzeitig fällt aber auch auf, dass Aspekte der wissenschaftlichen Weiterbildung in den anderen Kapiteln kaum oder nur rudimentär Einzug finden. Dies kann als Indikator für eine nicht erfolgende institutionelle Integration des Bereichs gedeutet werden.

Mit Blick auf die Ergebnisse aus dem Text Mining liegt der primäre Fokus der weiteren inhaltlichen Analyse in den Leistungsvereinbarungen auf dem Kapitel C.2 sowie auf dem Kapitel A. Eine weitere Analyse, die nicht die institutionelle Einbettung der wissenschaftlichen Weiterbildung, sondern die Zusammenhänge und Verbindungen der Begriffe untereinander untersucht, führt zu ähnlichen Schlussfolgerungen. Dabei wird deutlich, dass es kaum Inhalte gibt, die eine intensive Verbindung zueinander ausweisen. Die untersuchten Textpassagen von 1000 Zeichen als Betrachtungsgröße haben gezeigt, dass die verwendeten Begriffe sehr wenig »Nähe« zueinander aufweisen. Dies ist insbesondere deswegen bemerkenswert, weil es »Weiterbildung« zumindest als Unterkapitel bei allen öffentlichen Universitäten in den Entwicklungsplänen und Leistungsvereinbarungen gibt. Eine Strukturanalyse der Entwicklungspläne ist aufgrund der unterschiedlichen Anordnungen, die die Universitäten gewählt

Tab. 2: Dimension Wissenschaftliche Weiterbildung: Leistungsvereinbarungen – Kapitel

Konzepte	Inhaltsverzeichnis	Präambel	A. Strategische Ziele, Profilbildung, Universitätsentwicklung	A1. Qualitätssicherung	A2. Personalentwicklung/-struktur	B. Forschung	C1. Studien/Lehre	C2. Weiterbildung	D1. Gesellschaftliche Zielsetzungen	D2. Internationalität und Mobilität	D3. Kooperationen	D4. Spezifische Bereiche	D4.1. PädagogInnenbildung	D4.7. Bibliotheken	Zusammenfassende Darstellung der Ziele	Zusammenfassende Darstellung der Vorhaben	Berichtspflichten der Universität	Maßnahmen bei Nichterfüllung	Anhang	Gesamt
Masterstudium	1	82	15	2	0	20	475	5	4	5	23	1	5	0	5	12	0	0	9	669
Universitätslehrgang	2	5	20	0	0	5	2	227	4	2	2	1	3	3	10	7	1	0	3	297
lll-Strategie	0	5	12	0	0	0	1	99	1	0	0	0	0	0	1	0	0	0	1	120
LLl	0	0	19	2	4	8	19	59	0	7	0	0	2	0	0	0	0	0	0	120
Weiterbildungsangebot	0	2	9	6	15	4	3	43	8	2	9	0	4	0	8	3	1	2	0	119
berufsbegleitend	0	5	9	0	0	1	4	56	2	0	0	0	4	0	1	1	0	0	0	85
Anerkennung	0	1	9	2	2	3	4	13	2	18	5	0	0	0	0	0	0	0	0	59
lll:2020	0	1	1	0	0	0	0	23	0	0	0	0	0	0	1	0	0	0	0	25
Praktikum	0	0	1	0	0	2	11	1	0	9	0	0	0	0	0	0	0	0	0	25
Universitätskurs	0	0	0	0	0	0	0	14	0	0	0	0	0	0	0	1	0	0	0	15
außerordentliche Studien	0	1	0	0	0	0	12	2	0	0	0	0	0	0	0	0	0	0	0	15
Summer School	0	0	4	0	0	3	0	0	0	4	2	0	0	0	0	0	0	0	0	13
Zertifikatskurs	0	0	0	0	0	0	0	5	0	0	0	0	0	1	1	0	0	0	0	7
wiss. Weiterbildung	0	0	0	1	0	0	0	2	0	0	1	0	0	0	0	0	0	0	0	4
Seniorenstudium	0	0	0	0	0	0	0	2	0	0	0	0	0	0	0	0	0	0	0	2

Die dritte Mission als institutionelles Handlungsfeld der Universitäten 179

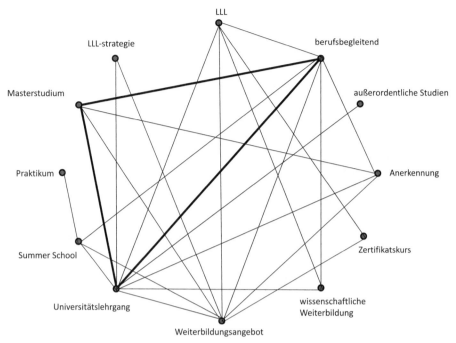

Abb. 2: Dimension Wissenschaftliche Weiterbildung: Entwicklungspläne – alle Begriffe

haben, nicht zielführend und liefert aufgrund der fehlenden standardisierten Strukturen der Inhaltsverzeichnisse für Text Mining hier keine Antworten. Das Netzwerkdiagramm (Abbildung 2) zeigt aber grundsätzlich den Grad der Verbindungen der Konzepte der wissenschaftlichen Weiterbildung in den Entwicklungsplänen deutlich.

Das Netzwerkdiagramm zeigt, dass eine deutlich erkennbare Verbindung lediglich zwischen »berufsbegleitend« und »Universitätslehrgang« existiert. Sowohl die Verbindung zwischen »Masterstudium« und »berufsbegleitend« als auch dann etwas schwächer zwischen »Masterstudium« und »Universitätslehrgang« gehört noch zu den erkennbaren Verbindungen. Alle anderen Begriffe haben sehr schwache oder gar keine Verbindungen. Ein ähnliches Bild liefert die Dokumentenanalyse der Leistungsvereinbarungen. Wie nachfolgendes Netzwerkdiagramm (Abbildung 3) analog zu den Entwicklungsplänen unterstreicht, fehlt eine konzeptionelle Verankerung der wissenschaftlichen Weiterbildung in den Dokumenten.

Neben den bereits in den Entwicklungsplänen erkannten Verbindungen zwischen »berufsbegleitend« und »Universitätslehrgang« gibt es sogar noch

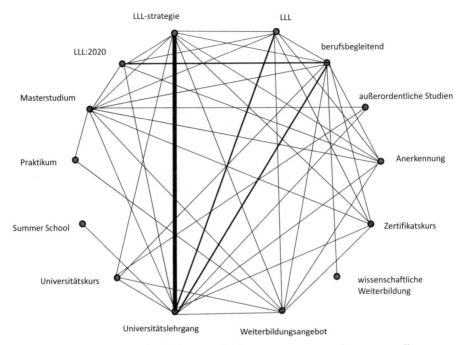

Abb. 3: Dimension Wissenschaftliche Weiterbildung: Leistungsvereinbarungen – alle Begriffe

eine stärkere Verbindung zwischen »LLL-Strategie« und »Universitätslehrgang«. In Anbetracht der Tatsache, dass eine LLL-Strategie der meisten Universitäten existiert, ist es umso verwunderlicher, dass diese offensichtlich in den Texten weitestgehend losgelöst von den anderen Begriffen der wissenschaftlichen Weiterbildung verwendet wird. Gleichzeitig liegt es nahe, dass eine Umsetzung der LLL-Strategie überwiegend durch die Universitätslehrgänge erfolgt und daher diese Verbindung wohl die deutlichste ist. Betrachtet man diese Spiderdiagramme so wird deutlich, dass der wesentliche Unterschied in den Leistungsvereinbarungen zu finden ist. Dort bekommt die LLL-Strategie eine wesentlich wichtigere Bedeutung. Dies ist sicherlich auch mit dem Ruf und der Forderung nach der Entwicklung einer LLL-Strategie in Verbindung zu setzen. Es bleibt zu hoffen, dass diese Verbindung in den kommenden Leistungsvereinbarungsperioden mit dann bereits entwickelten institutionellen LLL-Strategien eine höhere Bedeutung und eine institutionelle Verankerung an den Universitäten erhält und eine Kontinuität erhalten bleibt.

4. Diskussion der Ergebnisse

Die Dokumentensortenanalyse hat gezeigt, dass wissenschaftliche Weiterbildung bereits einen eigenen Bereich in Entwicklungsplan und Leistungsvereinbarung ausweist. Dies ist sowohl für die Anerkennung der Bedeutung als auch für die Darstellung des Bereiches anzuerkennen. Gleichzeitig wird in der Analyse deutlich, dass es zu einer stärkeren Abgrenzung des Bereichs als auch zu einer schwächer ausgeprägten institutionellen Verankerung kommt. Gerade da ein Bereich solch einen »Raum« in den Dokumenten bekommt, sollte es möglich sein, dass die Aktivitäten und Bereiche, die zur wissenschaftlichen Weiterbildung gehören, stärker konzeptionell dargestellt werden. Wie die Analyse zeigt, ist dies jedoch nicht der Fall. Die mit wissenschaftlicher Weiterbildung verbundenen oder in diesem Bereich definierten Inhalte zeigen kaum Verbindungen. Wohl ein Zeichen dafür, dass wissenschaftliche Weiterbildung als Gesamtkonzept noch nicht verankert ist. Es ist auffallend, dass wiederkehrend größere Textelemente aus den Entwicklungsplänen in den Leistungsvereinbarungen zu finden sind. Oft wird der in der Leistungsvereinbarung geforderte Bezug zu dem Entwicklungsplan durch ein einfaches Hineinkopieren von Texten erfüllt. Ein möglicher Grund liegt darin, dass in den Wissensbilanzen die Darstellung der wissenschaftlichen Weiterbildung auf die Kennzahl der außerordentlichen Studierenden reduziert wird. Dies kann ein weiterer Grund für den doch sehr ausgeprägten Fokus auf Universitätslehrgänge in den Entwicklungsplänen und Leistungsvereinbarungen sein.

Es ist ebenso klar ersichtlich, dass die Strategie des lebenslangen und -begleitenden Lernens Einzug in die Dokumente gefunden hat. Dass diese lediglich eine erkennbare Verbindung nur zum Universitätslehrgang ausweist, zeigt eine sehr eingegrenzte Umsetzungsperspektive. Die LLL-Strategie wird kaum in dem allgemeinen Teil der institutionellen Strategie in allen Dokumententypen genannt. In Einzelfällen wird darauf hingewiesen, dass die Erarbeitung einer LLL-Strategie in der aktuellen Leistungsvereinbarungsperiode 2016–2018 erfolgen wird. Damit wird klar, dass die Universitäten in der Entwicklung der wissenschaftlichen Weiterbildung in unterschiedlichen Stadien stehen. Es ist ebenso offensichtlich, dass die Bedeutung der wissenschaftlichen Weiterbildung von Universität zu Universität divergiert. Weiters wird in den Dokumenten die LLL:2020-Strategie nur in wenigen Fällen erwähnt. Ebenso wird nur punktuell auf die EUA-LLL-Charta Bezug genommen. Zwar werden in C.2 Aspekte einer Strategie für LLL und wissenschaftliche Weiterbildung genannt, diese finden sich aber fast nie im Bereich A der Leistungsvereinbarungen. Diese Beobachtungen lassen darauf schließen, dass die LLL-Strategie kein kohärenter Teil einer institutionellen Positionierung ist sowie keine substantielle Bedeutung in den Dokumentensorten einnimmt. Dies ist umso überraschender, denn wie bereits erwähnt, hat der Bereich doch eine eigenständige Verortung in den Dokumenten durch die dazugehörigen Kapitel bekommen. Wenn eine Universität eine LLL-Strategie hat oder wissenschaftlicher Weiterbildung eine strategische Bedeutung beimisst, dann sollte diese sowohl im Kapitel A der Leistungsvereinbarungen als auch im dazugehörigen C.1 des Hauptkapitels »Weiterbildung« mehr Geltung bekommen und damit eine stärkere Verbindung zwischen A und C hergestellt werden. Besonders gewünscht sind eine unabdingbare Verankerung in den Entwicklungsplänen der Universitäten sowie eine dokumentenübergreifende Bezugnahme. Sonst bleibt die LLL-Strategie lediglich ein Stückwerk ohne Substanz.

Der Bereich, der die prominenteste Position in den Dokumenten einnimmt, ist der »Universitätslehrgang«. Sowohl ist es der Bereich mit einer hohen Zahl an Nennungen in allen Dokumententypen als auch der mit den meisten Verbindungen innerhalb der Dimension. Damit werden eine starke Produktorientierung sowie eine klare Schwerpunktsetzung im Bereich der wissenschaftlichen Weiterbildung deutlich. Gleichzeitig wird eine Eindimensionalität des Weiterbildungsangebots durch eine Konzentration auf Universitätslehrgänge unverkennbar. Andere Formate in den unterschiedlichen Dokumenten sind kaum oder gar nicht Gegenstand der Darstellung. Dies kann jedoch durch eine starke Ausrichtung der Diskussion der wissenschaftlichen Weiterbildung in Österreich über die abschlussorientierten Programme sowie außerordentliche Studien begründet werden. Erfreulich ist, dass punktuell auch andere Aktivitäten wie Kinderuniversitäten oder Seniorenprogramme genannt werden.

Eine der zentralsten Diskussionen ist die Anerkennung bereits erworbener Kenntnisse. Kein Bereich innerhalb der Universitäten hat sich mit diesem Thema bereits so früh auseinandergesetzt wie der der wissenschaftlichen Weiterbildung. Umso interessanter ist es, dass dieses Thema zwar angesprochen wird, aber eine Verknüpfung zum Weiterbildungs- oder Lehrangebot nicht erkennbar ist. Als würde Anerkennung nur losgelöst eine singuläre Betrachtung als Thema finden. Gerade hier, da Anerkennung ein Querschnittsthema ist, ist aber eine notwendige Einbettung sowohl im Kontext der Weiterbildung als auch der Institution erforderlich.

Die Untersuchung der Verbindungen zwischen den Konzepten der wissenschaftlichen Weiterbildung hat gezeigt, dass kaum Verbindungen existieren. Diese fehlenden Verbindungen sind in der quantitativen Analyse umso verwunderlicher als eigens definierte Kapitel in den Dokumententypen bereits existieren. Denn gerade dann, wenn Teile der Dokumente dem Thema gewidmet sind und sich bestimmte Absätze mit Weiterbildung durch die strukturelle Vorgabe beschäftigen müssen, ist es zu erwarten, dass eine stärkere Verbindung zwischen den Konzepten der Dimension entsteht. Offensichtlich wird aber während der Durchsicht der Dokumente, dass durch den gesetzten Schwerpunkt auf Universitätslehrgänge wissenschaftliche Weiterbildung in Österreich in den Dokumenten eher eng gesehen wird und damit in der Dokumentation der tatsächlich bestehenden Vielfalt fehlt. Die Profilbildung in der wissenschaftlichen Weiterbildung erfolgt primär durch die Universitätslehrgänge. Damit leidet aber zumindest in der Darstellung die konzeptionelle Integration der wissenschaftlichen Weiterbildung als eine Dimension der dritten Mission. Zwar wird durch die Überschriften eine bessere Sichtbarkeit des Bereichs erreicht. Innerhalb des Bereichs herrscht aber eine Dominanz durch die Universitätslehrgänge vor. Wie oben dargestellt, sticht das Nichtvorhandensein von notwendigen Verbindungen der relevanten Themen ebenfalls hervor.

5. Zusammenfassung

Die stärkere Wettbewerbsorientierung, die veränderten Finanzierungsrahmen sowie Governance-Strukturen zwingen die Universitäten zu einer stärkeren Profilbildung und Differenzierung (Pausits, 2013). Neben Lehre und Forschung kann und soll dies auch über die dritte Mission erfolgen. Dies ist keine Glaubensfrage, sondern eine Notwendigkeit einer modernen Universität, denn eine Markt- und Serviceorientierung der Universitäten kann und wird über diesen Bereich in der Zukunft noch intensiver erfolgen. Hier wird vielmehr an die Autonomie der Universitäten appelliert, und diese gesellschaftliche Verantwortung nur indirekt durch die Ziel- und Leistungsvereinbarungen zwischen Ministerium und Universitäten verankert. Wenn die einzelnen Strategien der Universitäten unter die Lupe genommen werden, wird ersichtlich, dass eine institutionelle Verankerung lediglich in bestimmten Segmenten der dritten Mission erfolgt. Dies kann man selbstverständlich schon als einen (Teil-)Erfolg werten. Offensichtlich ist aber auch, dass im internationalen Kontext eine viel offensivere Diskussion über die Erweiterung des gesellschaftlich vorgesehenen Auftrages der Universität geführt wird. Wohl aus diesem Grund hat die European Association of Institution Research (EAIR) als eine der bedeutendsten europäischen Organisationen für die Hochschulentwicklung ihre Jahrestagung bereits 2012 diesem Thema gewidmet. Auch wenn in Europa und weltweit die dritte Mission von Hochschulsystem zu Hochschulsystem unterschiedlich verstanden wird, geht es letztendlich um eine weitere Öffnung der Universität. Die dritte Mission ist keine Neudefinition der Universität. Es geht nicht um eine Strukturreform, sondern vielmehr muss sich die Universität auch außerhalb des traditionellen Wissenschaftssystems behaupten und auf der Interaktion mit den unterschiedlichen gesellschaftlichen Gruppierungen einlassen.

Hierzu kann wissenschaftliche Weiterbildung als Teil der dritten Mission herangezogen werden. Im internationalen und nationalen Diskurs über LLL und wissenschaftliche Weiterbildung scheint aber die Bedeutung dieses Bereichs abzunehmen. Ein Indikator hierzu scheint die Darstellung dieser Aktivitäten in den Entwicklungsplänen und Leistungsvereinbarungen auch in Österreich. Es wäre zu erwarten, dass eine strategisch stärkere Verankerung von Maßnahmen und Leistungen nach der Phase der Bewusstseinsbildung, Strategieentwicklung durch institutionelle LLL-Strategien und eine deutliche Verbindung zwischen Strategie und Implementierung bereits erfolgt ist. Nicht nur an den jeweiligen Weiterbildungszentren der Universitäten als – in den meisten Fällen – Umsetzungsort und Servicestelle der wissenschaftlichen Weiterbildung, sondern durch eine bessere Anbindung in eine Gesamtstrategie der Universitäten als Institutionen.

Der Weg dorthin bedarf jedoch einer stärkeren Auseinandersetzung auf der System-, Institutions- sowie Individuumsebene. Es erfordert sowohl einen Topdown- als auch Bottom-up-Ansatz. Bereits heute passiert an den Universitäten vieles, von dem die Universität nichts weiß, weil es nicht erfasst oder dokumentiert wird. Oft sind es Initiativen von Universitätsangehörigen, die durch einen inneren Antrieb heraus aktiv werden. Hier gilt es, diese Kräfte weiter zu schützen und andere zu motivieren, ohne dass es zu einem Zwang wird. Letztendlich geht es um eine organische und kulturelle Weiterentwicklung, die es ermöglicht, diesen Bereich als integrativen Bestandteil der Aufgaben einer Universität zu verstehen, zu gestalten und zu nutzen.

Literatur

Altbach, P. G. & Peterson, P. M. (2007). *Higher Education in the New Century: Global Challenges and Innovative Ideas*. Rotterdam: Sense Publishers.

Arbo, P. & Benneworth, P. (2007). *Understanding the Regional Contribution of Higher Education Institutions: A Literature Review*. Paris. Verfügbar unter: http://dx.doi.org/10.1787/161208155312 [16.02.2018].

Clark, B. R. (1998). *Creating Entrepreneurial Universities: Organisational Pathways to Transformation*. Oxford: IAU Press/Pergamon.

Clark, B. R. (2004). *Sustaining Change in Universities: Continuities in Case Studies and Concepts*. Maidenhead: Society for Research into Higher Education & Open University Press.

Cross, E. & Pickering, H. (2008). The Contribution of Higher Education to Regional Cultural Development in the North East of England. *Higher Education Management and Policy, 20* (3), 1–13.

Curaj, A., Matei, L., Pricopie, R., Salmi, J. & Scott, P. (Hrsg.). (2015). *The European Higher Education Area – Between Critical Reflections and Future Policies*. Springer.

Duke, C. (2008). University Engagement: Avoidable Confusion and Inescapable Contradiction. *Higher Education Management and Policy, 20* (2), 87–98.

Deutscher Bildungsrat (1975). *Umrisse und Perspektiven der Weiterbildung*. Stuttgart: Klett.

Endquist, C. (Hrsg.). (1997). *Systems of Innovation: Technologies, Institutions, and Organizations*. London: Pinter.

Etzkowitz, H. & Leydesdorff, L. (2000). The Dynamics of Innovation: From National Systems and Mode 2 to a Triple Helix of University-Industry-Government Relations. *Research Policy, 29* (2), 109–123.

E3M-Project (2012a). *Green Paper – Fostering and Measuring ›Third Mission‹ in Higher Education Institutions*. Verfügbar unter: http://www.e3mproject.eu/docs/Green%20paper-p.pdf [09.02.2018].

E3M-Project (2012b). *Conceptual Framework for Third Mission Indicator Definition*. Verfügbar unter: http://www.e3mproject.eu/docs/Concep-Framework-Third-Mission-Indicator.pdf [09.02.2018].

Gibbons, M., Limoges, C., Nowotny, H., Schwartzman, S., Scott, P. & Trow, M. (1994). *The New Production of Knowledge. The Dynamics of Science and Research in Contemporary Societies*. London: SAGE.

Goddard, J. & Puukka, J. (2008). The Engagement of Higher Education Institutions in Regional Development: An Overview of the Opportunities and Challenges. *Higher Education Management and Policy, 20* (2), 3–33.

Hanft A. & Knust, M. (Hrsg.). (2007). *Weiterbildung und lebenslanges Lernen an Hochschulen. Eine internationale Vergleichsstudie zu Strukturen, Organisation und Angebotsformen*. Münster.

Herm, B., Koepernik, C., Leuterer, V., Richter, K. & Wolter, A. (2003). *Lebenslanges Lernen und Weiterbildung im deutschen Hochschulsystem*. Dresden.

Lemke, M. & Wiedemann, G. (Hrsg.). (2016). *Text Mining in den Sozialwissenschaften*. Wiesbaden: Springer VS.

Marhl, M. & Pausits, A. (2010). *Third Mission Indicators for New Ranking Methodologies – the E3M Project*. IREG-5 Conference »The academic rankings: from popularity to reliability and relevance«, 6–8 October 2010, Berlin.

Molas-Gallart, J., Salter, A., Patel, P., Scott, A. & Duran, X. (2002). *Measuring Third Stream Activities: Final Report for Russell Group of Universities*. Brighton: SPRU University of Sussex.

Montesinos, P. & Mora, F. (2008). Third Mission Ranking for World Class Universities: Beyond Teaching and Research. *Higher Education in Europe, 33* (2), 259–271.

Pausits, A. (2013). Der neu entdeckte Gesellschaftsauftrag der Universitäten – die dritte Mission als Aufforderung zur Veränderung. *zfhr Zeitschrift für Hochschulrecht, Hochschulmanagement und Hochschulpolitik, 2*, 42–52.

Pausits, A. (2015). The Knowledge Society and Diversification of Higher Education: From the Social Contract to the Mission of Universities. In A. Curaj, L. Matei, R. Pricopie, J. Salmi & P. Scott (Hrsg.), *The European Higher Education Area – Between Critical Reflections and Future Policies* (S. 267–284). Springer.

Pinheiro, R., Langa, P. V. & Pausits, A. (2015a). One and Two Equals Three? The Third Mission of Higher Education Institutions. *European Journal of Higher Education, 5* (3), 233–249.

Pinheiro, R., Langa, P. V. & Pausits, A. (2015b). The Institutionalization of Universities' Third Mission: Introduction to the Special Issue. *European Journal of Higher Education, 5* (3), 227–232.

Puchinger, C. (2016). Die Anwendung von Text Mining in den Sozialwissenschaften. In M. Lemke & G. Wiedemann (Hrsg.), *Text Mining in den Sozialwissenschaften* (S. 117–136) Wiesbaden: Springer VS.

Sadlak, J. & Cai, L. N. (2009). *The World-Class University as Part of a New Higher Education Paradigm: From Institutional Qualities to Systematic Excellence*. Bucharest / Rom: UNESCO-CEPES.

UNIKO (2014). *Grundsätze und Empfehlungen zum Weiterbildungsangebot an öffentlichen Universitäten*. Verfügbar unter: https://uniko.ac.at/positionen/themen/T3/J2014/ [16.02.2018].

Vorley, T. & Nelles, J. (2008). (Re)Conceptualising the Academy: Institutional Development of and Beyond Third Mission. *OECD Higher Education Management and Policy, 20* (3), 119–133.

Laura Brandt, Julia Holzer, Barbara Schober,
Veronika Somoza & Christiane Spiel

Die systematische Verankerung der Third Mission an Hochschulen
Der motivationspsychologische Ansatz der Universität Wien

Abstract

»Third Mission« umfasst jene Aktivitäten einer Hochschule, die darauf abzielen, gesellschaftliche Entwicklungen evidenzbasiert mitzugestalten. Eine nachhaltige Verankerung erfordert, diese »dritte Aufgabe« konzeptuell zu erfassen und durch gezielte Maßnahmen systematisch zu implementieren. Das Projekt »Third Mission der Universität Wien« verfolgt basierend auf einem handlungstheoretischen Modell einen partizipativen Ansatz. Im Zuge der Kombination von Bottom-up- und Top-down-Prozessen werden die Ziele der Universitätsleitung und die Bedürfnisse der AkteurInnen an den Fakultäten integriert. Zunächst wurden systematisch der Status quo der Third Mission sowie entsprechende Aktivitäten erfasst. Weitere Schritte sind die Etablierung eines Netzwerks und Maßnahmen zur Förderung der Third Mission sowie die Konzeption einer umfassenden Strategie.

Keywords: Third Mission, soziales Engagement, Technologietransfer, Wissenstransfer, Aktiotop

1. Einleitung

In der von Humboldt geprägten Kultur des gegenwärtigen Hochschulwesens sind Forschung und Lehre die tragenden Säulen von Universitäten. Um als öffentliche Einrichtung Verantwortung in einer pluralistischen Welt zu übernehmen, ist es jedoch nicht ausreichend, Erkenntnisse ausschließlich in akademischen Kreisen auszutauschen. Angesichts zahlreicher und komplexer gesellschaftlicher Herausforderungen ist es wesentlicher denn je, dass sich Universitäten mit Wirtschaft, Politik und Gesellschaft vernetzen um Entwicklungen aktiv evidenzbasiert mitzugestalten (Pinheiro, Langa & Pausits, 2015; Schober, Brandt, Kollmayer & Spiel, 2016). Dies wird als die dritte Mission (»Third Mission«) von Hochschulen bezeichnet.

> *Third Mission beschreibt jene Aktivitäten einer Universität, die darauf abzielen, basierend auf wissenschaftlichen Erkenntnissen gesellschaftliche Entwicklungen mitzugestalten.*

Der Bedarf an Third-Mission-Aktivitäten und das bisher brachliegende Potenzial manifestieren sich in aktuellen Erhebungen wie dem Eurobarometer (Europäische Kommission, 2013): In Österreich sind beispielsweise nach eigenen Angaben 52 Prozent der Befragten weder an Entwicklungen in Wissenschaft und Forschung interessiert noch über diese informiert. Dieser Anteil ist deutlich höher als der EU-27-Durchschnitt von 40 Prozent. Andererseits berichten 17 Prozent der Befragten in Österreich, zwar interessiert, aber nicht informiert zu sein.

Eine aktive Third Mission schafft die Möglichkeit, einen fundamentalen Beitrag zur öffentlichen Wahrnehmung von Universität und Wissenschaft zu leisten (Schneidewind, 2016) und der Metapher des Elfenbeinturms, wonach Universitäten unberührt von gesellschaftlichen Bedürfnissen als Orte der intellektuellen Abgeschiedenheit gelten (Webster's unabridged dictionary, 1993), entgegenzuwirken. Es gilt, universitäre Leistungen und deren Wirkungen sichtbar und damit ihren Wert für die Gesellschaft einschätzbar zu machen.

2. Die Third Mission im europäischen Hochschulraum

Wenngleich die Forderung an Universitäten, eine Third Mission zu etablieren, eine relativ junge Entwicklung ist, gibt es international bereits eine enorme Bandbreite an Third-Mission-Aktivitäten auf unterschiedlichen Ebenen. Was allerdings weitgehend fehlt, ist ein systematischer, strategischer Ansatz für die Verankerung der Third Mission auf gesamtinstitutioneller Ebene (Berthold, Meyer-Guckel & Rohe, 2010; Pausits, 2015). Dies liegt nicht zuletzt darin begründet, dass es keine einheitliche Definition für Third Mission gibt und die Ein- und Abgrenzung von Third-Mission-Aktivitäten unterschiedlich breit angelegt ist (Lassnigg, Trippl, Sinoozic & Auer, 2012).

Bereits 2006 hat sich die European University Association explizit zur Third Mission bekannt. Demnach wird von europäischen Universitäten erwartet, sich aktiv um die Etablierung von Wissenstransfer in die Gesellschaft und Industrie zu bemühen, die regionale Entwicklung zu stärken, sich in den politischen Diskurs einzubringen und den Herausforderungen der europäischen Union zu stellen (European University Association, 2006). Im Vereinigten Königreich und im angloamerikanischen Raum ist die Etablierung der Third Mission an Universitäten schon deutlich weiter fortgeschritten (Berthold et al., 2010). Dabei ist allerdings zu beachten, dass Hochschulen in Europa auf Grund systembezogener Variablen wie etwa der überwiegend öffentlichen Hochschulfinanzierung einen anderen Stellenwert in der Gesellschaft einnehmen als es beispielsweise in den USA der Fall ist. Eliteuniversitäten wie Harvard oder Yale, auf die häufig als Vorbilder für europäische Universitäten in Bezug auf gesellschaftliches Engagement verwiesen wird (Berthold et al., 2010), sind bezüglich ihrer Organisation, Ausrichtung und vor allem ihrer Ressourcen kaum mit europäischen staatlichen Universitäten vergleichbar.

Aufgrund dieser kulturellen, rechtlichen, sozialen und infrastrukturellen Differenzen werden im Folgenden Entwicklungen an staatlichen Universitäten aus dem deutschen Sprachraum dargestellt, die in der Literatur als Beispiele guter Praxis bezüglich der strukturellen Verankerung von Third-Mission-Aktivitäten genannt werden und zudem holistische Ansätze bzw. eine strategische Einbettung erkennen lassen. Die konkreten Beiträge und Schwerpunktsetzungen der Universitäten stehen vielerorts in engem Zusammenhang mit den Strukturen, in die sie eingebettet sind. Die Aktivitäten reichen von gemeinwohlorientierten Vorhaben, beispielsweise umgesetzt durch Campus-Community-Partnerschaften an der Universität Duisburg-Essen (Universität Duisburg-Essen, 2017), bis hin zu Maßnahmen, welche die Aufwertung strukturschwacher Regionen betreffen. So ist es beispielsweise Zielsetzung der Hochschule Neubrandenburg, die in Forschung und Lehre kommunale Probleme aufgreift, regionalen Aufschwung durch ihre Third Mission zu bewirken (Prußky, 2016). Eine ähnliche Strategie verfolgt die Bergische Universität Wuppertal. Der Austausch erfolgt hier durch den neu geschaffenen Bergischen Innovations- und Bildungskongress. Dieser dient als Forum zur Vernetzung zwischen regionaler Unternehmerschaft und WissenschafterInnen der Bergischen Universität (Kahl & Jonk, 2015). Ein weiteres partizipatives Projekt zum Technologie- und Innovationstransfer ist die »2000-Watt-Gesellschaft« der ETH Zürich in Kooperation mit lokalen AkteurInnen. Ergebnis war ein energiepolitisches Modell, um zukunftsorientierte Entwicklungen der Gesellschaft bei deutlich reduziertem Energieeinsatz zu ermöglichen (Jochem, Favrat, Hungerbühler, von Rohr, Spreng, Wokaun & Zimmermann, 2002).

Erste Ansätze zur Würdigung von Third-Mission-Aktivitäten zeigen sich in der Schaffung von Förderpreisen. Die Auszeichnung »Bergischer Wissenstransferpreis« ergeht für Kooperationen zwischen Forschung und praktischer Anwendung mit herausragenden Ergebnissen (Kahl & Jonk, 2015). Die Universität Duisburg-Essen verleiht jährlich Preise an Studierende, Lehrende und Non-Profit-Einrichtungen, um gesellschaftliches Engagement, die Implementierung von Service Learning sowie die regionale Vernetzung wertzuschätzen und zu fördern (Jaeger, In der Smitten & Grützmacher, 2009).

Der Trend hin zur Vernetzung von Wissenschaft, Wirtschaft und Gesellschaft manifestiert sich zudem im sogenannten Social Entrepreneurship. Ziel ist es, gesellschaftlichen Herausforderungen mit innovativen, sozial orientierten Geschäftsmodellen zu begegnen. So besteht an der Wirtschaftsuniversität Wien seit 2013 ein Kompetenzzentrum mit dem Schwerpunkt Social Entrepreneurship[1]. Die Angebote sind an sozial-unternehmerische Organisationen sowie Umfeldorganisationen gerichtet und umfassen Leistungen im Bereich Forschung, Wissensvermittlung, Learning Design und wissenschaftliche Beratung (Schober, Narloch-Medek & Zaki, 2016).

Insgesamt zeigt sich, dass vor allem an großen und heterogenen Universitäten oft schon eine Vielzahl an Third-Mission-Aktivitäten umgesetzt wird.

Diese sind allerdings häufig nicht systematisch implementiert und dokumentiert (Lassnigg et al., 2012). Dadurch werden die Aktivitäten nur sehr eingeschränkt wahrgenommen – sowohl in der Scientific Community als auch in der Gesellschaft. Darüber hinaus besteht das Problem der mangelnden inneruniversitären Vernetzung. Angehörige großer, heterogener Universitäten kennen die an der eigenen Hochschule durchgeführten Projekte häufig gar nicht (European Commission – LLLP Programme, 2008).

In Österreich haben sich die Universitäten bereits im Rahmen der mit dem Bund geschlossenen Leistungsvereinbarungen für die Periode von 2013 bis 2015 zur Third Mission positionieren müssen (Bundesministerium für Wissenschaft und Forschung, 2013). Die Universität Wien als größte Universität Österreichs

---

1 https://www.wu.ac.at/npocompetence/appliedresearch/forschungsthemen/social-entrepreneurship/.

bekannte sich bereits davor zu der Förderung der Kompetenzen des Universitätspersonals in Bezug auf Fragen von Wissenstransfer, der Kooperation mit Unternehmen, dem Entrepreneurship sowie in Bezug auf das Management der internationalen Forschungszusammenarbeit.

3. Die Third Mission der Universität Wien

Die Universität Wien mit ihren knapp 100.000 Studierenden und rund 6.600 wissenschaftlichen MitarbeiterInnen (Stand Ende 2016) gliedert sich in 15 Fakultäten und 4 Zentren. Allein für die Studienorganisation sind 49 Studienprogrammleitungen sowie der Studienpräses verantwortlich. Im Bereich der Administration gibt es 5 Stabsstellen, 11 Dienstleistungseinrichtungen und die besondere Einrichtung für Qualitätssicherung (Universität Wien, 2016). Ein unabdingbarer, aber besonders an einer so großen und vielfältigen Universität durchaus nicht trivialer erster Schritt für eine erfolgreiche Third Mission ist es, bestehende Aktivitäten systematisch zu strukturieren, miteinander zu vernetzen und Sichtbarkeit zu erzeugen.

3.1 Das Projekt »Third Mission der Universität Wien«: theoretische Fundierung & Ziele

Vom Rektorat in Auftrag gegeben und von den Autorinnen dieses Beitrags umgesetzt läuft an der Universität Wien derzeit das Projekt »Third Mission der Universität Wien« (Laufzeit Projektphase 1: März 2016 bis Februar 2018). Ausgangspunkt war das klare Bekenntnis der Universität Wien zur Third Mission im Entwicklungsplan 2020 (Universität Wien, 2015).

Die erste Phase des Projekts zielt darauf ab

1. Gemeinsam ein spezifisches inhaltliches Profil für die Third Mission an der Universität Wien zu entwickeln.
2. Kriterien und Dimensionen für Third-Mission-Aktivitäten der Universität Wien zu erarbeiten.
3. Third-Mission-Aktivitäten an der Universität Wien sichtbar zu machen.

4. Eckpunkte eines Rahmenkonzepts für die nachhaltige Verankerung der Third Mission an der Universität Wien zu erarbeiten.

An der Universität Wien bestehen bereits erfolgreich etablierte Strukturen, die Third-Mission-Aktivitäten im weitesten Sinn fördern, unterstützen und auch durchführen. Diese reichen von Weiterbildungsmaßnahmen, einem Alumni-Netzwerk, dem GründerInnenservice INiTS, dem Transfer-Office und Wissenschaftskommunikationsformaten wie der Kinderuni bis hin zu konkreten Aktivitäten in Kooperation mit externen Stakeholdern (Universität Wien, 2016). Das Projekt »Third Mission« wird in Ergänzung zu bereits etablierten Strukturen durchgeführt. Es ist explizit als wissenschaftliches Projekt konzipiert und basiert auf Erkenntnissen der Bildungspsychologie sowie der Implementierungsforschung.

In diesen Forschungsfeldern besteht breiter Konsens darüber, dass Akzeptanz seitens der Stakeholder der zentrale Indikator für die erfolgreiche Implementierung von Innovationen ist (Bowen, Kreuter, Spring, Cofta-Woerpel, Linnan, Weiner, Bakken, Partick Kaplan, Squiers, Fabrizio & Fernandez, 2009; Fixsen, Blase, Metz & Van Dyke, 2015; Proctor, Silmere, Raghavan, Hovmand, Aarons, Bunger, Giffrey & Hensley, 2011). Die immanente Berücksichtigung der Bedürfnisse der Beteiligten ist daher eine unbedingt notwendige Voraussetzung einer erfolgreichen Projektdurchführung von Beginn des Projekts an. Die Third Mission der Universität Wien verfolgt demzufolge einen partizipativen Ansatz unter Einbezug der universitätsinternen AkteurInnen, der Universitätsleitung und längerfristig auch der externen KooperationspartnerInnen. Die damit verbundene Methodentriangulation beinhaltet eine Fusion von Bottom-up- und Top-Down-Prozessen.

Um eine systematische Implementierung der Third Mission zu erzielen und langfristig entsprechende Aktivitäten zu fördern, verfolgt das Projekt ein Gesamtkonzept. Der wissenschaftliche Zugang ist psychologisch-handlungstheoretisch ausgerichtet, auf Basis des Aktiotop-Modells (s. Abb. 1; Ziegler, Heller, Schober & Dresel, 2006).

Das Aktiotop-Modell erklärt Handlungen und Handlungsmöglichkeiten von Personen in spezifischen Bereichen wie der Third Mission, eingebettet in ihre jeweiligen Handlungsumwelten. Das Modell erlaubt es, die Rahmenbedingungen zu spezifizieren unter denen eine Person Aktivitäten setzt. Dabei werden zunächst die aktuell verfügbaren Handlungsmöglichkeiten identifiziert. Zudem werden Einstellungen, Werthaltungen und Interessen, die Handlungen

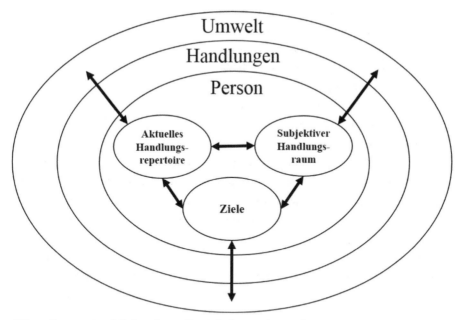

Abb. 1: Aktiotop-Modell (Ziegler, Heller, Schober, et al., 2006)

maßgeblich beeinflussen können, sowie Ziele, die die Richtung des konkreten Handelns bestimmen, berücksichtigt. Schließlich ist es unabdingbar die Umwelt, in der eine Handlung stattfindet, miteinzubeziehen. Diese umfasst unter anderem Interaktionen mit anderen Personen oder Erwartungen bezüglich Wertschätzung und Verstärkung für eine Handlung. Die Aktiotop-Komponenten wurden mit unterschiedlicher Gewichtung bei allen Schritten im Projekt mitgedacht.

3.2 Erste Schritte zur Umsetzung der Projektziele & bisherige Ergebnisse

Im Sommersemester 2016 wurden basierend auf dem Aktiotop-Modell Interviews mit den DekanInnen und LeiterInnen aller Fakultäten und Zentren der Universität Wien geführt. Ziel war es, einen ersten Einblick in Umfang und Art der bestehenden und zukünftig geplanten Aktivitäten in den verschiedenen Disziplinen sowie die Einstellung zur Third Mission und förderliche/hinderliche Bedingungen (Umweltvariablen) zu gewinnen.

Die Ergebnisse der Interviews zeigen, dass die LeiterInnen der wissenschaftlichen Organisationseinheiten eine überwiegend positive Einstellung zur Idee der Third Mission haben. Die Notwendigkeit eines vermehrten Transfers wissenschaftlicher Erkenntnisse in die Gesellschaft wird anerkannt. Zur systematischen Umsetzung und nachhaltigen Implementierung der Third Mission braucht es aus Sicht der Interviewten aber vor allem explizite und gelebte Wertschätzung für derartige Aktivitäten, eine erweiterte Vernetzung mit gesellschaftlichen AkteurInnen und eine verbesserte Kommunikation von bestehenden Aktivitäten und Kompetenzen. Die wissenschaftsbezogenen Umweltbedingungen für Third-Mission-Aktivitäten wurden zum Zeitpunkt der Interviews als inkonsistent bis widersprüchlich wahrgenommen. Eine detaillierte Darstellung der Interviewergebnisse findet sich im ersten Zwischenbericht des Projekts (Spiel, Schober, Somoza, Brandt, Weickmann & Tünte, 2016).

Eine zentrale Voraussetzung, um Third-Mission-Aktivitäten sichtbar zu machen, ist deren systematische Strukturierung. Daher wurden in Analogie zur First und Second Mission (Forschung & Lehre) Kriterien für Third-Mission-Aktivitäten entwickelt.

Third-Mission-Aktivitäten der Universität Wien

– basieren auf eigener Forschung,
– haben gesellschaftliche und/oder wirtschaftliche Relevanz,
– fördern Vernetzung (primär mit gesellschaftlichen und/oder wirtschaftlichen AkteurInnen, aber auch zwischen den Aktivitäten und international) und
– sollten zukunftsorientiert sein sowie auf Nachhaltigkeit ausgerichtet.

Diese Kriterien wurden mit den DekanInnen und ZentrumsleiterInnen bezüglich ihrer Anwendbarkeit auf Aktivitäten an den jeweiligen Fakultäten/Zentren diskutiert und von diesen als sinnvoll und nützlich zur Einordnung von Third-Mission-Aktivitäten eingestuft.

Zudem wurden basierend auf einer internationalen Literaturrecherche (European Commission – LLLP Programme, 2008; Mejlgaard & Ryan, 2017) und den Interviews drei Dimensionen zur Strukturierung von Third-Mission-Aktivitäten abgeleitet (s. Abb. 2).

In Bezug auf das dritte Ziel – die Sichtbarmachung von Third-Mission-Aktivitäten – wurden in einem ersten Schritt qualitative Interviews über alle Fakultäten und Zentren hinweg (inkl. dem Kinderbüro der Universität Wien) geführt, im Zuge derer sehr unterschiedliche »good practice«-Beispiele für

Soziales & gesellschaftliches Engagement
bezeichnet die gezielte Nutzung universitären Wissens zur Bewältigung der vielfältigen sozialen und gesellschaftlichen Herausforderungen.

Wissenstransfer
umfasst die gezielte Aufbereitung und die adäquate Vermittlung universitären Wissens an universitätsexterne Zielgruppen sowie das systematische Einbringen universitären Wissens in einen öffentlichen Diskurs.

Technologie- & Innovationstransfer
beinhaltet den Transfer einer Idee, einer Technologie, Knowhow, Patenten und Innovationen von der Universität in wirtschaftliche Kontexte.

Abb. 2: Dimensionen von Third-Mission-Aktivitäten an der Universität Wien

Third-Mission-Aktivitäten erfasst wurden. 23 der in diesen Interviews erfassten Aktivitäten erfüllten alle vier der oben genannten Kriterien und wurden auf der Projektwebseite, zugeordnet zu den drei Dimensionen (s. Abb. 2), veröffentlicht.[2]

Um bestehende Third-Mission-Aktivitäten an der Universität Wien systematisch und möglichst vollständig zu erfassen und die Sichtbarkeit als Grundvoraussetzung für die Wertschätzung und Vernetzung von Aktivitäten weiter voranzutreiben, wurde Anfang 2017 eine universitätsweite Online-Erhebung durchgeführt. Die Einladung zur Befragung erging an alle wissenschaftlichen MitarbeiterInnen der Universität Wien sowie die LeiterInnen der zentralen administrativen Einrichtungen. Insgesamt nahmen 152 Personen an der Erhebung teil; davon hatten 86 Personen bereits Third-Mission-Aktivitäten durchgeführt. Von diesen Personen wurden 127 Third-Mission-Aktivitäten berichtet (max. drei konnten pro Person angegeben werden). Die Ergebnisse wurden in mehreren Feedbackschleifen im Projektteam analysiert. Die Leitfrage war dabei, inwieweit die Aktivitäten alle vier der oben genannten Kriterien erfüllen. In Abstimmung mit dem Rektorat wurden alle Third-Mission-Aktivitäten, die alle Kriterien bereits erfüllen, auf der Projektwebseite veröffentlicht.[3] Die Zuordnung der Aktivitäten zu den drei Dimensionen (Abb. 2) ermöglichte es zu überprüfen, ob die gewählten Bereiche geeignet sind, um Third-Mission-Aktivitäten an der Universität zu strukturieren. Alle aus der Befragung resul-

---

2 Im Detail verfügbar unter http://thirdmission.univie.ac.at.
3 Abrufbar unter http://thirdmission.univie.ac.at

tierenden Aktivitäten ließen sich schwerpunktmäßig einer der drei Dimensionen zuordnen.

In der Online-Erhebung wurden auch förderliche Bedingungen sowie Barrieren in Bezug auf die Durchführung von Third-Mission-Aktivitäten erfragt. Neben dem Vorhandensein einer Basisfinanzierung zur Bereitstellung von Ressourcen wurde Wertschätzung als zentrales Kriterium genannt, welches die Durchführung von Third-Mission-Aktivitäten fördert bzw. im Fall des Nichtvorhandenseins behindert. Die Existenz von Netzwerken und Kooperationen mit externen Stakeholdern sowie die professionelle Öffentlichkeitsarbeit der Universität Wien wurden ebenso als bedeutungsvolle Faktoren genannt. Als hinderlich wird die derzeitige Evaluationskultur im Wissenschaftsbetrieb betrachtet, wonach WissenschafterInnen in erster Linie anhand quantitativer Leistungsindikatoren, zum Beispiel dem Ausmaß ihrer Publikationen in wissenschaftlichen Journals und der Einwerbung kompetitiver Drittmittel, beurteilt werden. Damit verbunden ist die mangelnde Arbeitsplatzsicherheit. Ein Teil der Befragten gab an, sich in ihrer Arbeit auf jene Aufgabenbereiche zu fokussieren, die in der Scientific Community anerkannt werden, um nach Ende des befristeten Dienstverhältnisses entsprechende Leistungen vorweisen zu können. Dazu zählen Third-Mission-Aktivitäten (noch) nicht. Mehrere AkteurInnen berichteten zudem von bürokratischen Hürden, die im Zusammenhang mit der Etablierung externer Kooperationen auftreten und als frustrierend erlebt werden. Selbstkritik bezog sich auf mangelndes Know-how der AkteurInnen in Bezug auf Wissenstransfer, insbesondere Medienarbeit sowie zielgruppenadäquate Kommunikation von Wissen.

3.3 Produkte der ersten Projektphase

Die erste Phase des Projekts »Third Mission der Universität Wien« resultierte in Kriterien und Dimensionen für Third-Mission-Aktivitäten, die auf Ebene des mittleren Managements Zustimmung fanden und im Zuge der Online-Befragung hinsichtlich ihrer Eignung zur Erfassung und Einordnung von Aktivitäten über die Universität hinweg überprüft wurden. In Interviews sowie der Online-Befragung konnten zahlreiche bereits bestehende Third-Mission-Aktivitäten an der Universität identifiziert werden. Anhand des psychologischen Zugangs des Projekts auf Basis des Aktiotops konnte zudem gezeigt werden, dass bei vielen Universitätsangehörigen positive Ausprägungen hinsichtlich ihrer *Einstellung* sowie ihrer *Ziele* im Hinblick auf die Third Mission vorhanden sind, jedoch externe Umwelt-Herausforderungen als Barrieren bestehen.

Die Antworten der AkteurInnen verdeutlichen die Lücke zwischen Soll- und Ist-Zustand in Bezug auf ein Umfeld, das förderliche Bedingungen für die Umsetzung der Third Mission aufweist. Handlungsbedarf ist insbesondere hinsichtlich der Wertschätzung solcher Aktivitäten und der (unzureichenden) Strukturen (Umweltvariablen) erkennbar. Letzteres wird vor allem im Bereich des Technologie- und Innovationstransfers deutlich – in dieser Dimension wurden sowohl in den qualitativen Interviews mit Third-Mission-AkteurInnen als auch im Online-Survey mit Abstand am wenigsten Aktivitäten berichtet. Gemäß des Aktiotop-Modells sind ein eingeschränkter subjektiver Handlungsspielraum sowie mangelnde Wertschätzung und Unterstützung durch die Umwelt Gründe dafür, sich in gewissen Bereichen keine Ziele zu setzen (Ziegler et al., 2006). Aus den erhobenen Daten geht hervor, dass die Herstellung dieser Bedingungen nicht nur vom Vorhandensein finanzieller Ressourcen abhängt. Vielmehr geht es um ein Umdenken bzw. eine Weiterentwicklung in Bezug auf gängige Praktiken und Erfolgsindikatoren. Die Universität Wien hat als bedeutender Forschungsstandort im europäischen Hochschulraum und größte Universität im deutschen Sprachraum die Möglichkeit diese Trendwende mitzugestalten.

Ein Schritt in diese Richtung wurde im Rahmen der Third-Mission-Konferenz der Universität Wien im November 2017 gesetzt. Diese stand im Zeichen der Kooperation und Vernetzung mit relevanten AkteurInnen auf diesem Gebiet im deutschsprachigen Raum. Führende ExpertInnen aus Deutschland wie Isabel Roessler vom Centrum für Hochschulentwicklung, Ulrich Radtke, Rektor der Universität Duisburg-Essen, sowie Anke Kahl, Prorektorin für Planung, Finanzen und Transfer der Bergischen Universität Wuppertal, diskutierten gemeinsam mit WissenschafterInnen der Universität Wien, darunter Rektor Heinz Engl, über Strategien zur Stärkung der Vernetzung zwischen Wissenschaft und Gesellschaft. Third-Mission-AkteurInnen der Universität Wien, KooperationspartnerInnen, JournalistInnen, VertreterInnen aus Politik und Wirtschaft sowie universitätsinterne und -externe Interessierte nahmen an der Konferenz teil.

Diskussionen unter Einbindung der TeilnehmerInnen boten Raum um verschiedene Auffassungen in Bezug auf die Third Mission von Hochschulen zu diskutieren. Unterschiede in den Konzeptionen der Third Mission wurden insbesondere mit den kontextuellen Rahmenbedingungen in Verbindung gebracht. Die Universität Wien ist mit ihrem breiten Fächerangebot und dem vielfältigen Umfeld an Hochschulen anders aufgestellt als beispielsweise die Bergische Universität Wuppertal, die in einem Gebiet mittelständischer Unternehmungen ohne weitere wissenschaftliche Einrichtung eingebettet ist. Zudem zeichnen sich die weiteren in Wien ansässigen Hochschulen durch hohe fachliche Spezialisierungen und Praxisorientierung aus. Dies hat zur Konsequenz, dass die Universität Wien in der inhaltlichen Ausrichtung des Projekts »Third Mission« bestimmte Schwerpunkte setzen muss, die sich von den Strategien manch anderer Hochschulen unterscheiden. Die Universität Wien setzt insbesondere den Fokus auf eine starke Forschungsbasierung. Die Realisierung des Third-Mission-Projekts nach *state of the art* der wissenschaftlichen Praxis, d. h. nicht als reines Strategie-, sondern auch als Forschungsprojekt, verleiht dem Vorhaben die notwendige Glaubwürdigkeit und ermöglicht die Publikation der gewonnenen Erkenntnisse in der internationalen Scientific Community sowie die Verbreitung im Rahmen der universitären Lehre.

Um die im Rahmen des Projekts gebündelten Beiträge aus unterschiedlichsten Forschungsrichtungen auch für universitätsexterne Personen sichtbar zu machen und sie in einen gesellschaftlichen Diskurs einzubringen, wurde am 13.12.2017 vom Radiosender Ö1 ein eigenes Salzburger Nachtstudio über die Third Mission der Universität Wien gestaltet (Bernhofer, 2017). Neben Kurzinterviews mit Rektor Engl und Christiane Spiel zu Zielen und Maßnahmen der Third-Mission-Strategie wurden exemplarische Third-Mission-Aktivitäten mit Blick auf die ungewohnten Herausforderungen und Hürden, die ForscherInnen zu bewältigen haben, vorgestellt.

4. Ausblick

Ab März 2018 wird die zweite Projektphase starten und aufbauend auf dem in der ersten Phase identifizierten Handlungsbedarf primär auf die Gestaltung der Umweltfaktoren fokussieren. Aus den Interviews und der Online-Erhebung sowie den Empfehlungen der ExpertInnen aus Deutschland und den Diskussionen im Rahmen der Third-Mission-Konferenz konnten wichtige Implikationen dafür abgeleitet werden. Als Ziele für die zweite Phase wurden u. a. die Weiterentwicklung der inhaltlichen Kriterien für Aktivitäten und die

Konkretisierung der Third-Mission-Strategie der Universität Wien festgelegt. Zudem sollen Veränderungen in der Wahrnehmung der Rahmenbedingungen seitens der AkteurInnen betrachtet werden. Weitere Schritte im Rahmen des Projekts Third Mission sind die Etablierung und systematische Erweiterung des universitätsinternen und -externen Netzwerks zur Förderung der Third Mission an der Universität Wien sowie die Konzeption von konkreten Fördermöglichkeiten und Anerkennungsstrukturen für Third-Mission-Aktivitäten. Über die gesamte zweite Projektphase hinweg wird in Kooperation mit dem Forschungsservice der Universität Wien die nachhaltige Verankerung der Third Mission in bestehende Strukturen der Universität Wien vorbereitet.

Literatur

Bernhofer, M. (2017). *Vom Hörsaal auf den Marktplatz. Die Mission »Wissenstransfer« der Universität Wien*. Verfügbar unter: http://oe1.orf.at/programm/20171213/497387 [14.12.2017].

Berthold, C., Meyer-Guckel, V. & Rohe, W. (2010). *Mission Gesellschaft. Engagement und Selbstverständnis der Hochschulen – Ziele, Konzepte, internationale Praxis*. Edition Stifterverband. Verfügbar unter: https://www.che.de/downloads/Studie_Mission_Gesellschaft_FINAL.pdf [28.12.2017].

Bowen, D. J., Kreuter, M., Spring, B., Cofta-Woerpel, L., Linnan, L., Weiner, D., Bakken, S., Patrick Kaplan, C., Squiers, L., Fabrizio, C. & Fernandez, M. (2009). How We Design Feasibility Studies. *American Journal of Preventive Medicine, 36* (5), 452–457.

Bundesministerium für Wissenschaft und Forschung (2013). *Leistungsvereinbarung 2013–2015*. Verfügbar unter https://wissenschaft.bmwfw.gv.at/fileadmin/user_upload/Universitaet_Wien_LV_2013-2015.pdf [28.12.2017].

Curaj, A., Matei, L., Pricopie, R., Salmi, J. & Scott, P. (Hrsg.). *The European Higher Education Area* (2. Aufl.). Cham: Springer.

Europäische Kommission (2013). *Spezial Eurobarometer 401. Verantwortliche Forschung und Innovation, Wissenschaft und Technologie*. Verfügbar unter: http://ec.europa.eu/commfrontoffice/publicopinion/archives/ebs/ebs_401_de.pdf [28.12.2017].

European Commission – LLLP Programme (2008). *Needs and Constraints Analysis of the Three Dimensions of Third Mission Activities*. Verfügbar unter: http://e3mproject.eu/Three-dim-third-mission-act.pdf [28.12.2017].

European University Association (2006). *A Vision and Strategy for Europe's Universities and the European University Association*. Verfügbar unter: http://www.eua.be/eua/jsp/en/upload/EUA_Statement_Vision_120306.1144394825296.pdf [28.12.2017].

Fixsen, D., Blase, K., Metz, A. & Van Dyke, M. (2015). Implementation Science. In J. Wright (Hrsg.), *International Encyclopedia of the Social & Behavioral Sciences* (2. Aufl.) (S. 695–702). Oxford: Elsevier.

Frey, D., Mandl, H. & von Rosenstiel, L. (Hrsg.). (2006). *Knowledge and Action*. München: Hogrefe.

Jaeger, M., In der Smitten, S. & Grützmacher, J. (2009). *Gutes tun und gutes Lernen: Bürgerschaftliches Engagement und Service-Learning an Hochschulen. Evaluation des Projekts UNIAKTIV an der Universität Duisburg-Essen*. Verfügbar unter: http://www.dzhw.eu/pdf/pub_fh/fh-200907.pdf [28.12.2017].

Jochem, E., Favrat, D., Hungerbühler, K., von Rohr, R., Spreng, D. T., Wokaun, A. & Zimmermann, M. (2002). *Steps Towards a 2000 Watt Society: Developing a White Paper on Research & Development of Energy-Efficient Technologies*. Verfügbar unter: https://www.ethz.ch/content/dam/ethz/special-interest/mtec/cepe/cepe-dam/documents/research/projects/project_7742.pdf [28.12. 2017].

Kahl, A. & Jonk, P. (2015). Vom klassischen Transfergedanken zur Third Mission – die Transferstrategie der Bergischen Universität. *Output, 14*, 46–50.

Lassnigg, L., Trippl, M., Sinoozic, T. & Auer, A. (2012). *Wien und die »Third Mission« der Hochschulen*. Verfügbar unter: https://www.wien.gv.at/wirtschaft/standort/pdf/third-mission.pdf [28.12. 2017].

Mejlgaard, N. & Ryan, T. K. (2017). Patterns of Third Mission Engagement among Scientists and Engineers. *Research Evaluation, 26* (4), 326–336.

Pausits, A. (2015). The Knowledge Society and Diversification of Higher Education: From the Social Contract to the Mission of Universities. In A. Curaj, L. Matei, R. Pricopie, J. Salmi & P. Scott (Hrsg.), *The European Higher Education Area* (2. Aufl.) (S. 267–284). Cham: Springer.

Pinheiro, R., Langa, P. V. & Pausits, A. (2015). The Institutionalization of Universities' Third Mission: Introduction to the Special Issue. *European Journal of Higher Education, 5* (3), 227–232.

Proctor, E., Silmere, H., Raghavan, R., Hovmand, P., Aarons, G., Bunger, A., Griffey, R. & Hensley, M. (2011). Outcomes for Implementation Research: Conceptual Distinctions, Measurement Challenges, and Research Agenda. *Administration and Policy in Mental Health and Mental Health Services Research, 38* (2), 65–76.

Prußky, C. (2016). Außeneinsatz. *Süddeutsche Zeitung*, 20.11.2016. Verfügbar unter: http://www.sueddeutsche.de/bildung/third-mission-ausseneinsatz-1.3253245 [28.12. 2017].

Schneidewind, U. (2016). Die »Third Mission« zur »First Mission« machen? *Die Hochschule, 1*, 14–22.

Schober, B., Brandt, L., Kollmayer, M. & Spiel, C. (2016). Overcoming the Ivory Tower: Transfer and Societal Responsibility as Crucial Aspects of the Bildung-Psychology Approach. *European Journal of Developmental Psychology, 13* (6), 636–651.

Schober, D., Narloch-Medek, A. & Zaki, B. (2016). *Tätigkeitsbericht 2016. Kompetenzzentrum für Nonprofit Organisationen und Social Entrepreneurship*. Verfügbar unter: https://www.wu.ac.at/fileadmin/wu/d/cc/npocompetence/T%

C3%A4tigkeitsberichte_NPO_SE/NPO-SE_T%C3%A4tigkeitsbericht_2016.pdf [05.02.2018].

Spiel, C., Schober, B., Somoza, V., Brandt, L., Weickmann, J. & Tünte, M. (2016). *Third Mission an der Universität Wien. Erster Zwischenbericht 2016*. Wien: Universität Wien. Verfügbar unter: http://thirdmission.univie.ac.at/fileadmin/user_upload/i_thirdmission/Third_Mission_der_Universitaet_Wien_Zwischenbericht2016.pdf [28.12.2017].

Universität Duisburg-Essen (2017). *UNIAKTIV*. Verfügbar unter: https://www.uniaktiv.org/ [28.12.2017].

Universität Wien (2015). *Universität Wien 2020. Entwicklungsplan*. Verfügbar unter: https://transvienna.univie.ac.at/fileadmin/user_upload/z_translationswiss/Leitbild/Entwicklungsplan_Universitaet_Wien_2020.pdf [05.02.2018].

Universität Wien (2016). *Leistungsbericht & Wissensbilanz 2016 der Universität Wien*. Verfügbar unter: https://www.univie.ac.at/fileadmin/user_upload/startseite/Dokumente/LB_2016_web.pdf [28.12.2017].

Webster's unabridged dictionary (2. Aufl.). (1993). New York: Random House.

Wright, J. (Hrsg.). (2015). *International Encyclopedia of the Social & Behavioral Sciences* (2. Aufl.). Oxford: Elsevier.

Ziegler, A., Heller, K. A., Schober, B. & Dresel, M. (2006). The Actiotope. In D. Frey, H. Mandl & L. von Rosenstiel (Hrsg.), *Knowledge and Action* (S. 143–175). München: Hogrefe.

# IV
BERATUNG UND WEITERBILDUNG FÜR DIE ZUKUNFT PROFESSIONALISIEREN

Ute Klammer

Soziale Durchlässigkeit an Hochschulen
Erleiden? Fördern? Gestalten![1]

Abstract

Angesichts der Bildungsexpansion, die vermehrt auch »nicht-traditionellen« Studierendengruppen Zugang zur tertiären Bildung ermöglicht, ist die Frage, wie soziale Durchlässigkeit gewährleistet und gestaltet werden kann, ein Kernthema der zukünftigen Entwicklung des Bildungsraums Hochschule. Der Beitrag skizziert Fakten zur gewachsenen Vielfalt und sozialen Durchlässigkeit an deutschen Hochschulen, erwachsende Herausforderungen für die Gestaltung der Hochschulbildung und unterschiedliche Ansatzpunkte für ein hochschulisches Diversity Management mit Blick auf die Lehre. Wie ausgeführt wird, stehen vielfältige Bausteine für den Umgang mit Vielfalt zur Verfügung. Zugleich wird deutlich, dass unter dem Schlagwort Diversity Management unterschiedliche, teilweise konfligierende Ziele im Spannungsfeld von Effizienzsteigerung und sozialer Gerechtigkeit verfolgt werden.

Keywords: Soziale Durchlässigkeit, Diversity Management, Vielfalt, Hochschulentwicklung, Hochschuldidaktik

1. Einleitung

Seit rund einer Dekade haben »Diversität« und »Diversity Management« Konjunktur in der Debatte zur Weiterentwicklung der deutschen Hochschulen und ihrer Anpassung an aktuelle Herausforderungen. In Deutschland konzentrieren sich die hochschulischen Diskussionen zu Diversität/Vielfalt und Diversity

---

[1] Teile dieses Beitrags sind in einer früheren Fassung erschienen als Klammer (2015). Die Verfasserin bedankt sich beim Verlag Raabe für die Erlaubnis zur Weiterverwendung von Teilen für die vorliegende, aktualisierte Veröffentlichung.

Management bisher vorwiegend auf die Frage, wie soziale Durchlässigkeit gestaltet und der – vermutet oder tatsächlich – zunehmenden Heterogenität von Studierenden zu begegnen sei. Dabei geht es u. a. darum, die Curricula, die Lehr- und Lernformate und allgemein die Studienbedingungen so zu gestalten, dass sie unterschiedlichen »traditionellen« und »nicht-traditionellen« Studierenden(gruppen) gerecht werden, Abbruchquoten reduziert werden und Studienerfolg unterstützt wird, obgleich andere Handlungsfelder des Diversity Management wie beispielsweise eine diversitätsgerechte Personal- und Karriereentwicklung an der Hochschule ebenso wichtig im Rahmen einer hochschulischen Diversitätsstrategie sein können. Auch der vorliegende Beitrag konzentriert sich auf die Vielfalt der Studierenden und hiermit korrespondierenden Ansatzpunkte für Studium und Lehre.

2. Soziale Durchlässigkeit an der Hochschule – aktuelle Entwicklungen

Ein Bündel unterschiedlicher Gründe kann dafür verantwortlich gemacht werden, dass sich seit einigen Jahren deutsche Hochschulen verstärkt mit sozialer Durchlässigkeit und Diversity Management in Studium und Lehre auseinandersetzen. Neben den »klassischen« ökonomischen Motiven (Versuche, durch eine bessere Berücksichtigung der heterogenen Studierendenschaft Abbruchquoten zu senken und Erfolgsquoten zu erhöhen) werden oft Argumente der Chancengleichheit (Verbesserung der Bildungsgerechtigkeit, Verminderung der Selektivität im Bildungssystem) ins Feld geführt. Aber auch gesetzliche Vorgaben wie das Allgemeine Gleichbehandlungsgesetz (AGG) erfordern mehr Vorkehrungen zur Vermeidung möglicher Diskriminierungen. Schließlich ruft der demographische Wandel nach neuen, auf eine heterogene Studierendenschaft abgestellten Konzepten: Es studieren immer mehr Menschen, die faktisch – z. B. aufgrund von Berufstätigkeit oder Fürsorgeverpflichtungen – keine Vollzeitstudierenden mehr sind und es bedarf der Entwicklung von mehr Angeboten für Personen, die sich in fortgeschrittenem Lebensalter (weiter-)bilden wollen (Kerres, Hanft & Wilkesmann, 2010; Kerres, Hanft, Wilkesmann & Wolff-Bendik, 2012). Schließlich kann ein aktiver Fokus auf soziale Durchlässigkeit, Diversity Management und Inklusion in Studium und

Lehre auch ein Beitrag zur Profilbildung der Hochschule sein, die spätestens seit der Exzellenzinitiative zunehmend von Hochschulen geleistet werden muss (Klammer, 2010).

Tatsächlich ist die Studierendenschaft durch die deutlich gestiegene Studierneigung merklich »bunter« geworden, wie z. B. die Sozialerhebungen des Deutschen Studentenwerks sowie die Bildungsberichterstattung regelmäßig deutlich machen. Einschlägige Entwicklungen lassen sich in den Berichten der Autorengruppe Bildungsberichterstattung (zuletzt: Autorengruppe Bildungsberichterstattung, 2016) und den Sozialberichten des Deutschen Studentenwerks (zuletzt: 21. Sozialbericht, BMBF, 2017) nachverfolgen. Einhergehend mit der Bildungsexpansion steigt seit Jahren der Anteil der jungen Erwachsenen jeder Kohorte, die eine Hochschule besuchen und einen tertiären Bildungsabschluss anstreben. Seit 2011 übersteigt in Deutschland die Studienanfängerquote – bezogen auf die jeweilige Gesamtkohorte – deutlich die von Bund und Ländern angestrebte Zielmarke von 40 Prozent (Autorengruppe Bildungsberichterstattung, 2016, S. 127), die 2008 vereinbart worden war. Verstärkt nehmen auch Jugendliche mit Migrationshintergrund (mit oder ohne deutschem Pass, vor allem sogenannte Bildungsinländer) ein Studium auf. Im Sommersemester 2016 lag ihr Anteil an allen Studienanfänger*innen der 21. Sozialerhebung zufolge bereits bei 20 Prozent (BMBF, 2017, S. 32). Zudem trägt die hohe Zahl der Bildungsausländer*innen zum Anstieg der Studienanfängerquote bei.

Der Anteil Studierender ohne schulische Studienberechtigung steigt ebenfalls, wenn auch auf niedrigem Niveau: Inzwischen kommen etwa 3,5 Prozent der Studienanfänger*innen über diesen sogenannten »Dritten Bildungsweg« an die Hochschule (Autorengruppe Bildungsberichterstattung, 2016, S. 128). Weiter ansteigend ist der Anteil der Studierenden mit familiären Verpflichtungen und mit parallel zum Studium ausgeübter Berufstätigkeit (ebd.). Während einerseits insgesamt rund ein Fünftel aller Studierenden bereits über eine abgeschlossene berufliche Ausbildung verfügt und damit berufserfahren und häufig auch älter ist, streben andererseits, bedingt vor allem durch die Verkürzung der Schulzeit (G8), immer jüngere, inzwischen oft minderjährige Studienanfänger*innen an die Hochschulen.

Auch wenn immer noch die Mehrheit der Studierenden an deutschen Hochschulen über den »klassischen« schulischen Weg und das Abitur kommt, ergibt sich aus den skizzierten Entwicklungen quasi zwangsläufig, dass die Studierendenschaft sowohl im Hinblick auf ihre soziale und kulturelle Herkunft, aber auch auf ihr Alter und nicht zuletzt auf ihr Leistungsvermögen heterogener geworden ist. Sowohl die steigende Zahl als auch die steigende Heterogenität der Studierenden mit ihren unterschiedlichen Biografien und ihrer unterschiedlichen Studienmotivation stellen die Hochschulen vor neue Herausforderungen. Dies konstatiert die Autorengruppe Bildungsberichterstattung in ihrem Bericht von 2014:

> [Es] müssen sich die Hochschulen in der Organisation der Studiengänge, der Lehre, in ihren Unterstützungsleistungen und der Gestaltung der Lernumwelten im Studium, die von Teilen der Studierenden durchaus kritisch betrachtet werden (…), auf die mit diesen verschiedenen Lebenslagen verbundenen unterschiedlichen Erwartungen einstellen. Es ist deutlich erkennbar, dass mit einem Studium, das auf einen imaginären »Norm(al)studierenden« ausgerichtet ist, die Unterstützungsbedarfe einiger besonderer Studierendengruppen ignoriert werden. Das gilt nicht nur für Studierende mit einer Berufsbiografie, sondern auch für solche mit einer gesundheitlichen Beeinträchtigung (…). Wie die Entwicklung des Studienangebots zeigt (…), wird die Studien(fach)-entscheidung zu einer zunehmend schwierigeren Entscheidung, die zusätzliche Informations- und Beratungsleistungen erfordert (Autorengruppe Bildungsberichterstattung, 2014, S. 138).

Diversity Management soll hier dazu dienen, die Wahl des Studienfaches zu optimieren, die Erfolgschancen im Studium zu verbessern und die Studienabbruchquote zu reduzieren.

Vorausschätzungen zufolge haben die deutschen Hochschulen – bei Unterschieden zwischen Hochschulstandorten und -typen – trotz der kleiner werdenden Geburtsjahrgänge in den nächsten Jahren noch mit steigenden Studierendendenzahlen zu rechnen. Die Vorausberechnungen der Kultusministerkonferenz (2014/2015) gehen davon aus, dass die Zahl der Studienanfänger*innen 2011 mit knapp 519.000 ihren Höhepunkt erreicht hat, bis 2019 weiterhin etwa bei der Marke von 500.000 verharren und noch im Jahr 2025 bei etwa 465.000 liegen wird. Damit wurden die Vorausberechnungen der KMK gegenüber 2012 deutlich nach oben korrigiert (Sekretariat der Ständigen Konferenz der Kultusminister der Länder in der Bundesrepublik Deutschland, 2014). Obwohl die Studierendenzahlen – auch aufgrund der hohen Zahl junger neu zugewanderter Menschen – nicht so stark zurückgehen werden wie noch vor einigen Jahren vorausgesagt, zeichnet sich doch vor allem in den östlichen Bundesländern die Notwendigkeit ab, vermehrt auch »nicht-traditionelle« Studieninteressierte, wie beruflich Qualifizierte ohne Abitur und Personen, die in späteren Lebensphasen, z. B. für einen Master, an die Universität zurückkehren möchten, anzusprechen. Individuelle, an den jeweiligen Vorkenntnissen und der Lebenssituation ausgerichtete Studien- und Mentoringprogramme erfordern jedoch eine bewusste Gestaltung der neuen Vielfalt.

3. Um welche Diversität geht es eigentlich?

Doch um welche »Diversität« geht es eigentlich bei der Gestaltung von Studium und Lehre, welche sozialstatistischen Kategorien sind gemeint und werden adressiert? Das 2006 in Deutschland in Kraft getretene Allgemeine Gleichbehandlungsgesetz (AGG) verbietet Benachteiligungen mit Bezug auf die folgenden personenbezogenen Merkmale (§ 1):

- Rasse und ethnische Herkunft,
- Geschlecht,
- Religion und Weltanschauung,
- Behinderung,
- (Lebens-)Alter,
- Sexuelle Identität.

Nicht thematisiert werden hier dagegen mögliche Benachteiligungen aufgrund weiterer Merkmale aus der EU-Charta, wie beispielsweise die Diskriminierung aufgrund des Vermögens und der sozialen Herkunft.

Zu betonen ist, dass Hochschulen in aller Regel zu vielen der »klassischen« Diversitätsmerkmale, die im AGG genannt sind oder auch immer wieder in der Literatur genannt werden, überhaupt keine Daten ihrer Studierenden vorliegen und sie daher auf Mutmaßungen angewiesen sind. Lassen sich Geschlecht – zumindest in der klassischen Unterteilung männlich/weiblich (nicht aber andere geschlechtliche Identitäten), Alter und weitgehend auch Nationalität/Staatsbürgerschaft noch aus den Einschreibedaten herausfiltern, ist es mit anderen Merkmalen sehr viel schwieriger: Weder werden die ethnische Herkunft bzw. ein »Migrationshintergrund« bei der Einschreibung erfragt, noch der Familienstand oder Fürsorgeverpflichtungen, ganz zu schweigen von sexueller Orientierung. Auch Daten über Behinderung liegen i. d. R. allenfalls für Behinderte mit Schwerbehindertenstatus vor – dies ist aber nur ein kleiner Teil der rund 11 Prozent der Studierenden, die sich gemäß der Sozialerhebung des Deutschen Studentenwerks (BMBF, 2017, S. 36) selbst als behindert oder chronisch erkrankt bezeichnen.

Es ist also zunächst festzuhalten, dass Maßnahmen, die die »klassischen« Diversitätsdimensionen aus der Literatur adressieren, angesichts der vorhandenen Datenlage zu den Studierenden wie auch Beschäftigten ein Stück weit auf Mutmaßungen basieren (müssen). Zudem ist Vorsicht am Platz, wo von gruppenspezifischen Bedarfen ausgegangen wird. Sofern Programme aufgesetzt werden, die einzelne definierte Gruppen (z. B. »Studierende mit Migrationshintergrund«, »schwerbehinderte Beschäftigte«) im Blick haben und unterstützen sollen, können sich leicht Probleme der positiven Diskriminierung ergeben. Abgesehen davon, dass oft nicht empirisch belegt ist, dass alle Personen der entsprechenden Gruppe den angenommenen besonderen Unterstützungsbedarf haben, können sich Labelling- und Reifizierungs-Effekte ergeben, die durchaus nicht von allen Betroffenen positiv wahrgenommen werden. Es handelt sich zumeist um Fremdzuweisungen, denen die Annahme zugrunde liegt, es gäbe bestimmte »gruppenspezifische Eigenschaften«. Faktisch aber haben z. B. Beschäftigte mit Behinderung und chronischer Erkrankung sehr unterschiedliche (teilweise auch gar keine) Unterstützungsbedarfe am Arbeitsplatz, und Studierende mit Migrationshintergrund, die sehr häufig in Deutschland geboren und aufgewachsen sind, möchten nicht unbedingt immer weiter über dieses individuelle »Merkmal« angesprochen werden. Bei der Entwicklung von gruppenspezifischen Programmen und Ansätzen in Studium und Lehre ist daher darauf zu achten, dass Studierende nicht auf wenige Eigenschaften (»muslimische Studentin«, »behinderter Student«) reduziert und dadurch Ungleichheiten legitimiert und festgeschrieben werden.

Allerdings stellt sich in einem zweiten Schritt die Frage, ob die »klassischen« Diversitätsdimensionen überhaupt diejenigen sind, die in der Diskussion um die wachsende soziale Heterogenität der Studierenden an Hochschulen dominieren. Hier stehen oft ganz andere Dimensionen und Befunde im Mittelpunkt. Im Zentrum der Gestaltung von Studien-, Beratungs- und Serviceangeboten stehen oft (auch) Aspekte wie »Familienverantwortung« (Studieren mit Kind, zunehmend auch Pflegeverpflichtungen), »Vereinbarkeit von Studium und Erwerbstätigkeit« oder »Art der Hochschulzugangsberechtigung« (Berthold & Leichsenring, 2012; BMBF, 2017).

Ein besonderes Augenmerk gilt zudem an vielen Hochschulen dem familiären und sozialen Bildungshintergrund der Studierenden. Ungleiche Bildungschancen in Abhängigkeit von der sozialen Herkunft sind in der deutschen

Bildungsforschung seit Jahren ausführlich dokumentiert und kritisiert worden. Bis heute ist die Wahrscheinlichkeit, ein Studium zu beginnen, stark von der Bildungssituation des Elternhauses abhängig. Die Tendenz zur sozialen Reproduktion hat sich über viele Jahre sogar – wenn man den Hochschulbereich betrachtet – verstärkt. Auf der Grundlage der im Rahmen der Sozialerhebung des Studentenwerks entwickelten Klassifikation von vier sozialen Herkunftsgruppen hat sich der Anteil der Herkunftsgruppe »hoch« seit 1982 bis 2006 auf 38 Prozent mehr als verdoppelt. Seitdem hat sich der Trend eines kontinuierlich hohen Anteils an Studierenden aus hochschulnahen Elternhäusern weiter fortgesetzt (BMBF, 2017, S. 27f.). Zugleich sind die Anteile der beiden Herkunftsgruppen »mittel« und »niedrig« über lange Zeit weiter gesunken. Erst seit 2012 ist der Anteil der Studierenden aus Familien mit niedriger Bildungsherkunft gestiegen (um 3 Prozentpunkte von 2012–2016, ebd.). Doch auch heute noch ist die Chance, eine Studienberechtigung zu erwerben und ein Studium zu beginnen, stark vom Bildungsstatus des Elternhauses abhängig. Maßnahmen im Rahmen des Diversity Managements, die auf die frühe Ansprache und Begleitung von Kindern aus Nichtakademikerhaushalten und sogenannten »bildungsfernen Schichten« fokussieren, zielen darauf ab, die Chancen dieser »first generation students« auf einen tertiären Bildungsabschluss zu erhöhen und damit einen Beitrag zur Bildungsgerechtigkeit zu leisten. Hiermit ist die – zu überprüfende – Vermutung verbunden, dass diese Jugendlichen durch ihre Familien mangels eigener Studienerfahrungen weniger gut auf das Studium und die Hochschule vorbereitet werden (können) und sich gegebenenfalls auch habituell stärker als Akademikerkinder umstellen müssen, um als Studierende zu bestehen (El-Mafaalani, 2012).

Auch die zunehmende Internationalisierung von Hochschulen zieht nach sich, dass die Bedarfe von »incoming« und »outgoing« students wahrgenommen und unterschiedliche (wissenschafts)kulturelle Hintergründe in der Gestaltung der Studienprogramme und der Lehre berücksichtigt werden müssen. Zwischen 2009 und 2014 ist die Zahl der neu eingeschriebenen internationalen Studierenden in Deutschland von 61.000 auf 85.000 angestiegen. Damit liegt ihr Anteil schon bei 18 Prozent (Autorengruppe Bildungsberichterstattung, 2016, S. 128f.). Doch auch inländische Studierende, die – z. B. aufgrund ihrer sozialen Lage und/oder ökonomischen Situation – nicht ins Ausland gehen (können), bedürfen später der Fähigkeit zu interkulturell und interdisziplinär vernetztem Denken und Handeln. Erst recht setzen Wissenschaftskarrieren zunehmend internationale Mobilität voraus. Internationalisierungsstrategien, die auch die Internationalisierung auf dem heimischen Campus mit im Blick haben (»Internationalisation at home«), stellen hier eine wichtige Aufgabe dar.

Vor allem aber die nach Wahrnehmung vieler Lehrender zunehmend disparaten fachlichen und überfachlichen Eingangskompetenzen von Studierenden werden als Herausforderung thematisiert und nehmen in der Debatte um Diversität in Studium und Lehre einen großen Raum ein. Es geht also vor allem um die Leistungsheterogenität, die statistisch wohl schon allein deshalb größer wird, weil ein größerer Anteil jedes Jahrgangs an die Hochschulen kommt. Verbunden hiermit ist die Diagnose, dass Hochschulen mit unterschiedlichen »Lernertypen« konfrontiert sind. Dabei geht es nicht nur um eher theorie- versus eher praxisorientierte Studierende, sondern z. B. auch um oberflächlich lernende Studierende (»surface learners«) versus solchen, die im Rahmen des forschenden Lernens Dingen stärker auf den Grund gehen (»deep learners«) (Kreft & Leichsenring, 2012, S. 149). Hier stehen Lehrende vor der Herausforderung, auch solche Personen zu erreichen und einzubinden, die (noch) nicht der herkömmlichen Vorstellung von intrinsisch motivierten, eigenständig und kritisch forschenden Studierenden entsprechen.

Doch nicht nur an die Studieninhalte und Vermittlungsmethoden stellen sich neue Anforderungen, sondern auch an die Struktur und Organisation von Studiengängen. Die vielfältigen Lebenssituationen der Studierenden spiegeln sich auch darin, dass ein nicht unbeträchtlicher Teil unter ihnen – und zwar auch dann, wenn sie in ein Vollzeitstudium eingeschrieben sind – faktisch nicht Vollzeit studieren (können), da sie z. B. neben dem Studium erwerbstätig sind oder Fürsorgeaufgaben mit dem Studium vereinbaren müssen. In der 21. Sozialerhebung wird davon ausgegangen, dass fast 30 Prozent der für ein Vollzeitstudium eingeschriebenen Studierenden de facto ein Teilzeitstudium mit weniger als 25 Stunden pro Woche betreiben (BMBF, 2017, S. 58). Damit hat sich der seit 1991 beobachtete Trend einer Zunahme an de-facto-Teilzeitstudierenden kontinuierlich fortgesetzt. Etwa 6 Prozent der Studierenden im Erststudium haben mindestens ein Kind und müssen daher Fürsorgeaufgaben mit dem Studium koordinieren (ebd., S. 25 f.). Deutlich häufiger gilt es für die Studierenden, Erwerbstätigkeit und Studium zu verbinden: Zwei Drittel aller Studierenden im Erststudium arbeiten neben dem Studium. Hier kann ein gezieltes Diversity Management mit passgenauen Angeboten für diese besonderen Bedarfe, z. B. dem Ausbau von Teilzeitstudiengängen oder E-Learning/ Blended Learning, dazu beitragen, dass die Studienabbruchquoten sinken.

4. Vielfalt gestalten in der Lehre – zentrale Ansatzpunkte

Ansätze zur Berücksichtigung von Vielfalt und Heterogenität in der Pädagogik sind nicht neu; verwiesen sei beispielsweise auf die umfangreiche Rezeption der vor mehr als zwei Jahrzehnten verfassten »Pädagogik der Vielfalt« von Annedore Prengel (Prengel, 1993). Kerngedanke der Pädagogik der Vielfalt war und ist es, dass jeder Mensch einzigartig ist, gemäß seiner/ihrer eigenen Persönlichkeit leben können solle und diese Vielfalt als Reichtum zu verstehen sei. Auch hier findet sich schon die Herausforderung, das Spannungsverhältnis von Differenz (Heterogenität) und Gleichheit (Homogenität) immer wieder neu zu klären.

An Hochschulen ist die diversitätssensible Gestaltung von Studium und Lehre erst später ins Blickfeld der Aufmerksamkeit gerückt. Inzwischen wird sie allerdings in vielen Hochschulen als eine wichtige hochschulstrategische Aufgabe angesehen (Wild & Esdar, 2014, S. 3). Dies dokumentiert sich auch in der deutlich gewachsenen Zahl der Publikationen zum Thema Diversity (Management) in Studium und Lehre (z. B. die Beiträge in den Reihen »Diversity und Hochschule«, herausgegeben von Klein und Heitzmann, und »Kompendium für Diversity Management in Studium und Lehre«, herausgegeben von Heuchemer und Klammer, aus dem gleichen Arbeitszusammenhang zuletzt Auferkorte-Michaelis & Linde, 2018).

Belegt wird das gewachsene Interesse am Thema auch durch die hohe Zahl (eingereichter, aber auch bewilligter) Projekte in dem mit zwei Milliarden Euro Bundes- und Landesmitteln ausgestatteten »Qualitätspakt Lehre« (QPL), die sich dem Umgang mit Heterogenität und Diversität in der hochschulischen Lehre widmen. Im Rahmen des Qualitätspakts Lehre wurde eine spezifische Förderlinie für »Maßnahmen (…) zur Ausgestaltung der Studieneingangsphase im Hinblick auf eine heterogener zusammengesetzte Studierendenschaft« ausgeschrieben (BMBF, 2010). In der QPL-Projektdatenbank lassen sich aktuell (im Jahr 2017) 172 Projekte unter den Stichworten Heterogenität/Diversität/Gleichstellung finden. 140 geförderte Projekte fokussieren sich auf Studierende im 1. Studienjahr und damit auf die Studieneingangsphase, die sich als ein wesentliches Gestaltungsfeld im Umgang mit studentischer Heterogenität herauskristallisiert hat (BMBF, Projektdatenbank).

Wo Diversity Management an deutschen Hochschulen heute zur Gestaltung sozialer Durchlässigkeit und zur Verbesserung der Qualität von Studium und Lehre eingesetzt wird, geht es z. B. darum

- die Potenziale und Talente aller Studierenden systematisch fördern und nutzen zu können und damit sowohl einen Beitrag zur Bildungsgerechtigkeit als auch zur Exzellenz zu leisten,
- Chancengerechtigkeit zu realisieren, indem strukturelle Rahmenbedingungen so verändert werden, dass eine institutionelle Diskriminierung weitgehend vermieden und allen Mitgliedern unabhängig von ihrer individuellen Ausgangssituation wie Geschlecht, Alter, sozialer wie nationaler Herkunft etc. die gleichen Zugangs- und Erfolgschancen ermöglicht werden,
- das Innovationspotenzial von Diversity Management für die Forschung und Lehre gezielt zu nutzen und auf diese Weise Change-Management-Prozesse in der jeweiligen Organisation anzustoßen,
- eine erfolgreiche Profilbildung der Hochschule durch Leuchtturmprojekte des Diversity Managements zu unterstützen und diversitätsbezogene Programme als Teil des Markenkerns der Organisation zu implementieren.

Nicht im Zentrum stehen in Deutschland (bisher) Quoten für die Zulassung bestimmter unterrepräsentierter Studierendengruppen zum Studium, wie z. B. Studierende mit Migrationshintergrund, aus schwachen sozialen Schichten oder mit einer Behinderung. Entsprechende Ansätze sind bisher zumindest an öffentlichen Hochschulen in Deutschland mit den praktizierten Zulassungsverfahren nicht kompatibel – anders als in Ländern wie den USA oder Brasilien, wo das Instrument der gruppenbezogenen Zulassungsquoten (oder zumindest Begünstigungen innerhalb eines für die Zulassung entwickelten Punktesystems) ein Kernelement von hochschulischen Diversity-Management-Strategien darstellt.

In den USA existierende Bevorteilungen von Bewerber*innen aus bestimmten unterrepräsentierten sozialen Gruppen in den Zulassungsverfahren von Universitäten, die eingeführt wurden, um die Chancengerechtigkeit im hochschulischen Bildungssystem zu erhöhen, sind aus der Perspektive von Nichtdiskriminierung gleichwohl immer wieder Gegenstand der Kritik. Sie entzündet sich daran, dass das gesellschaftliche Anliegen, unterrepräsentierten und möglicherweise diskriminierten Gruppen durch eine Bevorzugung zu besserer Repräsentanz zu verhelfen, im konkreten Bewerbungsfall zu einer Benachteiligung und somit neuen Diskriminierung führt, wenn nämlich andere Bewerber*innen nicht berücksichtigt werden, weil sie keiner Minderheitengruppe angehören. Dies zeigte sich zuletzt 2013 im breit diskutierten Fall der vor dem Supreme Court verhandelten Klage einer weißen Studienbewerberin aus der amerikanischen Mittelklasse, Abigail Fisher, gegen die University of Texas, die ihr keinen Studienplatz zugeteilt hatte (o.V., Spiegel Online, 2013).

Die Handlungsfelder, Adressat*innen und Strategien des Diversity Managements an deutschen Hochschulen unterscheiden sich beträchtlich. Während in der hochschulischen Praxis bisher viele Ansätze und Programme projektbasiert realisiert werden, wird in der Literatur darauf verwiesen, dass diversitätsorientierte Lehre eines systemischen Ansatzes bedarf und unterschiedliche Bereiche und Ebenen zu berücksichtigen sind (Klammer & Ganseuer, 2015).

Wild und Esdar (2014, S. 75 ff.) schlagen in ihrem Gutachten »Eine heterogenitätsorientierte Lehr-/Lernkultur für eine Hochschule der Zukunft« im Auftrag der deutschen Hochschulrektorenkonferenz ein Mehrebenen-Modell vor. In ihrem – nicht hierarchisch zu verstehenden – Pyramidenmodell verdeutlichen sie, dass bei der Implementation einer Strategie zur Berücksichtigung sozialer Vielfalt verschiedene Ebenen zu gestalten sind, wobei die im Zentrum stehenden Lehr-Lernprozesse in den Fakultäten der Flankierung durch Unterstützungsmaßnahmen der Hochschulleitung sowie durch zentrale und dezentrale Support-Strukturen bedürfen. Sie stellen heraus, dass bei der Etablierung einer umfassenden Diversity-Strategie unterschiedliche interagierende »Stellschrauben« zu berücksichtigen sind, deren Ausgestaltung und Gewichtung sich jedoch von Hochschule zu Hochschule unterscheiden können. Als wichtige Stichworte werden genannt (ebd., S. 76):

- Lehr-Lernprozesse: Inklusionsverständnis, Individualisierung, kognitive Aktivierung, Feedback- und Fehlerkultur, Führung, Klima/Solidarisierung, Kontinuität,
- Hochschulleitung: Diskurs zu Definitionen von Qualität und Heterogenität, Balancierung von Top-down-/Bottom-up-Steuerung, Anreizsysteme, TQM,
- Zentrale Support-Strukturen: Qualitätssicherung, Personalauswahl/Berufungsrichtlinien, Kooperationen und Professionalisierung,
- Dezentrale Strukturen: kompetenzorientierte Studiengangsentwicklung, Frühwarnsystem und -advisors, zieldifferente »fast tracks«, Nachwuchsförderung.

Während die Studie vor allem deutlich macht, dass ein adäquater Umgang mit Vielfalt und Heterogenität einen umfassenden Kulturwandel erfordert, der die Kernprozesse der Hochschule berührt, arbeitet Knauf in Anlehnung an den UNESCO-Kommentar zum »Recht auf Bildung« konkrete Merkmale als essentiell für eine diversitätssensible Lehre heraus:

> Zeitliche Verfügbarkeit (availability): Studienstrukturen sind so flexibilisiert, dass sie mit anderen Verpflichtungen (Beruf, Familie) in Einklang gebracht werden können.
> Räumlicher Zugang (access): Alle Studierenden haben physischen und/oder virtuellen Zugang zu den Bildungsinhalten.
> Inhaltliche Angemessenheit (acceptability): Die Studieninhalte werden so angeboten, dass sie von den Studierenden aufgenommen werden können.
> Individuelle Passung (adaptability): Studieninhalte passen zu den persönlichen Bildungserfordernissen der Studierenden (Knauf, 2013, S. 167).

Diese Kriterien nehmen darauf Bezug, dass einerseits die (bisherige) Bildungsbiographie der Studierenden Anlass für die Ausgestaltung der Studien- und Beratungsangebote sein kann – z. B. wenn in Beratungssettings der soziale, kulturelle oder Bildungshintergrund von Studierenden berücksichtigt wird oder die unterschiedlichen Kompetenzen, die diese mitbringen, im Lehrangebot (z. B. bei der Konzeptionierung von Brückenkursen) ihren Niederschlag finden. Andererseits geht es um die Gestaltung der Studienstrukturen in grundständigen wie auch weiterbildenden Studiengängen gemäß der aktuellen Bedarfe unterschiedlicher Studierendengruppen. Zu denken ist hier z. B. an Teilzeitstudiengänge, Blended- und Distance-Learning-Formate bzw. generell eine Entkopplung des Studierens von festen zeitlichen und räumlichen Vorgaben und Strukturen. Solche Optionen für ein »Studieren an unterschiedlichen Orten, in unterschiedlichen Formaten und in unterschiedlichen Geschwindigkeiten« kann nicht nur berufstätigen Studierenden und solchen mit Fürsorgeaufgaben helfen, sondern nimmt allgemein Studierende mit unterschiedlichen Zeitressourcen, Verpflichtungen und Möglichkeiten und Begabungen in den Blick.

Vielversprechend für die Etablierung eines umfassenden Ansatzes des diversitätsgerechten Lehrens und Lernens erscheint vor allem eine Bezugnahme auf den Begriff der »Inklusion«, wie es u. a. Linde und Auferkorte-Michaelis (2014) ausgeführt haben. Inklusion wird dabei in einem weiten Sinne verstanden, d. h. nicht nur bezogen auf die Gruppe der behinderten und chronisch erkrankten Lernenden, die in Deutschland gegenwärtig im Zentrum der (schulischen) Inklusionsdebatte stehen. Im Rekurs auf das im anglo-amerikanischen Raum etablierte Konzept der »inclusive excellence« zielt der Umgang mit Vielfalt hier vielmehr auf »intentional, comprehensive efforts to develop und implement pedagogy, policies and practices that utilize the diversity resources of a campus for the benefit of students' learning and development« ab (Lee,

Williams & Kilaberia, 2012, S. 201, zit. n. Linde & Auferkorte-Michaelis, 2014, S. 142). Im Zentrum steht der Anspruch, dass nicht Individuen mit unterschiedlichen Charakteristika und Merkmalen die Verantwortung tragen, sich einer bestehenden Organisation anzupassen, sondern dass sich die Organisation selber mit der Vielfalt ihrer Mitglieder zu einem neuen, barrierefreien, inklusiven Ganzen weiterentwickelt. Entsprechend kann sich diversitätsorientierte Lehre auch nicht darauf beschränken, neue Gruppen von Studierenden, z. B. durch Brücken- oder Sprachkurse, Mentoring o. Ä. »passfähig« in Bezug auf die Hochschule als bestehende Institution zu machen, so bedeutsam entsprechende Maßnahmen auch im Rahmen von Diversity-Ansätzen sein können. Der Anspruch richtet sich vielmehr darauf, die unterschiedlichen Kompetenzen der Studierenden zu erkennen und einzubinden – getreu dem mit der Bologna-Reform verknüpften »shift from teaching to learning«. Als Beispiel kann die kleine, aber wachsende Gruppe der beruflich qualifizierten Studierenden ohne Abitur genannt werden, deren berufliche Erfahrungen bisher in der Hochschule kaum systematisch aufgegriffen und eingebunden werden, wenn es darum geht, den Übergang ins Studium zu gestalten.

Doch welche Felder des hochschulischen Lehrens und Lernens gilt es unter der Perspektive von Diversität konkret in den Blick zu nehmen? Im Rahmen des gemeinschaftlich von der Universität Duisburg-Essen und der Fachhochschule Köln aufgebauten Zentrums für Kompetenzentwicklung für Diversity Management in Studium und Lehre an Hochschulen in NRW (KomDim) haben sich vier zentrale Felder herauskristallisiert (s. ausführlich hierzu Linde & Auferkorte-Michaelis, 2014, S. 143 ff.):

a) Diversity-Aspekte im Fachcurriculum
b) Diversity-Aspekte im überfachlichen Lehrangebot
c) Diversity-Aspekte in den Strukturen und der Organisation des Studienangebotes
d) Diversity-Kompetenz der Akteurinnen und Akteure.

Ad a) Fragen von Diversität und Heterogenität im Fachstudium zu verankern, um hiermit den unterschiedlichen Hintergründen der Studierenden gerecht zu werden, sie aber auch auf unterschiedliche (z. B. internationale, interkulturelle) Arbeitskontexte vorzubereiten, kann z. B. durch die Berücksichtigung von länderspezifischen und internationalen Beispielen oder von Gender-Fragen im Curriculum erfolgen, in der Auseinandersetzung mit impliziten oder expliziten Stereotypen und Vorurteilen, in der Etablierung eines mehrsprachigen

Angebotes o. Ä. Auch wenn sich inhaltlich in bestimmten Fächern mehr Anknüpfungspunkte als in anderen Fächern finden lassen, dürften sich vielfältige Möglichkeiten ergeben, die eigene fachliche Perspektive zu erweitern und zu reflektieren.

Ad b) Im überfachlichen Lehrangebot besteht die Möglichkeit, direkt diversitätsbezogene Themen anzubieten, sodass z. B. auch Studierende aus den MINT-Fächern stärker in die inhaltliche Beschäftigung mit Fragen von Diversität und Heterogenität eintreten können, wie sie in den Geistes-, Sozial- und Bildungswissenschaften verbreitet ist. Je nach Studieninhalt fühlen sich Studierende mehr oder weniger einbezogen. Hier bietet ein diversitätsorientiertes überfachliches Angebot Chancen in der Öffnung der Lehrveranstaltungen für unterschiedliche Disziplinen und in der Auseinandersetzung mit unterschiedlichen Fachkulturen und Perspektiven.

Ad c) Von zentraler Bedeutung ist die Abbildung von Diversität in den Strukturen und der Organisation des Studienangebotes, z. B. durch die Etablierung von Möglichkeiten, in unterschiedlichen Geschwindigkeiten und an unterschiedlichen Orten zu studieren (Teilzeitoptionen, E-Learning/Blended Learning). Ein anderes, weites Feld stellen diversitätsgerechte didaktische Konzepte dar. Forschendes Lernen, problembasiertes Lernen oder der Einsatz von Lernportfolios (Richter, 2004) können dazu beitragen, Studierende unterschiedlicher Herkunft aktiv in den Lehr-Lernprozess einzubeziehen und heterogenen Studierendengruppen individualisierte Angebote zu machen. Dabei wird die Diversität der Lernenden insbesondere dann berücksichtigt, »wenn es immer wieder gelingt, Arrangements zu schaffen, die eine gemeinsame Bearbeitung einfordern« (Linde & Auferkorte-Michaelis, 2014, S. 150). Beratungsangebote, z. B. im Rahmen von Mentoring-Programmen, können ihr Ziel verfehlen, wenn die Beratenden nicht in der Lage sind, die jeweiligen Hintergründe der Studierenden in der Beratungssituation zu reflektieren und einzubeziehen. Dies gilt umso mehr, da die Diversität der Lehrenden und der Verwaltungsmitarbeiter*innen an deutschen Hochschulen bisher zumeist noch deutlich hinter der Diversität der Studierenden zurückbleibt. Eine Herausforderung stellt allerdings – angesichts der in Deutschland nur begrenzt vorhandenen individuellen Daten zu den Studierenden – der Aufbau eines Diversity-Monitorings dar, bei dem Strukturen und Ergebnisse differenziert nach Diversitätsmerkmalen periodisch überprüft werden können. Vieles spricht dafür, hier neben quantitativen Kennzahlen auch qualitative empirische Methoden, z. B. (Gruppen)Interviews, einzusetzen um Fortschritte bei der Etablierung einer neuen »Campuskultur« zu erfassen. Zudem müssen die gewählten Indikatoren von den jeweiligen Zielsetzungen abhängig gemacht werden, die hochschulspezifisch sehr unterschiedlich sein können. Es verwundert daher nicht, dass ein allgemein akzeptiertes und verbreitetes Diversity-Monitoring bisher nicht entwickelt worden ist.

Ad d) Eine Voraussetzung für die vorgenannten Felder ist die Sensibilisierung aller Hochschulmitglieder, die mit Studium und Lehre Berührung haben, für Fragen von Vielfalt. Der Umgang mit Vielfalt und Diversität ist kein »Nischenthema«, sondern betrifft alle Akteure in ihren hochschulischen Kernaufgaben: Ohne eine entsprechende Entwicklung eigener Kompetenzen bei Lehrenden, bei Personen mit Beratungsaufgaben, aber auch Verwaltungsmitarbeiter*innen kann die diversitätssensible Gestaltung von Studium und Lehre nicht gelingen. Als Beispiel seien Kompetenzen zur Gestaltung barrierefreier Lehrmaterialien (z. B. geeignete Dokumentarten, Schriftgrößen, Farben) und Prüfungsformen genannt. So sind viele Prüfungen nach wie vor (zu) stark auf die reproduktive Abfrage von Wissen konzentriert, nicht aber an kompetenzorientierten Learning Outcomes orientiert, wie es eigentlich Anspruch des Bologna-Prozesses ist (Reis, 2010). Größere Wahlmöglichkeiten in Bezug auf die Prüfungsformen jenseits der etablierten Regelungen zum Nachteilsausgleich für Studierende mit anerkannter Beeinträchtigung wären ebenfalls als Beitrag zu einem diversitätssensiblen, inklusiven Studium zu sehen. Auch der Umgang mit konfliktreichen Situationen, z. B. bei interkulturellen und religiösen Fragen, bedarf der Vorbereitung und Reflexion. Schulungsangebote oder Handreichungen können dazu beitragen, entsprechende Diversity-Kompetenz aufzubauen.

Die vier skizzierten Bereiche machen deutlich, dass ein umfassender Diversity-Ansatz sowohl Fragen inhaltlicher und struktureller Organisation von Studium und Lehre als auch die Weiterentwicklung des Bewusstseins und der Kompetenzen der handelnden Akteure umfassen muss.

5. Ausblick

Die Gestaltung sozialer Durchlässigkeit und die Etablierung einer diversitätssensiblen, inklusiven Lehr-Lernkultur an Hochschulen erfordern klare Ziele, Maßnahmen, Zuständigkeiten – aber auch das Bewusstsein, dass es dabei nicht um Sondermaßnahmen für bestimmte Gruppen von Studierenden geht, sondern um eine neue Campuskultur. Themen wie der Abbau von Vorurteilen, die Aneignung von interkultureller und Gender-Kompetenz (Auferkorte-Michaelis, Stahr, Schönborn & Fitzek, 2009), Kenntnisse über die Gestaltung von Barrierefreiheit, aber auch generell Offenheit für andere und die Fähigkeit zur Perspektivenübernahme sind Herausforderungen, die alle Mitglieder der Hochschule zu bewältigen haben, wenn es darum geht, einen wertschätzenden Umgang mit Vielfalt in Studium und Lehre zu etablieren. Dies ist nicht immer leicht, bedarf es doch der Bereitschaft, die eigenen Auffassungen und Ordnungssysteme immer wieder zu hinterfragen, Verunsicherungen zuzulassen und Ambiguitäten zu tolerieren. Bezogen auf die Lehre kommen Linde und Auferkorte-Michaelis (2014, S. 165) nach detaillierter Sichtung vorliegender Literatur zu dem Schluss, dass diversitätssensible, studierendenzentrierte Lehre vor allem dann gelingt, wenn die Lehrenden die Studierenden »gleichzeitig als Individuen wie auch als Teil von Gruppierungen und der Studierenden insgesamt« betrachten. Auch dies ist ein durchaus hoher Anspruch, der auf Seiten der Lehrenden Flexibilität und Multiperspektivität voraussetzt.

Wenn im vorliegenden Beitrag der mögliche positive Beitrag von Diversity Management für die Gestaltung sozialer Durchlässigkeit an Hochschulen herausgestellt wurde, so muss doch abschließend festgehalten werden, dass es bisher an Studien zur Wirksamkeit vieler an den Hochschulen etablierter Einzelmaßnahmen mangelt. Ein allgemeiner Bezugsrahmen für die theoretische Fundierung und empirische Überprüfung diversitätsbezogener Lehr- und Studienangebote wie auch Personalentwicklung steht bisher noch aus. Auch liegen bisher nur vereinzelt Forschungsergebnisse zur Frage vor, welche Bedeutung einerseits sozialen, andererseits individuellen Differenzen im Bedingungsgefüge eines erfolgreichen Studiums zukommt. Zudem ist zu berücksichtigen, dass Forderungen nach diversitäts- und potenzialorientierter Lehre häufig mit den Rahmenbedingungen der Institution Hochschule kollidieren. Ein konstruktiver Umgang mit Diversität und Heterogenität erfordert in der Regel stärker individualisierte Ansätze, die jedoch in Zeiten steigender Studierendenzahlen und Gruppengrößen bei einer gleichzeitig gesunkenen (Grund)Finanzierung von Hochschulen und im internationalen Vergleich in vielen Fächern ungünstigen Betreuungsrelationen von Lehrpersonal und Studierenden an Grenzen stoßen. Auch in den universitären »Belohnungssystemen« steht die individualisierte Lehre (wie auch Lehre allgemein) bisher nicht im Zentrum der Aufmerksamkeit – erst recht gilt dies für Angebote der wissenschaftlichen Weiterbildung. In der öffentlichen Hochschulfinanzierung spielt die Frage, *welche* Studierenden zu einem akademischen Abschluss gebracht werden, bisher keine Rolle – anders als z. B. in Großbritannien und einigen anderen Ländern. Erste konzeptionelle Ansätze, wie unterschiedliche Zusammensetzungen der Studierendenschaft monetär im Rahmen der Mittelzuweisung reflektiert werden könnten, liegen vor (z. B. Krempkow & Kamm, 2012). Sie haben bisher in der wissenschaftspolitischen Praxis jedoch noch keinen Niederschlag gefunden. Auch Quoten für die Aufnahme von Studierenden aus unterrepräsentierten sozialen Gruppen, wie sie z. B. in Brasilien eingeführt wurden, stehen in Deutschland (gegenwärtig) nicht ernsthaft zur Diskussion. Den Ergebnissen der Bildungsforschung zu den Prädiktoren von Studienerfolg folgend wäre es daher unter den gegebenen Rahmenbedingungen sogar rationaler, sich um die Gewinnung von Studieninteressierten mit sehr guten Abiturnoten und aus akademischen Elternhäusern und damit um eine homogene Studierendenschaft zu bemühen, anstatt die Öffnung der Hochschule für neue Zielgruppen und Bildungsgerechtigkeit für Bildungsaufsteiger*innen ins Zentrum der (Diversity)Strategie zu stellen.

Ansätze, ein Monitoring für Diversität zu entwickeln, stehen vor verschiedenen Herausforderungen (Bouffier, Kehr, Wolffram & Leicht-Scholten, 2012). Zum einen mangelt es in der deutschen Hochschulstatistik an verfügbaren und vergleichbaren Daten zum Hintergrund der Studierenden und zu ihrem Studienverlauf. Hier sind Panelbefragungen und Studienverlaufsanalysen vonnöten, wie sie einige Hochschulen inzwischen auf freiwilliger Basis durchführen. Zum anderen bedarf es neben quantitativen Daten auch qualitativer Untersuchungen zu den Auswirkungen diversitätssensibler, inklusiver Lehransätze wie auch zur Nutzung spezieller gruppenbezogener Angebote. Instrumente wie die Diversity Balanced Scorecard sollten hier weiterentwickelt werden (Rieger, 2006).

Last but not least muss auf eine Ambivalenz in den zu beobachtenden Begründungsmustern für die Gestaltung sozialer Durchlässigkeit und Vielfalt an der Hochschule hingewiesen werden, die sich historisch weit zurückverfolgen lässt. Sie hat ihre Wurzel in den beiden unterschiedlichen Diskussionssträngen, aus denen Ansätze des Diversity Managements entstanden sind. Wird bei der »Business-Perspektive« auf DiM vor allem das ökonomische Potenzial betont, geht es auf der anderen Seite bei der »Equity-Perspektive« vorrangig um Fragen von Gerechtigkeit, Chancengleichheit und Nicht-Diskriminierung (s. auch Koall, Bruchhagen & Höher, 2007; Krell, 2008). Diese doppelte Genese des

Ansatzes schlägt sich auch heute noch darin nieder, dass häufig beide Argumentationsstränge und Motivationen nicht deutlich getrennt werden. Dies gilt auch für den Bereich der Hochschulen, in denen sich DiM-Strategien bislang insbesondere auf den Umgang mit der sozialen Heterogenität der Studierenden, die teilweise mit der Verbesserung von Bildungsgerechtigkeit und Fairness begründet werden, häufig aber auch mit möglichen Kosteneinsparungen, z. B. durch kürzere Studiendauern und geringere Abbruchquoten fokussieren. Beides *kann* miteinander im Einklang stehen, *muss* es aber nicht zwangsläufig – insofern ist zu klären, welchen Stellenwert wir der Teilhabe unterschiedlicher sozialer Gruppen an Bildung auch jenseits ökonomischer und meritokratischer Erwägungen zuerkennen. Chancen und Herausforderungen diversitätsorientierter Ansätze in Studium und Lehre zur Gestaltung sozialer Durchlässigkeit werden die Hochschulentwicklung, aber auch die Hochschul- und Bildungsforschung insofern ohne Zweifel auch weiterhin stark beschäftigen.

Literatur

Auferkorte-Michaelis, N. & Linde, F. (Hrsg.). (2018). *Diversität lernen und lehren – ein Hochschulbuch*. Opladen: Budrich.

Auferkorte-Michaelis, N., Stahr, I., Schönborn, A. & Fitzek, I. (Hrsg.). (2009). *Gender als Indikator für gute Lehre. Erkenntnisse, Konzepte und Ideen für die Hochschule*. Opladen: Budrich.

Autorengruppe Bildungsberichterstattung (2014). *Bildung in Deutschland 2014. Ein indikatorengestützter Bericht mit einer Analyse zur Bildung von Menschen mit Behinderungen*. Bielefeld: Bertelsmann.

Autorengruppe Bildungsberichterstattung (2016). *Bildung in Deutschland 2016. Ein indikatorengestützter Bericht mit einer Analyse zu Bildung und Migration*. Bielefeld: Bertelsmann.

Becker, M. & Seidel, A. (Hrsg.). (2006). *Diversity Management. Unternehmens- und Personalpolitik der Vielfalt*. Stuttgart: Schäfer-Poeschel.

Berendt, B. (Hrsg.). (2004). *Neues Handbuch Hochschullehre. Lehren und lernen effizient gestalten Loseblatt* (Ausgabe H 4.2). Berlin: Raabe.

Bundesministerium für Bildung und Forschung (BMBF). *Projektdatenbank. Projekte im Qualitätspakt Lehre suchen und finden*. Verfügbar unter: http://www.qualitaetspakt-lehre.de/de/projekte-im-qualitatspakt-lehre-suchen-und-finden.php#mapplication_content [19.02.2018].

BMBF (2010). *Richtlinien zur Umsetzung des gemeinsamen Programms des Bundes und der Länder für bessere Studienbedingungen und mehr Qualität in der Lehre*. Verfüg-

bar unter: https://www.bmbf.de/files/Programm-Lehrqualitaet-BMBF-Richtlinien.pdf [19.02.2018].
BMBF (2017). *Die wirtschaftliche und soziale Lage der Studierenden in der Bundesrepublik Deutschland 2016* (21. Sozialerhebung des Deutschen Studentenwerks. Durchgeführt vom Deutschen Zentrum für Hochschul- und Wissenschaftsforschung). Bonn: BMBF.
Bouffier, A., Kehr, P., Wolffram, A. & Leicht-Scholten, C. (2012). Diversity Monitoring als Instrument des Diversity Managements an Hochschulen. In D. Heitzmann & U. Klein (Hrsg.), *Diversity konkret gemacht. Wege zur Gestaltung von Vielfalt an Hochschulen* (S. 137–154). Weinheim: Beltz Juventa.
Berthold, C. & Leichsenring, H. (Hrsg.). (2012). *CHE Diversity Report: Der Gesamtbericht.* Verfügbar unter: https://www.che-consult.de/fileadmin/pdf/publikationen/CHE_Diversity_Report_Gesamtbericht_komprimiert.pdf [19.02.2018].
El-Mafaalani, A. (2012). *Bildungsaufsteiger*innen aus benachteiligten Milieus. Habitustransformation und soziale Mobilität bei Einheimischen und Türkeistämmigen.* Wiesbaden: VS Verlag für Sozialwissenschaften.
Hansen, K. (Hrsg.). (2014). *CSR und Diversity Management: Erfolgreiche Vielfalt in Organisationen.* Berlin: Springer Gabler.
Heitzmann, D. & Klein, U. (Hrsg.). (2012). *Diversity konkret gemacht. Wege zur Gestaltung von Vielfalt an Hochschulen.* Weinheim: Beltz Juventa.
Heuchemer, S. & Klammer, U. (Hrsg.). *Reihe Kompendium für Diversity Management in Studium und Lehre* (Verbundprojekt KomDim – Zentrum für Kompetenzentwicklung für Diversity Management in Studium und Lehre, diverse Bände). Berlin: Raabe Verlag.
Hochschulrektorenkonferenz (HRK) (Hrsg.). (2010). Studienreform nach Leuven. Ergebnisse und Perspektiven nach 2010 (Bologna-Zentrum Beiträge zur Hochschulpolitik 3/2010). Bonn: HRK.
Kerres, M., Hanft, A. & Wilkesmann, U. (2010). Lifelong Learning an Hochschulen – Neuausrichtung des Bildungsauftrages von Hochschulen. *HSW, 6,* 183–186.
Kerres, M., Hanft, A., Wilkesmann, U. & Wolff-Bendik, K. (Hrsg.). (2012). *Studium 2020. Positionen und Perspektiven zum lebenslangen Lernen an Hochschulen.* Münster: Waxmann.
Klammer, U. (2010). Vielfalt fördern – Diversity Management als Zukunftsaufgabe von Hochschulen. In HRK (Hrsg.), *Studienreform nach Leuven. Ergebnisse und Perspektiven nach 2010* (Bologna Zentrum Beiträge zur Hochschulpolitik 3/2010) (S. 125–135.) Bonn: HRK.
Klammer, U. (2015). Diversity Management als Beitrag zur Qualität in Studium und Lehre. In Handbuch Qualität in Studium und Lehre, *Beitrag C 2.9, 51* (Ergänzungslieferung) (S. 1–24). Raabe-Verlag: Stuttgart.
Klammer, U. & Ganseuer, C. (2015). *Diversity Management in Hochschulen.* Münster: Waxmann.
Klein, U. & Heitzmann, D. (Hrsg.). *Reihe Diversity und Hochschule* (diverse Bände). Weinheim: Beltz Juventa.

Klein, U. & Heitzmann, D. (Hrsg.). (2012). *Hochschule und Diversity. Theoretische Zugänge und empirische Bestandsaufnahme*. Weinheim: Beltz Juventa.

Knauf, H. (2013). Inklusion und Hochschule. Perspektiven des Konzepts der Inklusion als Strategie für den Umgang mit Heterogenität an Hochschulen. *Das Hochschulwesen, 5*, 164–168.

Koall, I., Bruchhagen, V. & Höher, F. (Hrsg.). (2007). *Diversity Outlooks. Managing Diversity zwischen Ethik, Profit und Antidiskriminierung*. Hamburg: LiT Verlag.

Kreft, A.-K. & Leichsenring, H. (2012). Studienrelevante Diversität in der Lehre. In U. Klein & D. Heitzmann (Hrsg.), *Hochschule und Diversity. Theoretische Zugänge und empirische Bestandsaufnahme* (S. 145–163). Weinheim: Beltz Juventa.

Krell, G. (2008). Diversity Management: Chancengleichheit für alle und auch als Wettbewerbsfaktor. In G. Krell (Hrsg.), *Chancengleichheit durch Personalpolitik. Gleichstellung von Frauen und Männern in Unternehmen und Verwaltungen. Rechtliche Regelungen – Problemanalysen – Lösungen* (S. 63–79). Wiesbaden.

Krell, G. (Hrsg.). (2008). *Chancengleichheit durch Personalpolitik. Gleichstellung von Frauen und Männern in Unternehmen und Verwaltungen. Rechtliche Regelungen – Problemanalysen – Lösungen*. Wiesbaden.

Krempkow, R. & Kamm, R. (2012). Ein Weg zur Förderung von Vielfalt? Leistungsbewertung unter Berücksichtigung institutioneller Diversität deutscher Hochschulen. In U. Klein & D. Heitzmann (Hrsg.), *Hochschule und Diversity. Theoretische Zugänge und empirische Bestandsaufnahme* (S. 164–180). Weinheim: Beltz Juventa.

Lee, A., Williams, R. & Kilaberia, R. (2012). Engaging Diversity in First-Year College Classrooms. *Innovative Higher Education, 37* (3), 199–213.

Linde, F. & Auferkorte-Michaelis, N. (2014). Diversitätsgerecht Lehren und Lernen. In K. Hansen (Hrsg.), *CSR und Diversity Management: Erfolgreiche Vielfalt in Organisationen* (S. 137–175). Berlin: Springer Gabler.

o.V. (2013). Diskriminierungs-Klage von weißer Studentin. Oberstes US-Gericht gibt Fall zurück. *Spiegel Online, 24.6.2013*. Verfügbar unter: http://www.spiegel.de/lebenundlernen/uni/oberstes-us-gericht-gibt-abigail-fisher-fall-zurueck-a-907612.html [19.02.2018].

Prengel, A. (1993). *Pädagogik der Vielfalt. Verschiedenheit und Gleichberechtigung in interkultureller, feministischer und integrativer Pädagogik*. Opladen: Leske und Budrich.

Reis, O. (2010). Kompetenzorientierte Prüfungen – Wer sind sie und wenn ja, wie viele? In G. Terbuyken (Hrsg.), *In Modulen lehren, lernen und prüfen. Herausforderung an die Hochschuldidaktik* (S. 157–183). Rehburg-Loccum: Evangelische Akademie Loccum.

Richter, A. (2004). Portfolios als alternative Form der Leistungsbewertung. In B. Berendt (Hrsg.), *Neues Handbuch Hochschullehre. Lehren und lernen effizient gestalten Loseblatt* (Ausgabe H 4.2) (S. 1–18). Berlin: Raabe.

Rieger, C. (2006). Die Diversity Scorecard als Instrument zur Bestimmung des Erfolgs von Diversity-Maßnahmen. In M. Becker & A. Seidel (Hrsg.), *Diversity Manage-*

ment. *Unternehmens- und Personalpolitik der Vielfalt* (S. 257–276). Stuttgart: Schäfer-Poeschel.

Sekretariat der Ständigen Konferenz der Kultusminister der Länder in der Bundesrepublik Deutschland (Hrsg.). (2014). *Vorausberechnung der Studienanfängerzahlen 2014–2025. Erläuterung der Datenbasis und des Berechnungsverfahrens. Statistische Veröffentlichungen der Kultusministerkonferenz. Dokumentation Nr. 205*. Berlin: KMK.

Terbuyken, G. (Hrsg.). (2010). *In Modulen lehren, lernen und prüfen. Herausforderung an die Hochschuldidaktik*. Rehburg-Loccum: Evangelische Akademie Loccum.

Wild, E. & Esdar, W. (2014). *Eine heterogenitätsorientierte Lehr-/Lernkultur für eine Hochschule der Zukunft. Fachgutachten im Auftrag des Projektes nexus der Hochschulrektorenkonferenz.* Verfügbar unter: https://www.hrk-nexus.de/fileadmin/redaktion/hrk-nexus/07-Downloads/07-02-Publikationen/Fachgutachten_Heterogenitaet.pdf [19.02.2018].

Annabell Preußler & Theo J. Bastiaens

Digitalisierung und Lehre
Blended Learning an der Fernuniversität in Hagen

Abstract

In unserem Beitrag beschäftigen wir uns mit berufsrelevanten digitalen Formaten in der Weiterbildung, welche die Mehrwerte digitaler Lehre gegenüber traditionellen Formaten gezielt aufgreifen. So wird durch kooperative Lehr- und Lernansätze die Kompetenz zum eigenständigen Lernen durch digitale Interaktionsmöglichkeiten gefördert. Zu nennen sind hier Ansätze des sozialen Lernens, wie Social Reading oder Aspekte des Game Based Learning, welche das gemeinsame Arbeiten von Studierenden und einen Austausch untereinander fokussieren. Auch fördern virtuelle Praktika den Erwerb von Handlungskompetenzen durch einen konkreten Anwendungsbezug, der als praktische Tätigkeit online absolviert wird. Im Beitrag werden die verschiedenen Einsatzmöglichkeiten diskutiert. Wesentlich ist dabei der didaktische Bezug.

Keywords: Weiterbildung, digitale Didaktik, kooperatives Lernen, Transfer, Fernstudium

1. Einleitung

Ein Studium neben dem Beruf zu absolvieren, ist an der FernUniversität in Hagen schon seit inzwischen über vierzig Jahren möglich. Ein flexibles Studiensystem, das neben traditionellen gedruckten Kursen auch auf Online-Inhalte setzt, sowie Unterstützungsangebote durch Lehrende und Regionalzentren tragen dazu bei. Es verwundert daher nicht, dass etwa 80 Prozent der Studierenden an der FernUniversität berufstätig sind. Die Vereinbarkeit von Familie und Beruf oder schlicht der Zugang zu einer akademischen Ausbildung für Personen, die aus verschiedenen Gründen kein Präsenzstudium aufnehmen können, wird durch die Möglichkeit eines Teilzeitstudiums und die mehr oder weniger vollständige Unabhängigkeit von Ort und Zeit gewährleistet.

In den letzten Jahren haben zudem verstärkt auch sogenannte »Beruflich Qualifizierte« ein Studium aufgenommen, d. h. Personen, die statt der sonst üblichen klassischen Hochschulzugangsberechtigung, wie dem Abitur, andere Qualifikationen im Ausbildungsberuf erworben haben und das Studium für ihre eigene Weiterqualifikation nutzen, sei es in Bachelor- oder Masterstudiengängen oder in Weiterbildungsprogrammen, die durch ein Zertifikat abgeschlossen werden. Etwa 50 Prozent aller an staatlichen Hochschulen in Deutschland eingeschriebenen Beruflich Qualifizierten studieren an der FernUniversität (Autorengruppe Bildungsberichterstattung, 2016, S. 127 f.).

Diese Voraussetzungen implizieren bereits, dass die Studierendenschaft der FernUniversität aufgrund der unterschiedlichen Biografien und Bildungsinteressen von einer großen Heterogenität und Diversität geprägt ist. Während einige Studierende das Lernen selbst wieder ganz neu einüben müssen, verfügen andere bereits über ein breites Kompetenzportfolio. Während die einen bereits eine akademische Vorbildung haben, ist wissenschaftliches Arbeiten für andere ganz neu. Einige Studierende können bereits einen Transfer zur beruflichen Praxis herstellen, anderen ist dies nicht möglich. Während die einen ein striktes Zeitmanagement einhalten müssen, um das Studium in ihren Alltag zu integrieren, können sich die anderen vollständig auf das Studium konzentrieren.

In ihrer Lehre muss sich die FernUniversität somit auf diese unterschiedlichen Voraussetzungen ihrer Klientel einlassen. Dabei kommt dem Blended-Learning-Konzept eine besondere Bedeutung zu. Dieses sieht vor, dass die Studierenden eben nicht auf dem Campus vor Ort sind, sondern Lernmaterialien, sogenannte Studienbriefe, zugeschickt bekommen bzw. diese über eine Online-Plattform abrufen. Es gibt daher i. d. R. keine klassischen Vorlesungen an wöchentlich stattfindenden Terminen im Hörsaal, sondern verschieden umfangreiche und verschieden verpflichtende Präsenzveranstaltungen, die das Studium ergänzen und die auch dezentral in den Regionalzentren stattfinden. Seit einigen Jahren werden überdies Studiengänge angeboten, die sich dem Konzept der kompetenzbasierten Ausbildung verschieben haben, beispielsweise der MA-Studiengang »Bildung und Medien: eEducation«. Durch das didaktische Konzept werden die forschungsrelevanten Fragestellungen problemorientiert und praxisrelevant vermittelt. So erlangen die Studierenden die Fähigkeit, die erworbenen Kenntnisse in die berufliche Praxis zu transferieren.

Eine besondere Relevanz bieten audiovisuell und interaktiv aufbereitete Lehr- und Lernmaterialien oder kollaborative Online-Tools, bei denen insbesondere die soziale Integration der Studierenden in den Fokus rückt. Über die Online-Lernumgebung ist darüber hinaus eine fachliche Betreuung möglich, die sich an den individuellen Bedarfen der Studierenden ausrichtet.

Dieser Blended-Learning-Ansatz wird auch in der Forschung stetig weiterentwickelt und optimiert. So beschäftigt sich ein interdisziplinär zusammengesetztes Team von Wissenschaftlerinnen und Wissenschaftlern im Forschungsschwerpunkt »Digitalisierung, Diversität und Lebenslanges Lernen. Konsequenzen für die Hochschulbildung« mit den Fragen der Konsequenzen und Rahmenbedingungen der Digitalisierung für die Hochschulbildung, wobei insbesondere adäquate hochschulische Formen des Lebenslangen Lernens entwickelt werden sollen.[1]

Doch was sind die Mehrwerte digitaler Lehre gegenüber traditionellen Formaten im Kontext der Weiterbildung, insbesondere an der FernUniversität? Ein wesentlicher Aspekt scheint im Transfer zu liegen. Wie kann Wissen übertragen werden?

2. Lernen im Kontext

Wenn eine Person Informationen verwendet, die sie zuvor gelernt hat, um sie auf eine neue Situation anzuwenden, wird dies Transfer genannt. Die Fähigkeit, das in einem Kontext Erlernte auf neue Kontexte zu übertragen, ist essentiell. Zahlreiche ForscherInnen beschäftigen sich seit vielen Jahrzehnten mit diesem Thema. Obwohl es viele Definitionen und viele Unterteilungen in Bezug auf Transfers gibt, ist Perkins und Salomons (1992) Beschreibung noch immer aktuell. Lerntransfer findet dann statt, wenn Lernen in einem Kontext eine verwandte Leistung in einem anderen Kontext verbessert (positive Übertragung) oder unterminiert (negative Übertragung). Der Transfer beinhaltet Nahübertragung (zu eng verwandten Kontexten) und Fernübertragung (zu eher unterschiedlichen Kontexten) (Perkins & Salomon, 1992). Im heutigen Alltag, wo Informationen schnell veralten, ist diese »Transfer-Fragestellung« umso wichtiger. Illeris (2002) stellt hierzu das Konzept der »learning spaces« dar:

---

[1] http://www.fernuni-hagen.de/forschung/schwerpunkte/diversitaet.shtml.

> Die Idee hinter learning spaces ist, dass, da Lernen situiert ist (Lave & Wenger, 1991) und die spezifische Lernsituation ein integrierter Teil des Lernprozesses und Lernergebnisses wird, unterschiedliche Arten von Lernsituationen oder Lernräumen unterschiedliche Lernkategorien mit signifikant unterschiedlichen Qualitäten implizieren (Illeris, 2009, S. 139, [Übers. durch d. Verf.]).

Er unterscheidet tägliches Lernen (nicht definiertes Lernen), Schul- und Bildungslernen (absichtliches Lernen innerhalb des Bildungssystems), Lernen am Arbeitsplatz (integrierter Bestandteil der Arbeit), interessenbezogenes Lernen und netzgestütztes Lernen (Flexibilität, Zeit- und Ortunabhängigkeit). Um den Transfer zu steigern, ist es wichtig, viele Lernsituationen und Kontexte anzusprechen um somit ein breites Spektrum des Lernens zu ermöglichen. Die FernUniversität in Hagen hat in ihrer Weiterbildung mit diesen fünf Kategorien zu tun und arbeitet an deren enger Verzahnung, beispielsweise durch virtuelle Praktika, die die bereits beschriebenen heterogenen Voraussetzungen der Studierenden aufgreifen und unmittelbar an ihrer Lebenswirklichkeit anknüpfen. Darüber hinaus werden sowohl die grundständigen Studiengänge als auch die Weiterbildungsangebote an der FernUniversität in Hagen diesen Kategorien gerecht. So ist die Flexibilität im Sinne der Unabhängigkeit von Ort und Zeit ein wichtiger Baustein im Lehr- und Lernkonzept der FernUniversität, das durch Blended Learning ermöglicht wird.

Daneben wird jedoch auch noch ein weiterer Aspekt relevant, und zwar der des sozialen Lernens. Gerade weil die Studierenden im Fernstudium stärker als Studierende an einer Präsenzhochschule darauf angewiesen sind, ihren Lernprozess eigenständig zu organisieren und darüber hinaus seltener Lerngruppen mit KommilitonInnen vor Ort bilden können, kommt dem Austausch untereinander eine besondere Bedeutung zu, der auch eine motivationale Rolle spielt.

3. Intrinsische Motivation, Social Learning und Individualisierung

Soziales Lernen und Motivation der Lernenden sind eng miteinander verknüpft. Studierende mit hoher intrinsischer Motivation sind Studierenden mit geringer intrinsischer Motivation oftmals überlegen (Martens, Gulikers & Bastiaens, 2004).

Ryan und Deci (2000) forschen seit vielen Jahren über die Prozesse, die zu diesen Unterschieden führen. Ihre Self-Determination Theory (SDT) ist eine der empirisch meist unterstützten Motivationstheorien (ebd.). Die drei Variablen – *Kompetenz, Autonomie und Verbundenheit* – sollen die qualitativ hochwertigste Form der intrinsischen Motivation fördern, einschließlich verbesserter Leistungen. Studierende sollten sich beim Lernen ermächtigt (*Competence*) genug fühlen, das Endziel auf eine mehr oder weniger eigenständige Weise (*Autonomy*) zu erreichen. Eine wichtige unterstützende Variable dabei ist eine gewisse Zusammengehörigkeit mit Kommilitonen und Lehrenden (*Social Relatedness*).

Banduras (1977) Theorie des sozialen Lernens besagt dazu, dass Verhaltensweisen aus der sozialen Interaktion von Menschen und ihrer Umgebung resultieren (ebd.). Die Theorie des sozialen Lernens betrachtet Interaktion als einen Prozess des gegenseitigen Determinismus; Verhalten, andere persönliche Faktoren und Umweltfaktoren wirken als ineinandergreifende Determinanten (Tu, 1999, S. 1085). Außerdem ist eine soziale Interaktion zwischen Lernenden und Lehrenden erforderlich, damit soziales Lernen stattfinden kann. Dies war in früheren Zeiten beim Fernunterricht schwierig zu gestalten. Heutzutage wird beim Blended Learning, bei Präsenzphasen, sowie bei Online-Einheiten darauf geachtet. Auch beim Online-Lernen ist es wichtig, sozio-emotionale Aspekte des (Online-)Lernens zu berücksichtigen.

In der Fernlehre versuchen wir deshalb, das Gefühl der Verbindung zu anderen durch Online-Foren für den Austausch sowie synchrone Online-Veranstaltungen mit Lehrenden zu stärken, aber sicherlich auch durch die Organisation von Präsenzveranstaltungen in unseren Regionalzentren. Die FernUniversität in Hagen unterstreicht damit die Wichtigkeit von Präsenz auch bei der Fernlehre. Nichtsdestotrotz muss soziales Lernen auch online ermöglicht werden.

Um die Relevanz von sozialer Interaktion und zwischenmenschlichen Beziehungen unter den Online-Lernenden zu verstehen, wendet sich die Wissenschaft oft der Theorie der sozialen Präsenz zu (Weidlich & Bastiaens, 2017):

Interaktion beim Online-Lernen ist von einer gewissen sozialen Präsenz beeinflusst. Die Lernenden müssen die soziale Präsenz der anderen Person anerkennen und wertschätzen (Tu, 1999); andernfalls fehlt soziale Interaktion, was zur Folge hat, dass kein soziales Lernen stattfindet. Ideale Online-Lernumgebungen sollten beim Online-Lernen soziale Präsenz so fördern, dass soziale Interaktion als Grundlage des Lernens ermöglicht wird.

Eine Möglichkeit dafür bieten sogenannte »learning ecosystems« (Pyper, Lilley, Herwitt & Wernick, 2011). Ein Lernökosystem bietet Lernenden Zugang zu einer breiten Palette von Ressourcen (zum Beispiel Studienbriefe, Online-Informationen, Präsenzangebote, Video- und Audio-Inhalte) und Werkzeugen (Diskussionsforen, Lernspiele, Mobile-Apps, Datenbanken, Cloud-Speicherplatz, E-Portfolio usw.). Im Idealfall sollte dieses Lernökosystem »Wissen weitergeben, neu interpretieren, umnutzen und Experimente mit dem damit verbundenen Risiko des Scheiterns ermöglichen« (Siemens, 2007 zit. n. Pyper, Lilley, Herwitt & Wernick, 2011, S. 2279 [Übers. durch d. Verf.]).

Das System ist lernendenzentriert und hat damit die individuellen Lernenden und ihre Erfahrungen als zentrales Anliegen. Es ist eine moderne Herangehensweise an Lern- und Lehraktivitäten. Interaktionen sind hier auch von zentraler Bedeutung und werden durch Online-Kommunikationswerkzeuge unterstützt. Wichtig ist auch Feedback, welches teilweise automatisiert sein kann, aber auch von menschlichen TutorInnen und KommilitonInnen bereitgestellt werden sollte.

Eine innovative Lerninfrastruktur umfasst somit mehr als eine Online-Lernplattform. In der heutigen Informationsgesellschaft sind Softwarelösungen mehr und mehr maßgeschneidert. Obwohl die FernUniversität in Hagen auch ihre zentrale Lernplattform moodle benutzt, ist es essentiell, eine Palette an Werkzeugen einzusetzen, die genau das bieten, was Studierende und Lehrende brauchen. Dies ist insofern herausfordernd, als es nicht nur in den Fächern große Unterschiede hinsichtlich der Nutzungsoptionen gibt, sondern darüber hinaus auch eine Beschränkung von Software, die im Regelbetrieb aufgenommen werden kann. Diese Palette wird daher flexibel gehandhabt und ist nicht für die Ewigkeit in Stein gemeißelt. Der Fortschritt zeigt jedoch, dass auch hier eine kontinuierliche Investition in Innovation erforderlich ist.

4. Der Medienmix im Blended Learning

Für ein Fernstudium bedeutet Online-Lehre, konkreten Bildungsanliegen durch den Einsatz digitaler Medien gerecht zu werden, um auf diese Weise einerseits die Diversität der Studierendenschaft zu berücksichtigen, andererseits aber auch, um die Mehrwerte digitaler Lehre gegenüber traditionellen Formaten gezielt zu nutzen und anzuwenden. Digitale Medien kommen somit nicht um ihrer selbst willen zum Einsatz, sondern um damit Bildungsanforderungen gerecht zu werden, die sich durch die anfangs erwähnten unterschiedlichen Voraussetzungen immer mehr stellen. So haben flexible Lernangebote mit einem Zuschnitt auf die individuellen Bedürfnisse und Qualifikationsvorhaben eine hohe Relevanz. Digitale Medien bieten hier besondere Chancen, da sie individualisiertes Lernen ermöglichen, das personifizierbare Angebote bereitstellt.

An der FernUniversität in Hagen kommen die Studierenden schon zu Beginn des Studiums mit Medien unterschiedlicher Art in Kontakt, sei es durch die Studienbriefe, aber auch ergänzende Angebote, wie Pod- und Vodcasts, virtuelle Lerngruppen, Foren, Übungsaufgaben, Online-Sprechstunden oder Studierwerkstätten sowie studentisch erstellte Angebote. Die Situation stellt sich so dar, dass gedruckte Kurse noch immer einen großen Anteil des Fernstudiums ausmachen. Diese beinhalten – anders als ein Sachbuch – neben dem reinen Text auch didaktische Elemente wie Übungsaufgaben, Lösungshinweise oder andere Arten der (Selbst-)Lernerfolgskontrolle. Häufig werden diese auch durch vertiefende Online-Angebote unterstützt, indem beispielsweise QR-Codes im Text auf entsprechende Links verweisen oder andere Formen multimedialer Unterstützung (z. B. Simulationen) angeboten werden.

Im Rahmen des Blended-Learning-Konzepts ist dies aber nur die eine Seite des Lehrens und Lernens im Fernstudium. Mit der bereits erwähnten Lernplattform moodle wird auch online ein Ort geboten, an welchem Lehre stattfindet. Die jeweiligen Lernumgebungen können kurs- oder modulbezogen sein, sie können eine Ergänzung zu den Studienbriefen sein oder komplett andere Themenfelder in den Mittelpunkt stellen. Sie können als Lesekurse organisiert sein, in denen gemeinsam ein fachlich relevanter Text gelesen wird, sie können aber auch als reine Diskussions- und Austauschplattform dienen. Darüber hinaus werden ePortfolios als Sammlung von Artefakten zur Sichtbarmachung studentischer Kompetenz eingesetzt. So wird die FernUniversität dem Anspruch gerecht, Learning Outcomes nicht nur durch Leistungsbewertungen festzustellen, sondern auf einer transparenten Basis auch Fach- und Methodenkompetenzen abzubilden, deren Nachweis für die Arbeitswelt unabdingbar ist.

Für die digitale Lehre steht jedoch vor allem das kollaborative und damit soziale Arbeiten im Vordergrund, um damit auch die intrinsische Motivation der Studierenden zu steigern. WissenschaftlerInnen aus fächerübergreifenden Projekten arbeiten in der Forschung gemeinsam an neuen didaktischen Ansätzen, die in Pilotstudiengängen oder digital gestützten Projekten Anwendung finden: So wird im Bereich des *Social Reading* derzeit der Ansatz verfolgt, die bestehenden Studienbriefe so digital zu gestalten, dass eine gemeinsame Arbeit daran möglich wird. Grundsätzlich meint *Social Reading*, dass digitale Texte gemeinsam mit anderen kommentiert und diskutiert werden können und das Lesen damit zu einem sozialen Prozess wird (Stein, o. J.). Gerade für ein Fernstudium ist dieses Konzept vielversprechend, da die örtlich verteilten Lernenden die Texte dennoch gemeinsam bearbeiten. Pearson et al. (2012) stellen fest, dass gemeinsames digitales Lesen mehr positive Effekte hat als das gemeinsame Lesen auf Papier (Pearson, Owen, Thimbleby & Buchanan, 2012, S. 325). Insbesondere für Fächer, in denen eine Diskussionskultur einen hohen Stellenwert hat, ist dies relevant. Auch kann der Lernprozess durch das Hinzufügen von Lernkontrollfragen von den Lehrenden geführt und evaluiert werden.

Zur Steigerung der studentischen Motivation werden häufig auch Elemente des *Game Based Learning* bzw. *Gamification* eingesetzt, die direkt in der Lernplattform implementiert werden.

Gamification beschreibt die Anwendung von spielebasierten Elementen auf nicht-spielebasierte Kontexte (Deterding, Dixon, Khaled & Nacke, 2011, S. 9–15). Solche Elemente könnten beispielsweise zu erreichende Ziele sein, aber auch Wettbewerbe, kooperative Aufgaben, Zeitbeschränkungen, Belohnungen, Feedbacksysteme, Levels und Ebenen, Aspekte von Storytelling oder Charaktere. *Game Based Learning* greift somit auch die soziale Komponente des Lernens auf. Diese Elemente werden nicht in einem eigenen Spiel implementiert, sondern in den jeweiligen Kontexten, wie z. B. Lehr- und Lernprozessen an Hochschulen (ebd.). Auf diese Weise wird die intrinsische Motivation der Nutzenden gesteigert, das Spielen wird als Belohnung empfunden (Huotari & Hamari, 2012, S. 17–22) und der eigentliche Prozess des Lernens tritt in den Hintergrund (Prensky, 2007). *Gamification* verfolgt somit verschiedene Ziele, die sich unter den Schlagworten Beteiligung, Motivation, Lernförderung und Problemlösung subsummieren lassen (Kapp, 2012).

Eher an der Struktur einer Präsenzuniversität orientiert, finden Veranstaltungen über das Virtuelle Klassenzimmer oder Videostreaming statt, damit den Studierenden die Partizipation an Bildungsmaßnahmen ermöglicht wird, ohne dass diese vor Ort sein müssen. Neben Online-Seminaren und virtuellen Vorlesungen spielen inzwischen auch hybride Präsenzformate eine große Rolle. Dabei nehmen die Studierenden in den Regionalzentren der FernUniversität an Online-Seminaren teil. Dies ermöglicht eine räumliche Flexibilität bei gleichzeitiger Gelegenheit des Austauschs mit anderen Studierenden vor Ort.

In virtuellen Praktika werden formelle und informelle Methoden zusammengeführt, die den Erwerb von Handlungskompetenz durch einen konkreten Anwendungsbezug erlauben, der nicht notwendigerweise in einer Institution vor Ort erworben werden muss, sondern als praktische Tätigkeit als virtuelles Praktikum absolviert werden kann, z. B. durch die Erstellung von Prototypen oder didaktischen Konzeptionen. Das Online-Praktikum unterstützt die Studierenden somit darin, eine Praxisphase ortsunabhängig zu absolvieren und wird damit sowohl den Anforderungen des flexiblen Lernens als auch dem aktuellen Stand lernunterstützender Medien gerecht.

5. Der Fokus auf Didaktik

Heutige Lernende beschränken ihre Lernerfahrungen nicht nur auf bestehende Curricula. Die Gesellschaft ist an den Routinen des Industriezeitalters vorbeigezogen. Obwohl sich viele Bildungseinrichtungen weiterhin dem Zeitplan, welcher von vorhandenen Räumlichkeiten diktiert wird, und den Leselisten, welche die Bücherstapel auf den Regalflächen bedingen, verpflichten, ändern sich Lernmuster dennoch (Atkinson, 2012, S. 13). Sobald Menschen mehr zu einem Thema wissen möchten, recherchieren sie zunehmend online weitere Informationen. Zusätzlich zu formalen Lernzugängen wachsen informelle Zugänge rapide. Vom organisatorischen Standpunkt gesehen wird Lernen sich dementsprechend von »Angebot bestimmt Nutzerverhalten« zu einem »Service auf Anforderung« entwickeln (Shank, 2008). Auch die Unterstützung von Bildungsinstitutionen wird sich verändern müssen.

Aus dieser neuen Sicht des Lernens sollte pädagogische Unterstützung stärker innerhalb des Instructional Designs der Lernerfahrungen eingebettet sein. Die Aufmerksamkeit sollte dabei auf Metakognition und Reflektion über Handlungen und Entscheidungen (intrapersonal) sowie über Gruppeninteraktion und nahtlose Kommunikation (interpersonal) gelenkt werden (McGee, 2008).

Für die Fernuniversität in Hagen steht fest, dass die didaktische Kompetenz ihrer Lehrenden hier essentiell ist. Über Schulungs- und Zertifizierungsprogramme werden die Lehrenden weitergebildet und mit den neusten didaktischen Methoden und Theorien des Instruktionsdesigns vertraut gemacht. Dabei liegt der Fokus bei Innovation stark auf der Didaktik. Eine zeitgemäße Didaktik, unterstützt mit innovativen elektronischen Lernwerkzeugen, ist die Ausgangslage für modernes Blended Learning aus Hagen.

So wird ein FernUni-eigenes E-Teaching-Zertifikatsprogramm für Lehrende angeboten, welches den Aufbau von mediendidaktischem Grundlagenwissen, die Anwendung in einem individuellen E-Teaching-Projekt und eine parallele Vertiefung von Veranstaltungen in einem Wahlpflichtbereich zum Inhalt hat.

Dabei bedient sich das Programm verschiedener Veranstaltungsformate (Workshops, kollegialer Beratung, Lehrhospitation u. a.) und verschiedener Methoden, u. a. dem Einsatz eines Lerntagebuchs. AbsolventInnen des Programms erhalten bei erfolgreichem Abschluss ein Zertifikat »Professionelle Lehrkompetenz für die Hochschule«[2]. Auf diese Weise ist mediendidaktische Kompetenzentwicklung nicht nur auf die Lehre der FernUniversität abgestimmt, sondern bietet darüber hinaus einen hohen Praxisbezug.

6. Umsetzung und Schlussfolgerungen

Digitale Lehre hat gegenüber traditioneller Präsenzlehre etliche Vorteile: Eigenständiges, selbstorganisiertes Lernen wird durch flexible Formate gefördert, andererseits bieten digitale Interaktionsformate auch die Möglichkeit, gemeinsam zu lernen und zu arbeiten. Das bedeutet, dass Lernen möglichst auf zweierlei Art stattfindet. Einerseits soll der Heterogenität der Studierendenschaft Rechnung getragen werden: Nicht alle entspringen einem akademischen Hintergrund, viele haben zahlreiche Verpflichtungen neben dem Studium, es gibt unterschiedliche Motivationen, ein Studium aufzunehmen. Die Bildungsangebote müssen demnach so strukturiert sein, dass sie Lernprozesse ermöglichen, die diesen individuellen Voraussetzungen entsprechen, gleichzeitig sollen aber auch soziale Interaktionen mit anderen Studierenden möglich sein. Das Studium ist somit gleichermaßen individualisiert wie sozial.

---

2 http://www.fernuni-hagen.de/arbeiten/personalthemen/fortbildung/zertifikatsprogramm/nrw_zertifikat.shtml.

Digitalisierung und Lehre 237

Dies macht einen besonderen didaktischen Zuschnitt der Angebote erforderlich. Digitale Formate müssen erprobt, evaluiert und in den Regelbetrieb übernommen werden. Die Digitalisierung leistet damit einen entscheidenden Beitrag zur Verbesserung der Lehre, was derzeit in vier Pilotstudiengängen umgesetzt wird, die zu digitalen Studiengängen ausgebaut werden. Zur Entwicklung der digitalen Lehrangebote arbeiten Fachdidaktik und Medienzentrum eng zusammen, unterstützt durch sogenannte Fachmediendidaktiker, die eine Schnittstellenfunktion einnehmen und Lehrende zur Nutzung von digitalen Medien befähigen sollen. Insbesondere für berufsrelevante Angebote ist dies ein wichtiger Schritt, da diese in besonderem Maße von der Digitalisierung der Lehre profitieren: Nicht nur, weil die Vereinbarkeit von Studium und Beruf auf diese Weise gewährleistet wird, sondern auch, weil durch diese Formate ein stärkerer Handlungsbezug im Praxisfeld hergestellt werden kann, bei dem der Erwerb von Kompetenzen durch reflektierte Erfahrung die Grundlage bildet, das (zukünftige) Arbeitsfeld differenziert und kritisch wahrzunehmen und mitzugestalten. Dies ist nicht nur für virtuelle Praktika relevant, sondern auch für andere Kompetenzen, die im Beruf benötigt werden, wie Methoden- oder Sozialkompetenz. Arbeitsplätze der Zukunft erfordern darüber hinaus einen sicheren Umgang mit digitalen Medien und ein hohes Maß an Eigenständigkeit. Absolventinnen und Absolventen der FernUniversität sollen in der Lage sein, den digitalen Wandel mitzugestalten und eigenverantwortlich auf ihren Arbeitsbereich zu übertragen.

Handlungsempfehlungen für den Einsatz von berufsrelevanten digitalen Formaten schließen damit immer die jeweiligen Kontexte ein. Digitale Medien und Werkzeuge kommen nicht um ihrer selbst willen zum Einsatz, sondern um konkreten Anforderungen in Bezug zur beruflichen Praxis gerecht zu werden. Für die didaktische Planung der Angebote ist es daher erforderlich, die entsprechende Zielgruppe zu analysieren und die jeweiligen Bedarfe abzuleiten. An der FernUniversität gehört es aufgrund ihrer Klientel zum Leitbild, eine orts- und weitestgehend zeitunabhängige Ausbildung zu ermöglichen. Daher sind das Virtuelle Klassenzimmer, Videostreaming oder auch virtuelle Praktika Angebote, die eine Teilnahme an Veranstaltungen bzw. die Arbeit an praktischen Tätigkeiten ermöglichen, ohne räumlich vor Ort sein zu müssen.

Eine Steigerung der studentischen Motivation, insbesondere für Personen, die eigenständiges Lernen nicht (mehr) gewohnt sind, kann durch soziales Lernen, z. B. durch Elemente von Gamification, erreicht werden.

Es ist also immer die Frage nach der Abstimmung zwischen den Bedarfen der jeweiligen Zielgruppe und des Curriculums, wie digitale Angebote didaktisch umgesetzt werden. An der FernUniversität in Hagen werden daher Maßnahmen umgesetzt, die soziales Lernen und Motivation fördern, da die Studierenden unterschiedliche Voraussetzungen mitbringen und sowohl selbstgesteuert als auch räumlich voneinander getrennt lernen. Dies ist nicht nur für die Lernenden selbst relevant, sondern auch für die Lehrenden, die dies in ihrer didaktischen Planung berücksichtigen und umsetzen müssen.

Dabei ist Experimentieren durchaus legitim und erlaubt, sodass Forschungsergebnisse unmittelbare Umsetzung in der Lehre erfahren. Educational Design Research (McKenney & Reeves, 2014) umschreibt den Handlungsrahmen der iterativen Entwicklung von Lösungen für praktische und komplexe Bildungsprobleme und verbindet sowohl gestaltende als auch evaluierende Maßnahmen miteinander.

Literatur

Atkinson, S. P. (2012). Developing Faculty to Integrate Innovative Learning into Their Practice with the SOLE Model. In S. P. Ferris (Hrsg.), *Teaching, Learning and the Netgeneration. Concepts and Tools for Reaching Digital Learners* (S. 1–18). Hershey: IGI Global.

Autorengruppe Bildungsberichterstattung (2016). *Bildung in Deutschland 2016: Ein indikatorengestützter Bericht mit einer Analyse zu Bildung und Migration.* Bielefeld.

Bandura, A. (1977). *Social Learning Theory.* Englewood Cliffs: Prentice-Hall.

Carliner, S. & Shank, P. (Hrsg.). (2008). *The E-Learning Handbook. Past Promises, Present Challenges.* Pfeiffer: San Francisco.

Deterding, S., Dixon, D., Khaled, R. & Nacke, L. (2011). *From Game Design Elements to Gamefulness: Defining »Gamification«.* Proceedings of the 15th International Academic MindTrek Conference: Envisioning Future Media Environments, 28–30 September 2011, Tampere, Finland (S. 9–15). New York: ACM Press.

Ferris, S. P. (Hrsg.). (2012). *Teaching, Learning and the Net Generation. Concepts and Tools for Reaching Digital Learners.* Hershey: IGI Global.

Huotari, K. & Hamari, J. (2012). *Defining Gamification: A Service Marketing Perspective.* Proceedings of the 16th International Academic Mindtrek Conference, 3–5 October 2012, Tampere, Finland (S. 17–22).

Illeris, K. (2002). *The Three Dimensions of Learning.* Leicester: NIACE.

Illeris, K. (2009). Transfer of Learning in the Learning Society: How Can the Barriers between Different Learning Spaces be Surmounted, and How Can the Gap between

Learning Inside and Outside Schools Be Bridged? *International Journal of Lifelong Education, 28* (2), 137–148.

Kapp, K. M. (2012). *The Gamification of Learning and Instruction. Game-Based Methods and Strategies for Training and Education.* San Francisco: Pfeiffer.

Martens, R., Gulikers, J. & Bastiaens, T. (2004). The Impact of Intrinsic Motivation on E-Learning in Authentic Computer Tasks. *Journal of Computer Assisted Learning, 20* (5), 368–376.

McGee, P. (2008). Design with the Learning in Mind. In S. Carliner & P. Shank (Hrsg.), *The E-Learning Handbook. Past Promises, Present Challenges* (S. 401–420). Pfeiffer: San Francisco.

McKenney, S. & Reeves, T. C. (2012). *Conducting Educational Design Research.* London: Routledge.

Pearson, J., Owen, T., Thimbleby, H. & Buchanan, G. (2012). *Co-Reading: Investigating Collaborative Group Reading.* Proceedings of the 12th ACM/IEEE-CS Joint Conference on Digital Libraries, 2012, New York (S. 325–334).

Perkins, D. N. & Salomon, G. (1992). *Transfer of Learning* (Contribution to the International Encyclopedia of Education, 2. Aufl.). Oxford: Pergamon Press.

Prensky, M. (2007). *Digital Game-Based Learning.* St. Paul: Paragon House.

Pyper, A., Lilley, M., Hewitt, J. & Wernick, P. (2011). *A Framework to Support Individual Learners in Diverse Learning Ecosystems.* Proceedings of ED-MEDIA: World Conference on Educational Multimedia, Hypermedia & Telecommunications, 27 June 2011, Lisbon, Portugal (S. 2279–2284). Lisbon: Association for the Advancement of Computing in Education (AACE). Verfügbar unter: https://www.learntechlib.org/p/38176/ [28.12.2017].

Ryan, R. & Deci, E. (2000). Self-Determination Theory and the Facilitation of Intrinsic Motivation, Social Development, and Well-Being. *American Psychologist, 55* (1), 68–78.

Shank, P. (2008). Thinking Critically to Move e-Learning Forward. In S. Carliner & P. Shank (Hrsg.), *The E-Learning Handbook. Past Promises, Present Challenges* (S. 15–26). Pfeiffer: San Francisco.

Stein, B. (o. J.). *A Taxonomy of Social Reading: A Proposal.* Verfügbar unter: http://futureofthebook.org/social-reading/ [28.12.2017].

Tu, C.-H. (1999). *Reconstructing the Social Learning Theory: Social Presence Theory in Online Learning.* Proceedings of the WebNet World Conference on the WWW and Internet 1999 (S. 1082–1087). Honolulu, Hawaii: Association for the Advancement of Computing in Education (AACE).

Weidlich, J. & Bastiaens, T. (2017). Explaining Social Presence and the Quality of Online Learning with the SIPS Model. *Computers in Human Behavior, 72,* 479–487.

Agnes Raschauer & Katharina Resch

Professionalisierung der Hochschulberatung
Eine Aufgabe der Lifelong Learning Universität der Zukunft

Abstract

Hochschulberatung hat sich als eigenständiges Feld der Bildungsberatung an Universitäten etabliert. Wie Beratung jeweils organisiert und institutionell verankert ist, unterscheidet sich dabei beträchtlich zwischen einzelnen Hochschulen. Der Artikel diskutiert, inwiefern sich Hochschulen von Forschungs- und Lehreinrichtungen zu Beratungsinstitutionen weiterentwickeln und in diesem Feld professionalisieren. Dazu beschreiben wir, wie sich Hochschulberatung als spezifisches Teilgebiet von Bildungsberatung gestaltet und welche Möglichkeiten zur Professionalisierung sich aufbauend auf soziologischen Professionalisierungsbegriffen im institutionellen Kontext Universität bieten. Der Beitrag gibt auch Aufschluss über bereits bestehende Professionalisierungsangebote in der Studien- und Weiterbildungsberatung im deutschsprachigen Raum und analysiert Entwicklungsmöglichkeiten und Verhinderungsfaktoren für eine Professionalisierung der Beratung an Hochschulen.

Keywords: Hochschulberatung, Studienberatung, Professionalisierung, Weiterbildungsberatung, Weiterbildungsmarkt

1. Einleitung

Hochschulberatung[1] hat sich als eigenständiges Feld der Bildungsberatung an Universitäten etabliert (Großmaß & Püschel, 2010). Wie Beratung jeweils organisiert und institutionell verankert ist, unterscheidet sich dabei beträchtlich zwischen einzelnen Hochschulen. Obwohl es einen gesetzlichen Auftrag

---

1 Hochschulberatung umfasst als Übergriff alle an Hochschulen angebotene Beratung, u. a. Studieninformation, Weiterbildungsberatung, Karriereberatung, aber auch Begleitung administrativer Prozesse oder Fachberatung an Instituten und durch Lehrende.

gibt, Studierende und Studieninteressierte zu beraten und Beratung für »nicht-traditionelle Studierende«[2] auszubauen (BMWFW, 2015, S. 21–25), verstehen sich Universitäten klassischerweise als Lehr- und Forschungsinstitutionen und nicht als Beratungsinstitutionen.

Dennoch findet Beratung an Hochschulen statt und nimmt zumindest drei Formen an. Eine Beratungsform bezieht sich auf die Beratungsbedürfnisse innerhalb der Universität, d. h. der Universitätsangestellten. Dieser Bedarf wird von vielen Personalabteilungen an Hochschulen bereits erkannt und in entsprechende Personalentwicklungsmaßnahmen übergeführt (Coachingangebote, Führungskräfteberatung etc.). Dabei unterscheiden sich Universitätsangestellte in ihren Anliegen kaum von anderen BeratungskundInnen am Markt. Eine zweite Form der Hochschulberatung liegt vor, wenn Universitätsangestellte selbst Fachberatung anbieten, etwa in der Form von Politikberatung oder Unternehmensberatung in ihrer wissenschaftlichen Disziplin (Pausits, 2015; PRIME Network of Excellence, 2006). Eine dritte – und die in diesem Beitrag angesprochene – Form der Beratung bezieht sich auf die Inanspruchnahme von Hochschulberatung durch externe Personen, meist durch aktive Studierende in allen Studienphasen sowie MaturantInnen / Studieninteressierte und deren Eltern, und fokussiert somit auf die Studienberatungsangebote der jeweiligen Hochschule sowie die Beratungskompetenzen der HochschulberaterInnen (Studienberatung, Orientierung und Erstberatung, psychologische Beratung bei Prüfungsangst etc.).

Aufgrund des veränderten Selbstbildes der Universitäten und der steigenden Komplexität von internen und externen Beratungsbedürfnissen steigen die Anforderungen an die HochschulberaterInnen. Durch die zunehmende Ausdifferenzierung von Zielgruppen im Zuge allgemeiner hochschulischer Öffnungsprozesse (Wild & Esdar, 2014, S. 26) – Berufstätige, internationale Studierende, Personen mit Studienberechtigungsprüfung etc. – vervielfältigen sich die Beratungsbedürfnisse von Studierenden und Studieninteressierten.

Ausgehend von diesen Beobachtungen hinterfragt der Artikel, inwiefern davon gesprochen werden kann, dass sich Hochschulen von Forschungs- und Lehreinrichtungen zu Beratungsinstitutionen weiterentwickeln. Dazu be-

---

2 Im Unterschied zu Studierenden, die relativ zeitnah nach ihrer Matura oder Reifeprüfung zu studieren beginnen, wird unter nicht-traditionellen Studierenden »alles, was von diesem linearen und unmittelbar konsekutiven Bildungsverlauf abweicht« (BMWFW, 2015, S. 12) verstanden.

schreiben wir, wie sich Hochschulberatung als spezifisches Teilgebiet von Bildungsberatung gestaltet und welche Möglichkeiten zur Professionalisierung sich aufbauend auf soziologischen Professionalisierungsbegriffen im institutionellen Kontext Universität bieten. Der Beitrag gibt Aufschluss über bereits bestehende Professionalisierungsangebote in der Studien- und Weiterbildungsberatung im deutschsprachigen Raum und analysiert Entwicklungsmöglichkeiten und Verhinderungsfaktoren für eine Professionalisierung der Beratung an Hochschulen.

2. Hochschulen: von Lehr- und Forschungseinrichtungen zu Beratungsinstitutionen?

Beratung als institutionell durch die Hochschulen zu leistende Aufgabe entwickelte sich in Österreich in den 1970er-Jahren (Larcher, Schilling & Schuster, 1997).[3] Den Hintergrund bildete die Öffnung der Universitäten für neue Bevölkerungsgruppen und damit deutlich erhöhte Zahlen an Studierenden (Katzensteiner & Oberlehner, 2011, S. 15; Stiehler, 2004, S. 878). Beratung als institutionelle Aufgabe von Universitäten geht Hand in Hand mit der Entwicklung zur sogenannten Massenuniversität und steht in Verbindung mit politischen Imperativen einer Verringerung von Studienabbruchsquoten und einer besseren Übereinstimmung zwischen Studienwahl und Bedürfnissen des Arbeitsmarkts (Rott, 2006, S. 43 ff.; Stiehler, 2004, S. 878).

Zusätzliche Dynamik erhielt das Hochschulberatungsgeschehen im Zuge des Bologna-Prozesses, der Einführung der zweigliedrigen Studienabschlüsse (Bachelor und Master) und der damit einhergehenden Diversifizierung des Studienangebots (Großmaß & Püschel, 2010, S. 14 f.) sowie der steigenden Bedeutung von Lifelong Learning für Universitäten (Tomaschek & Gornik, 2011). Universitäten bieten neben Regelstudien postgraduale Weiterbildungen in Form von Masterprogrammen und Zertifikatskursen an, die vielfach von

---

3 Bis heute wird die an den Universitäten und Hochschulen geleistete Beratung durch Angebote von AkteurInnen außerhalb der Universität substituiert – wie der Österreichischen Hochschüler_innenschaft, der Psychologischen Studierendenberatung, von Schulen oder Bildungsberatungsinstitutionen. Wolfgang Pöllauer etwa charakterisiert 2013 den Anteil der von Hochschulen selbst geleisteten Beratung im Bereich Studienwahl als »bescheiden« (Pöllauer, 2013, S. 10).

bereits Berufstätigen in Anspruch genommen werden. Allein das Studienangebot der Universität Wien umfasste im Studienjahr 2016 unter anderem 56 Bachelorstudien, 103 Masterstudien, das Lehramtsstudium, 2 Diplomstudien und über 50 postgraduale Universitätslehrgänge und Zertifikatskurse (Universität Wien, 2016, S. 42, 58).

Alle diese Prozesse tragen dazu bei, dass sich die externen Zielgruppen für Hochschulberatung vervielfältigen und das Orientierungsbedürfnis von Studierenden, Studieninteressierten und deren Eltern erhöht. Damit geht jedoch auch die Notwendigkeit einher, Beratungsangebote zu differenzieren und auf die unterschiedlichen Bedürfnisse hin auszurichten – etwa in Richtung einer Beratung für MaturantInnen, für Drittstaatsangehörige, für Weiterbildungsinteressierte etc. Damit läuft Hochschulberatung Gefahr, unübersichtlich zu werden und zu Frustrationen auf Seiten der Studierenden zu führen (Raschauer & Resch, 2016).

Die Aufgaben von Hochschulberatung definieren Großmaß und Püschel vor diesem Hintergrund wie folgt: »Anleitung zur gezielten Informationssuche zu geben, Hilfestellung bei der Erarbeitung der individuell relevanten Entscheidungskriterien zu leisten und die Studien- und Zugangsmöglichkeiten der eigenen Universität transparent darzustellen« (Großmaß & Püschel, 2010, S. 266).

Obwohl die Bedeutung von Beratungsleistungen zunimmt und auf nationaler wie auch europäischer Ebene von Hochschulen gefordert wird, Beratungsangebote auszuweiten und zu professionalisieren (Rott, 2008), liegt Beratung als universitäres Handlungsfeld quer zu den bestehenden institutionellen Logiken von Forschung, Lehre und Verwaltung (Lührmann, 2002, S. 28 ff.).

> Beratung […] ist eine institutionell eher untypische Form des Umgangs mit Studierenden und denen, die es erst noch werden wollen. Sie kommt in den Rollensets der in der Hochschule Beschäftigten kaum bis gar nicht vor und wenn doch, ist sie eine Tätigkeit ganz nebenher, die ohne sonderliche Aufmerksamkeit, ohne eine eigens dafür erworbene Kompetenz, also ohne Professionalität ausgeübt wird. (Lührmann, 2002, S. 28)

Sowohl in der externen Statuserfassung von Hochschulen durch Rankings oder Zielvereinbarungen mit dem Ministerium als auch in der internen Leistungsbewertung von Universitäten rangiert exzellente Forschung weit vor allen anderen Aufgabengebieten, gefolgt von der Lehre (Schneidewind, 2016, S. 14–18). Wenn sich also die Frage stellt, welche Aufgaben den Kern von Universitäten bilden, hat Beratung trotz ihrer gesteigerten Bedeutung immer noch einen schweren Stand.

3. Hochschulberatung – ein Teilbereich der Bildungsberatung

Hochschulberatung ist aufgrund ihrer Einbettung in das Funktionssystem Universität durch eine Reihe von Merkmalen gekennzeichnet, die sie von gängigen Konzeptionen allgemeiner Bildungsberatung unterscheidet (Großmaß & Püschel, 2010, S. 29). Beispielsweise benötigen HochschulberaterInnen aufgrund der hohen strukturellen Komplexität der Organisationsform Universität stark spezialisiertes Wissen, etwa über rechtliche Bestimmungen oder administrative Abläufe. Insofern ist die Bedeutung von Informationsvermittlung deutlich höher als in anderen Bildungsberatungszusammenhängen (Raschauer & Resch, 2016).

Die hohe Relevanz von Information und Wissensvermittlung in der Hochschulberatung spießt sich mit dem gängigen Beratungsverständnis in der Bildungsberatung. So wird Beratungstätigkeit, die in den meisten Fällen die Weitergabe von Information beinhaltet, von bloßer Informationstätigkeit unterschieden. Genuine Beratung sollte vielmehr »ein über den bloßen Akt des Informierens hinausgehendes Setting zur Reflexion beinhalten« (Enoch, 2017, S. 157).

Ein weiteres Spezifikum von Hochschulberatung ist, dass BeraterInnen an Hochschulen vielfach stark in das administrative Geschehen eingebunden sind und dazu angehalten werden, auf studienrelevante Fragen zu fokussieren. Um Studierende und Studieninteressierte beraten zu können, müssen sie über umfassendes Wissen über studienrechtliche Fragen, formale Bestimmungen und Fristen verfügen und einen Einblick in das breite Studienangebot geben können. Dies spiegelt sich in ihrer Vorbildung wider, die in vielen Fällen keine dezidierte Beratungsausbildung umfasst, sondern ein Hochschulstudium oder Vorerfahrung mit der Universität. Außerdem handelt es sich bei Hochschulberatung nicht um trägerunabhängige Beratung, weil die BeraterInnen eingebunden in einen Bildungsmarkt in einem Spannungsfeld von Beratung, Marketing und Vertrieb agieren.

Alle diese Aspekte stellen Professionalisierungsbestrebungen von Hochschulberatung vor Herausforderungen. Mit der Spezifik des Teilgebiets Hochschulberatung geht zudem einher, dass Professionalisierungskriterien, die an Bildungsberatung gerichtet werden (Gieseke & Stimm, 2015), für Hochschulberatung nicht notwendigerweise greifen.

Hochschulberatung lässt sich in allgemeine Studienberatung und Fachberatung zu einzelnen Studienrichtungen differenzieren. Während allgemeine Beratung meist in eigenständigen Beratungseinrichtungen angeboten wird, erfolgt Fachberatung vielfach durch Lehrende und höhersemestrige Studierende. Hochschulberatung kann weiters danach unterschieden werden, ob ihr eine informativ-orientierende Funktion zukommt oder ob psychologisch-psychotherapeutische Beratung geleistet wird. Alle diese Teilbereiche von Hochschulberatung divergieren hinsichtlich der behandelten Inhalte, der eingesetzten Beratungsmethoden und in der Folge auch der Qualifikationen und Bildungshintergründe der BeraterInnen (Rott, 1996, S. 59 ff.). Je nach institutioneller Aufgabenverteilung werden Studierende und Studieninteressierte zudem von Marketing- und Öffentlichkeitsabteilungen, administrativen Einrichtungen zur Studienorganisation oder vom universitären Karriereservice beraten (Scholle, 2007, S. 2). Ein Gutteil der Beratung, die an Hochschulen stattfindet, lässt sich nach Pöllauer als »implizite (Bildungs-)Beratung« (Pöllauer, 2013, S. 12) beschreiben. Dabei handelt es sich um Beratungstätigkeit, die gewissermaßen »nebenbei« stattfindet, »in eine spezifische Dienstleistung eingebettet« (ebd.) ist, bei der Beratung von Studierenden jedoch nicht das zentrale Anliegen darstellt.

Im Zuge von institutionellem Wandel – Hochschulöffnung und -expansion wurden bereits genannt, aber auch Internationalisierung und steigender ökonomischer Druck auf Hochschulen – verändern sich die Anforderungen an und Tätigkeitsfelder von Beratung (Rott, 2006, S. 41). Ähnlich wie die zu Beratenden müssen auch HochschulberaterInnen mit Informationsfülle, sich verändernden studienrechtlichen und -organisatorischen Bestimmungen sowie Vielfalt des Studienangebots umgehen. Diese Heterogenität des beruflichen Profils, der Hintergründe und Kompetenzen von HochschulberaterInnen markiert eine weitere Herausforderung für Professionalisierungsbestrebungen.

4. Professionalisierung von Hochschulberatung

Beratung als Kommunikations- und Handlungsform kommt in durch Unsicherheit und Entscheidungsvielfalt gekennzeichneten Gesellschaften (Beck, 1994) gesteigerte Bedeutung zu (Dausien, 2011; Schützeichel & Brüsemeister, 2004). Im Zuge des »Beratungsboom[s]« (Käpplinger & Maier-Gutheil, 2015, S. 164), den etwa Käpplinger und Maier-Gutheil ausmachen, institutionalisiert sich Beratung in unterschiedlichen gesellschaftlichen Bereichen und Professionalisierungsprozesse von Beratungshandeln werden in Gang gesetzt – zu den Kriterien von Professionalisierung siehe Punkt 4.1. Gleichsam erfolgt die Professionalisierung von Beratung stark feldspezifisch, etwa als Professionalisierung von psychosozialer Beratung, als Professionalisierung von Berufsberatung etc. Außerdem liege in der weitgehenden »Unbestimmtheit« von Beratung – der Vielzahl der eingesetzten Methoden, der unterschiedlichen Arbeitsfelder und Beratungsbegriffe – auch die bislang im Vergleich mit verwandten Berufen geringe Professionalisierung von Beratung begründet (Nestmann, Sickendiek & Engel, 2004, S. 600).

Bestrebungen Hochschulberatung zu professionalisieren, lassen sich in der Folge auch erst in den letzten Jahren ausmachen. Mitunter der Diversität des Feldes geschuldet, finden sich bislang wenige übergreifende Bemühungen, allgemeine Hochschulberatungsstandards zu etablieren oder formale Aus- und Weiterbildungsmöglichkeiten zu schaffen.

4.1 Soziologische Professionalisierungsbegriffe

Begriffe, um die Professionalität eines Tätigkeitsbereichs hervorzuheben, sind jene des professionellen Handelns und der Professionalisierung. Diese dienen dazu, eine Tätigkeit als professionelle Handlung im Unterschied zum Alltagshandeln zu kennzeichnen.

Ganz grundsätzlich lassen sich Professionen durch folgende Merkmale kennzeichnen:

- das Vorhandensein von »klaren Regeln bezüglich des Wissens- und Qualifikationserwerbs«;
- »Limitierungen des Berufszugangs«;
- die »Existenz berufsverbandlicher Strukturen«;

- das Charakteristikum »einer besonderen beruflichen Identität«;
- einen »Professionellenhabitus« (Scholle, 2007, S. 2).

Weil sich die Merkmale von Professionen je nach theoretischer Perspektive unterscheiden und die Entwicklung von Professionen und ihre spezifische Gestalt von nationalstaatlichen Unterschieden geprägt sind, sieht die Professionssoziologie mittlerweile davon ab, Professionen rein merkmalsbasiert zu bestimmen (Mieg, 2003, S. 13 ff.).

Professionalisierung, der Prozess der Professionswerdung, lässt sich nach Wilensky (1964 zit. n. Mieg, 2003, S. 22) wie folgt beschreiben: »1. ein Job wird eine Vollzeittätigkeit, 2. es gibt eine Ausbildungsstätte, 3. es gibt einen Studiengang, 4. ein lokaler Berufsverband entsteht, 5. ein nationaler Berufsverband wird gegründet, 6. die staatliche Anerkennung folgt, 7. ein berufsethischer Kodex kommt auf.« Aus einer machttheoretischen Perspektive ist hervorzuheben, dass Professionalisierung vom Anliegen getrieben ist, einer Berufsgruppe höhere Legitimität zu verleihen und damit auch ihren Status zu erhöhen (Siegrist, 1985, S. 329, zit. n. Mieg, 2003, S. 22).

Neben einer funktionalistischen Professionssoziologie, die die Funktion, die Professionen für die Gesellschaft übernehmen, ins Zentrum stellt, und der machttheoretischen Perspektive entwickelten auch die interaktionistische Soziologie und die Systemtheorie Positionen zur Frage der Professionen. Die interaktionistische Professionssoziologie fokussiert auf das professionelle Handeln, die Interaktion mit dem/der KlientIn, und erarbeitet als zentrales Merkmal von professionellem Handeln die Definition von sogenanntem Sonderwissen durch die Professionellen, über das sie privilegiert verfügen und in den Dienst ihrer KlientInnen stellen können. Neben diesem Wissen zeichnen sich Professionen des Weiteren durch eine professionelle Handlungslogik aus, die professionelles Handeln auf spezifische Art und Weise inszeniert (Mieg, 2003, S. 30–36).

Aus einer systemtheoretischen Sicht stellt die Professionalisierung einen logischen Schluss der zunehmenden funktionalen Differenzierung der Gesellschaft dar. Damit haben Professionen eine gesellschaftliche Ordnungsfunktion. In den letzten Jahren ist eine Vielzahl an geordneten Funktionssystemen entstanden, in denen Professionen nicht mehr dieselbe Bedeutung zukommt wie in der Medizin oder der Theologie – neue Differenzierungen, wie etwa der Tourismus oder der Sportbereich. In diesen neu entstehenden Professionen herrschen eher Konzepte wie jenes der »wissensbasierten Beruflichkeit« (Stichweh, 1996, S. 9) vor. Die Entstehung von Professionen scheint also nicht mehr die einzige oder einzig adäquate Lösung auf gesellschaftliche Probleme in den Funktionssystemen darzustellen.

In einer Zusammenschau von systemtheoretischen (1), interaktionistisch-ethnomethodologischen (2) und strukturtheoretischen (3) Ansätzen konstatieren Helsper, Krüger und Rabe-Kleber, dass alle diese professionssoziologischen Überlegungen Professionen als Resultat gesellschaftlicher Modernisierungsprozesse begreifen, die auf Entwicklungen wie funktionale (1) und gesellschaftliche (2) Differenzierung oder Beschleunigung gesellschaftlichen Wandels und gesteigerte individuelle Autonomie (3) reagieren. In allen Ansätzen ist professionelles Handeln durch Unsicherheit und Ambivalenz geprägt (Helsper, Krüger & Rabe-Kleber, 2000, S. 7ff.). »Es [professionelles Handeln, Anm.d.V.] stellt sich vielmehr als eigener Handlungstypus dar, dessen Spezifik gerade in prekären Vermittlungsleistungen bzw. Relationierungen zwischen verschiedenen, teilweise widersprüchlichen Handlungsanforderungen zu konzipieren ist« (Helsper, Krüger & Rabe-Kleber, 2000, S. 9).

Nach Frank Nestmann lässt sich eine professionelle Beratungsidentität über folgende Charakteristika bestimmen:

- »[D]ie Stärken, die Potenziale und die Ressourcen von Personen und sozialen Umwelten« stehen im Zentrum;
- »Beratung betont die Interaktion von Person und Umwelt«;
- »Sie befasst sich schwerpunktmäßig mit relativ ›intakten‹ Personen«;
- »Verankerung von Beratung in den jeweiligen Lebenskontexten«;
- Beratung zielt auf »Empowerment« von KlientInnen und »ist so zu großen Teilen ein reflexiv-edukativer Prozess« (Nestmann, 2002, S. 13–18).

Obwohl sich das Feld der Beratung in den letzten Jahren gesamtgesellschaftlich professionalisiert hat, konnte in Österreich keine geschützte Berufsbezeichnung eingeführt werden. Allerdings gibt es Gewerbevoraussetzungen für die Unternehmensberatung und die Lebens- und Sozialberatung. In der Hochschulberatung haben sich bislang keine bundesweiten, hochschulübergreifenden, professionalisierten Standards durchgesetzt.

4.2 Aktuelle Angebote zur Professionalisierung von Hochschulberatung im deutschsprachigen Raum

Universitäten erkennen zunehmend, dass die Professionalisierung von Beratungskompetenzen vorangetrieben werden kann und haben Weiterbildungsangebote konzipiert, die den HochschulberaterInnen den »Professionellenhabitus« (Scholle, 2007, S. 2) vermitteln. Dennoch verfügen viele Hochschulen über keine Angebote zur Professionalisierung der Hochschulberatung.

Die Johannes Gutenberg Universität Mainz bietet eine universitätsweite Professionalisierung der Studienfachberatung für HochschulberaterInnen/ StudienberaterInnen an. Diese schließen die postgraduale Weiterbildung mit einem Zertifikat »Bildungsberatung an Hochschulen« mit 15 ECTS-Punkten ab. Ziel der Weiterbildung ist es, die spezifischen Beratungskompetenzen in der Hochschule zu erarbeiten und zu stärken. Die Weiterbildung gliedert sich in eine Grundqualifizierung mit ergänzenden Aufbaumodulen, die allen Universitätsangestellten mit Beratungsaufgaben kostenfrei zur Verfügung stehen. Die Teilnehmenden haben im Rahmen der Weiterbildung die Möglichkeit, das eigene Beratungshandeln zu reflektieren und bearbeiten konkrete Beratungsfälle gemeinsam. Das Angebot stellt das einzige ECTS-basierte Weiterbildungsangebot einer Universität für HochschulberaterInnen dar.

Die Universität Konstanz bietet eine Weiterbildung für HochschulberaterInnen an, um ihre kommunikativen und beratungspsychologischen Kompetenzen zu fördern. Das Format der Weiterbildung ist kurz – zweitägig – und kann bei der Gesellschaft für Personenzentrierte Psychotherapie und Beratung angerechnet werden. Die Weiterbildung umfasst das Rollenbild der HochschulberaterIn, den Aufbau eines Studienberatungsgesprächs und deckt die emotionale Kompetenz, die in der Beratung erforderlich ist, durch die Nähe zur Psychotherapie gut ab. Die Universität Konstanz veranstaltet außerdem eine jährliche eintägige Fortbildungstagung für StudienberaterInnen in Baden-Württemberg, um die Vernetzung von professionellen HochschulberaterInnen voranzutreiben.

Die Pädagogische Hochschule Schwäbisch Gmünd befähigt in einem vierteiligen Projekt einerseits Studierende mit einem effizienten und transparenten Beratungsangebot dazu, erfolgreich zu studieren, Studienabbrüche und unüberlegte Studiengangwechsel sowie lange Studienzeiten zu vermeiden und erleichtert den teilnehmenden Studierenden den Übergang in die Berufspraxis. Für HochschulberaterInnen werden andererseits Workshops zu den Themen

Tab. 1: Übersicht über Professionalisierungsangebote

Universität	Angebot	Zielgruppe	Formale Anerkennung
Johannes Gutenberg Universität Mainz	Professionalisierung der Studienfachberatung mittels Zertifikat »Bildungsberatung an Hochschulen«	HochschulberaterInnen	Zertifikatskurs; 15 ECTS-Punkte
Universität Konstanz	Einführung in den personenzentrierten Kommunikations- und Beratungsansatz für StudienberaterInnen	StudienberaterInnen	Fortbildung nach Ausbildungsrichtlinien der GwG – Gesellschaft für Personenzentrierte Psychotherapie und Beratung, Köln; 50 Stunden können angerechnet werden.
Universität Konstanz und alle Hochschulen in Baden-Württemberg	Fortbildungstagung für StudienberaterInnen	StudienberaterInnen	Konferenzteilnahme
Pädagogische Hochschule Schwäbisch Gmünd	Projekt ProVI in 4 Teilprojekten mit einem zielgruppenorientierten Beratungsangebot »Hilfe zur Selbsthilfe« für Studierende und themenspezifische Workshops für BeraterInnen	HochschulberaterInnen Studierende und Studieninteressierte	Keine
Georg-August-Universität Göttingen	Professionalisierung der Beratungsstrukturen an der Universität mittels Weiterbildung in Beratungstechniken für hauptamtliches Personal	Universitätsangestellte HochschulberaterInnen	Keine
Institut für Bildungscoaching Leipzig	Weiterbildung zum/zur Studienberater/in	Alle Interessierten	Zertifikat

»Generation Y«, »Umgang mit schwierigen Gesprächssituationen«, »Schriftverkehr im Setting Hochschule« sowie »Wertschätzende Kommunikation« und ein »Grundkurs zum Züricher Ressourcenmodell (ZRM)« angeboten.

Die Georg-August-Universität Göttingen hat ein Projekt zur Professionalisierung der Beratungsstrukturen an der Hochschule gelauncht und somit als Pionierhochschule einen strategischen und systemischen Prozess in Gang gesetzt, um Hochschulberatung zu systematisieren. Ziele des strategischen Projekts waren u. a. die Reduktion der Anlaufstellen (der Weiterverweise) in der Hochschulberatung und die Etablierung eines geregelten Informationsflusses zu Beratungsthemen auf Fakultätsebene. Weiters wollte die Universität eine transparente Beratungslandschaft mit definierten Aufgabenverteilungen erlangen. Im Rahmen des Strategieprojekts wurde auch eine Weiterbildung in Beratungstechniken für hauptamtliches Personal angeboten.

Wenn sich Hochschulberatung in allgemeine Studienberatung und Fachberatung zu einzelnen Studienrichtungen differenzieren lässt, dann hat sich in der Fachberatung ein Professionalisierungsprozess im Bereich der Schreibberatung vollzogen. Hierzu konnten sich in den letzten zehn Jahren im deutschsprachigen Raum universitäre Schreibzentren institutionalisieren, die BeraterInnen befähigen, Studierende in ihrem wissenschaftlichen Schreiben zu begleiten und zu beraten (Meyhöfer, 2016; Fenzl & Miglar, 2016; Lindner & Kazianka, 2016). An vielen österreichischen, deutschen und Schweizer Universitäten haben sich nach amerikanischem Vorbild Schreibzentren mit einem professionellen Beratungsverständnis und -angebot herausdifferenziert (Universität Graz, Fachhochschule Vorarlberg, Fachhochschule Campus Wien, Fachhochschule der Wirtschaftskammer Wien, Goethe Universität Frankfurt, Pädagogische Hochschule Zürich). In Deutschland gibt es bereits 80 universitäre Schreibzentren (Gramlich & Hinrichs, 2017, S. 123), die oftmals mit der Einrichtung eines Didaktikzentrums oder einer Zentralisierung der Hochschuldidaktik in einer Abteilung einhergehen. An anderen Hochschulen wird die Professionalisierung von Schreibberatungskompetenzen an der Universitätsbibliothek diskutiert, die ohnehin beratend bei der Literaturrecherche oder Literaturverwaltung tätig ist. Bibliotheken können hier künftig eine professionelle Beratungsdienstleistung anbieten. Damit geht auch eine Stärkung der Bibliothek als Lern- und Schreibort einher. Der Bereich der professionellen Schreibberatung kann somit als positives Beispiel von institutionalisierter Hochschulberatung (Fachberatung) verstanden werden.

4.3 Möglichkeiten der Professionalisierung und Verhinderungsfaktoren

Nach Westhauser sind es vor allem drei Aspekte, die einer Professionalisierung von Hochschulberatung im Weg stehen: die fehlende Definition des Tätigkeitsspektrums, eine mangelnde Aufgabenverteilung innerhalb der Hochschulen und die Nicht-Existenz einer konzeptuellen Grundlegung von Hochschulberatung (Westhauser, 2012, S. 45, 52).

Hochschulberatung hat bislang noch eine »*Definition der Profession*« (Großmaß, 2006, S. 499) zu leisten, im Rahmen derer festgelegt wird, welche Inhalte, Tätigkeitsbereiche und Kompetenzen zur Profession gehören und welche nicht.

> Ob sich Studienberatung z. B. in erster Linie als Element der Hochschulverwaltung und damit als Instrument der Organisationsentwicklung etabliert, ob sie als fachliche Position im breiten Spektrum psychosozialer Beratung wahrgenommen wird oder ob sie sich zur institutionellen Basis einer entfalteten Ratgeberliteratur rund um Studium entwickelt – dies hängt auch davon ab, in welchem Terrain die Beratungsthemen sich besonders erfolgreich behaupten. (Großmaß, 2006, S. 499f.)

Neben einem Mangel an geteilter beruflicher Realität auf Seiten der BeraterInnen hat das als Konsequenz, dass Hochschulberatung von Studierenden, Studieninteressierten und Angehörigen der Hochschule nicht als *ein* Tätigkeitsfeld wahrgenommen wird (Lührmann, 2002, S. 26). Dem Mangel an vernetzten und geteilten Erfahrungen in der Hochschulberatung versucht die Universität Konstanz seit mehreren Jahren mit ihrer Fortbildungstagung für StudienberaterInnen entgegenzuwirken. An der Universität Wien hat es 2017 im Rahmen eines EU-Projekts zur Professionalisierung von Beratungskompetenzen in der Weiterbildung eine hochschulübergreifende Veranstaltung »Digitale Beratung trifft Hochschule« gegeben.[4] Diese Aktivitäten – seien sie auch noch lose oder neuartig – sind wichtig, um den HochschulberaterInnen die Zugehörigkeit zu einer Profession zu vermitteln und damit ihre Identität als BeraterInnen zu stärken und ihrer Tätigkeit Sichtbarkeit zu verleihen.

In der Literatur werden vor allem zwei Faktoren hervorgehoben, die Professionalisierungsbestrebungen vor Herausforderungen stellen – beide lassen sich auf die Heterogenität hochschulberaterischer Tätigkeit beziehen: Zum einen

---

4 http://www.postgraduatecenter.at/lifelong-learning-projekte/abgeschlossene-projekte/iyot-in-your-own-time/fotonachbericht-digitale-beratung-trifft-hochschule/.

handelt es sich um die Autonomie der Hochschulen in der inhaltlichen und organisatorischen Gestaltung ihres Beratungsangebots, die zu einem diffusen Tätigkeitsspektrum von Hochschulberatung führt, und zum anderen um die Uneinheitlichkeit der Ausbildungshintergründe und Kompetenzen von HochschulberaterInnen (Lührmann, 2002, S. 25).

Da sich das Tätigkeitsspektrum der Hochschulberatung aus den Beratungsbedürfnissen der Studierenden und Studieninteressierten speist und aktuell eher eine Diversifizierung der Beratungsanlässe gefordert wird denn eine Einschränkung, stellt sich die Frage, ob dieser »Problematik« überhaupt beizukommen ist. Schließlich bedingt sich die Vielfalt der Tätigkeiten aus der Heterogenität des Klientels. Ob es sich um einen Maturanten handelt, der nicht weiß, was er studieren soll, um eine berufstätige Anwältin, die sich weiterqualifizieren möchte, um eine Studieninteressentin aus Nigeria, die wissen möchte, ob sie ihre bisherigen Abschlüsse zu einem Hochschulstudium an der Universität in Österreich qualifizieren oder einen Studenten, der vor der Einreichung seiner Masterarbeit steht und Information zu den entsprechenden Schritten benötigt – sie alle bedürfen der Hochschulberatung.

> Dabei ist es nicht explizit Programm der Beratungsstellen, für diese Themen sämtlich zuständig sein zu *wollen*. Vielmehr wird die Nachfrage durch die *Nichtzuständigkeit* anderer Einrichtungen generiert: In der Allgemeinen Studienberatung konzentriert sich ein Klientel mit hochschulbezogenen Problemstellungen, die sich an anderen Orten als nicht verhandlungsfähig erweisen. (Scholle, 2007, S. 3)

Des Weiteren gibt es nicht die eine Variante, Hochschulberatung institutionell zu organisieren. Ob Hochschulberatung zentralisiert angeboten wird und eine Einrichtung MaturantInnen, Studierende, Berufstätige, internationale StudienwerberInnen und AbsolventInnen berät, dies an die Studienrichtungen angegliedert oder in eine Vielzahl von Beratungsangeboten aufgespalten wird, hängt von der Größe, den Ressourcen und den gewachsenen Strukturen an den einzelnen Hochschulen ab. Lührmann interpretiert die Uneinheitlichkeit der institutionellen Verankerung von Hochschulberatung als Ausdruck dafür, dass ihre Aufgabe nicht gänzlich geklärt ist (Lührmann, 2002, S. 30); er spricht von der »strukturellen Fremdheit der Studienberatung in der Hochschule« (Lührmann, 2002, S. 28).

Nichtsdestotrotz empfiehlt sich eine klare, gut nach außen kommunizierte Aufgabenverteilung der Beratungsangebote durch jede Universität (Westhauser, 2012, S. 55 f.). Lührmann schlägt in diesem Zusammenhang vor, folgende

Arbeitsbereiche klar voneinander abzugrenzen: die Informationsvermittlung von der Bildungsberatung, von der psychotherapeutischen Arbeit und von anderen institutionellen Serviceleistungen (Lührmann, 2002, S. 55).

Der zweite zentrale Aspekt, der sich hinderlich auf Professionalisierungsbestrebungen auswirkt, sind die mangelnden Qualifikationsstandards – mit Bezug auf Aus- und Weiterbildungsvoraussetzungen, aber auch Kompetenzen – für BeraterInnen (Schiersmann & Thiel, 2004, S. 904). Hierbei stellt sich die Frage, was die Inhalte solcher Aus- und Weiterbildungen sein sollen. Das Institut für Bildungscoaching Leipzig bietet derzeit als einzige (außeruniversitäre) Einrichtung eine Qualifizierungsmöglichkeit »Weiterbildung zur/m StudienberaterIn«[5] mit folgenden Inhalten zur Professionalisierung von Beratungskompetenzen an:

- *Überblick: Ausbildungswege für Abiturienten/innen*
  Duale Ausbildung, Schulische Ausbildung, Duales Studium, Studium, Testverfahren zum geeigneten Ausbildungsweg
- *Ablauf der Studienberatung*
  Ablauf der Beratung, Gesprächsführung, Methoden in der Studienberatung, Konzeption eines eigenen Beratungsangebotes
- *Studienfachwahl*
  Studienbereiche und Studienfächer, Abschlussarten, Testverfahren zur Studienfachwahl
- *Studienplanung*
  Ranking der Universitäten, Wahl des Studienortes, Bewerbung, Aufbau des Studiums, Finanzierung des Studiums

Westhauser folgend bedingt professionelle Hochschulberatung die Definition und Etablierung von Beratungsstandards samt Indikatoren für den Beratungsprozess, aber auch für Anforderungen an und Kompetenzen von BeraterInnen (Westhauser, 2012, S. 45, 54). Standards und Indikatoren einer professionellen Beratung richten sich außerdem an die Institution Hochschule, die etwa »Transparenz über das Beratungsangebot«, »eine klare Regelung der Zuständigkeiten«, »regelmäßige[n] Austausch mit allen beteiligten Akteuren« und »eine angemessene personelle und räumliche Ausstattung« (Westhauser, 2012, S. 56) sicherstellen muss.

---

5 https://www.institut-bildung-coaching.de/berufsberatung-berufseinstieg/weiterbildung-zum-zur-studienberater-in.html.

5. Conclusio

Es zeigt sich, dass die Lifelong Learning Universität der Zukunft vor allem eine Aufgabe hinsichtlich ihrer Tätigkeit in der Hochschulberatung vor sich hat: die Erarbeitung einer konzeptuellen Grundlegung von Hochschulberatung als Teil der Organisationsentwicklung der Universität zu betrachten. Weiters sehen wir Potenzial in der Nutzung der Ergebnisse aus der Lehrevaluation – diese könnten dazu benutzt werden, um Beratungsangebote weiterzuentwickeln oder voranzutreiben. Zudem sind HochschulberaterInnen meist an der jeweiligen Hochschule angestellt und unterliegen somit gesetzlich dem entsprechenden Kollektivvertrag für Universitätsbedienstete und nicht der Gewerbeordnung, was bedeutet, dass deren Professionalisierung in den Händen der Hochschulen selbst liegt.

Weiters ist es von besonderer Wichtigkeit, die Professionalisierung von HochschulberaterInnen als Berufsgruppe voranzutreiben und in diesem Feld einschlägige Weiterbildungsangebote für BeraterInnen zu entwickeln, anzubieten und zu evaluieren. Einschlägige, regelmäßige Jahrestagungen und Konferenzen zur Professionalisierung von Beratungskompetenzen für HochschulberaterInnen sind zu begrüßen. Die Professionalisierung von universitären Schreibzentren in den letzten Jahren kann als positives Beispiel von institutionalisierter Hochschulberatung (Fachberatung) verstanden werden – mit dem Hinweis, dass diese Professionalisierung auch auf die allgemeine Hochschulberatung übertragbar gemacht werden kann.

Literatur

Beck, U. (1994). *Riskante Freiheiten. Individualisierung in modernen Gesellschaften.* Frankfurt a. M.: Suhrkamp.

BMWFW (2015). *Empfehlungen der Hochschulkonferenz zur Förderung nicht-traditioneller Zugänge im gesamten Hochschulsektor.* Verfügbar unter: https://www.uibk.ac.at/bologna/bologna-prozess/dokumente/empfehlungen-nicht-trad-hs-zugang.pdf [22.02.2018].

Bundesministerium für Wissenschaft, Verkehr und Kunst (Hrsg.). (1996). *Symposium Studentenberatung in Österreich – und – Students' Counselling in Europe.* Wien: Bundesministerium für Wissenschaft, Verkehr und Kunst.

Combe, A. & Helsper, W. (Hrsg.). (1996). *Pädagogische Professionalität*. Frankfurt a. M.: Suhrkamp.

Curaj, A., Matei, L., Pricopie, R., Salmi, J. & Scott, P. (Hrsg.). (2015). *The European Higher Education Area. Between Critical Reflections and Future Policies*. Springer.

Dausien, B. (2011). »Das beratene Selbst«. Anmerkungen zu Bildungsbiografien im gesellschaftlichen Wandel und Strategien ihrer professionellen Bearbeitung. In M. Hammerer, E. Kanelutti & I. Melter (Hrsg.), *Zukunftsfeld Bildungs- und Berufsberatung I. Neue Entwicklungen aus Wissenschaft und Praxis* (S. 21–40). Bielefeld: Bertelsmann.

Deman, K. & Salmhofer, G. (Hrsg.). (2012). *orientiert studieren. Band zur Fachtagung Studienorientierung der Karl-Franzens-Universität Graz*. Graz: Leykam.

Enoch, C. (2017). Ein neuer Blick auf die Fachberatung in der Bildungsberatung. Die Verknüpfung von Fach- und Prozessberatung. In M. Hammerer, E. Kanelutti-Chilas, G. Krötzl & I. Melter (Hrsg.), *Zukunftsfeld Bildungs- und Berufsberatung IV. Schwierige Zeiten – Positionierungen und Perspektiven* (S. 155–162). Bielefeld: Bertelsmann.

Fenzl, R. & Miglar, K. (2016). Schreibberatung zwischen Wissenschaft und Praxis. *JoSch – Journal der Schreibberatung, 1* (11), 39–45.

Gieseke, W. & Stimm, M. (2015). Die professionellen Praktiken in der Berufs- und Weiterbildungsberatung – ein komplexes Innenleben. *Zeitschrift für Weiterbildungsforschung, 38*, 227–240.

Gramlich, M. & Hinrichs, I. (2017). Schreibberatung an Hochschulen – auch eine Aufgabe für Hochschulbibliotheken? Bericht über eine Fortbildungsveranstaltung des VDB-Regionalverbandes Südwest an der UB Mannheim. *obib – das offene Bibliotheksjournal, 4* (2), 122–126.

Großmaß, R. (2006). Psychosoziale Beratung im Spiegel soziologischer Theorien. *Zeitschrift für Soziologie, 35* (6), 485–505.

Großmaß, R. & Püschel, E. (2010). *Beratung in der Praxis. Konzepte und Fallbeispiele aus der Hochschulberatung*. Tübingen: dgvt.

Hammerer, M., Kanelutti-Chilas, E., Krötzl, G. & Melter, I. (Hrsg.). (2017). *Zukunftsfeld Bildungs- und Berufsberatung IV. Schwierige Zeiten – Positionierungen und Perspektiven*. Bielefeld: Bertelsmann.

Hammerer, M., Kanelutti, E. & Melter, I. (Hrsg.). (2011). *Zukunftsfeld Bildungs- und Berufsberatung I. Neue Entwicklungen aus Wissenschaft und Praxis*. Bielefeld: Bertelsmann.

Helsper, W., Krüger, H.-H. & Rabe-Kleberg, U. (2000). Professionstheorie, Professions- und Biographieforschung – Einführung in den Themenschwerpunkt. *ZBBS – Zeitschrift für qualitative Bildungs-, Beratungs- und Sozialforschung, 1* (1), 5–19.

Käpplinger, B. & Maier-Gutheil, C. (2015). Ansätze und Ergebnisse zur Beratung(sforschung) in der Erwachsenen- und Weiterbildung – Eine Systematisierung. *Zeitschrift für Weiterbildungsforschung, 38* (2), 163–181.

Katzensteiner, M. & Oberlehner, F. (2011). Qualitätssicherung in den Psychologischen Beratungsstellen für Studierende Österreichs. *ZBS Zeitschrift für Beratung und Studium. Handlungsfelder, Praxisbeispiele und Lösungskonzepte, 6* (1), 15–20.

Larcher, R., Schilling, M. & Schuster, E. (1997). 25 Jahre Psychologische Studentenberatung. Aufbau, Entwicklung und Zukunftsperspektiven. In H. Turrini & M. Schilling (Hrsg.), *Wi(e)der die studentischen Probleme* (S. 437–449). Wien: Bundesministerium für Wissenschaft und Verkehr.

Lindner, Kerstin; Kazianka, Lisa (2016): Gemeinsam (beraten) lernen: Die Ausbildung zum/zur Schreibberater*in in Österreich – der Weg von der Theorie in die Praxis. *JoSch – Journal der Schreibberatung, 1* (11), 55–60.

Lührmann, W. (2002*). Zwischen Studienwahl und Berufsperspektive. Sozialwissenschaftlich-pädagogische Orientierungen für die Beratung in der Hochschule.* Frankfurt a. M.: Peter Lang.

Meyhöfer, F. (2016). Schreibberatung als Profession? Ein handlungslogischer Verortungsversuch. *JoSch – Journal der Schreibberatung, 1* (11), 25–30.

Mieg, H. A. (2003). Problematik und Probleme der Professionssoziologie. Eine Einleitung. In H. A. Mieg & M. Pfadenhauer (Hrsg.), *Professionelle Leistung – Professional Performance. Positionen der Professionssoziologie* (S. 11–46). Konstanz: UVK.

Mieg, H. A. & Pfadenhauer, M. (Hrsg.). (2003). *Professionelle Leistung – Professional Performance. Positionen der Professionssoziologie.* Konstanz: UVK.

Nestmann, F. (2002). Beratung an der Hochschule – Konzepte zur Förderung von Ressourcen, Empowerment und Gesundheit. In F. Nestmann & Projektgruppe DNS, *Beratung als Ressourcenförderung. Präventive Studentenberatung im Dresdner Netzwerk Studienbegleitender Hilfen* (S. 9–53). Weinheim: Juventa.

Nestmann, F. & Projektgruppe DNS. (2002). *Beratung als Ressourcenförderung. Präventive Studentenberatung im Dresdner Netzwerk Studienbegleitender Hilfen.* Weinheim: Juventa.

Nestmann, F., Engel, F. & Sickendiek, U. (Hrsg.). (2004). *Das Handbuch der Beratung. Ansätze, Methoden und Felder* (Bd. 2). Tübingen: dgtv.

Nestmann, F., Sickendiek, U. & Engel, F. (2004). Statt einer »Einführung«: Offene Fragen »guter Beratung«. In F. Nestmann, F. Engel & U. Sickendiek (Hrsg.), *Das Handbuch der Beratung. Ansätze, Methoden und Felder* (Bd. 2) (S. 599–608). Tübingen: dgtv.

Pausits, A. (2015). The Knowledge Society and Diversification of Higher Education: From the Social Contract to the Mission of Universities. In A. Curaj, L. Matei, R. Pricopie, J. Salmi & P. Scott (Hrsg.), *The European Higher Education Area. Between Critical Reflections and Future Policies* (S. 267–284). Springer.

Pöllauer, W. (2013). (Bildungs-)Beratung innerhalb und im Umfeld der Institutionen des tertiären Bildungssystems. *Bildungsberatung im Fokus, 2,* 10–13. Verfügbar unter: http://erwachsenenbildung.at/downloads/service/Bildungsberatung-im-Fokus-02_2013.pdf ([22.02.2018].

PRIME Network of Excellence (2006). *Observatory of the European University Metho-*

dological Guide. Verfügbar unter: http://www.finhed.org/media/files/01-THIRD_MISSION_poglavlje_125_169.pdf [22.02.2018].

Raschauer, A. & Resch, K. (2016). Studienberatung an der Universität Wien. Ergebnisse der iYOT – Teilstudie zum Arbeitsalltag von StudienberaterInnen. *Magazin erwachsenenbildung.at, 29*. Verfügbar unter: http://erwachsenenbildung.at/magazin/16-29/06_raschauer_resch.pdf [22.02.2018].

Rott, G. (1996). Psychologische Studierendenberatung im Europäischen Vergleich. Schnittflächen zur Allgemeinen Studienberatung. In Bundesministerium für Wissenschaft, Verkehr und Kunst (Hrsg.), *Symposium Studentenberatung in Österreich – und – Students' Counselling in Europe* (S. 59–69). Wien: Bundesministerium für Wissenschaft, Verkehr und Kunst.

Rott, G. (2006). Bologna-Prozess und Studienberatung. *ZBS Zeitschrift für Beratung und Studium. Handlungsfelder, Praxisbeispiele und Lösungskonzepte, 1* (2), 41–47.

Rott, G. (2008). ELGPN – Herausbildung einer europäischen Beratungspolitik. *Zeitschrift für Beratung und Studium, 2*, 30–34.

Schiersmann, C. & Thiel, H.-U. (2004). Beratung in der Weiterbildung. In F. Nestmann, F. Engel & U. Sickendiek (Hrsg.), *Das Handbuch der Beratung. Ansätze, Methoden und Felder* (Bd. 2) (S. 891–906). Tübingen: dgtv.

Schneidewind, U. (2016). Die »Third Mission« zur »First Mission« machen? *die hochschule, 1*, 14–22. Verfügbar unter: http://www.hof.uni-halle.de/journal/texte/16_1/Schneidewind.pdf [22.02.2018].

Scholle, K. (2007). Professionalisierungsprobleme Allgemeiner Studienberatung. *ZBS Zeitschrift für Beratung und Studium. Handlungsfelder, Praxisbeispiele und Lösungskonzepte, 2* (1), 1–6.

Schützeichel, R. & Brüsemeister, T. (Hrsg.). (2004). *Die beratene Gesellschaft. Zur gesellschaftlichen Bedeutung von Beratung*. Wiesbaden: VS Verlag für Sozialwissenschaften.

Stichweh, R. (1996). Professionen in einer funktional differenzierten Gesellschaft. In A. Combe & W. Helsper (Hrsg.), *Pädagogische Professionalität* (S. 49–69). Frankfurt a. M.: Suhrkamp.

Stiehler, S. (2004). Studien- und Studentenberatung. In F. Nestmann, F. Engel & U. Sickendiek (Hrsg.), *Das Handbuch der Beratung. Ansätze, Methoden und Felder* (Bd. 2) (S. 877–889). Tübingen: dgtv.

Tomaschek, N. & Gornik, E. (Hrsg.). (2011). *The Lifelong Learning University*. Münster: Waxmann.

Turrini, H. & Schilling, M. (Hrsg.). (1997). *Wi(e)der die studentischen Probleme*. Wien: Bundesministerium für Wissenschaft und Verkehr.

Universität Wien (2016). *Leistungsbericht & Wissensbilanz 2016 der Universität Wien*. Verfügbar unter: https://www.univie.ac.at/fileadmin/user_upload/startseite/Dokumente/LB_2016_web.pdf [28.02.2018].

Westhauser, C. (2012). Qualitätsstandards in der Studienberatung an Hochschulen – eine Chance? In K. Deman & G. Salmhofer (Hrsg.), *orientiert studieren. Band* zur *Fachtagung Studienorientierung der Karl-Franzens-Universität Graz* (S. 43–59). Graz: Leykam.

Wild, E. & Esdar, W. (2014). *Eine heterogenitätsorientierte Lehr-/Lernkultur für eine Hochschule der Zukunft* (Fachgutachten im Auftrag des Projekts nexus der Hochschulrektorenkonferenz). Verfügbar unter: https://www.hrk-nexus.de/fileadmin/redaktion/hrk-nexus/07-Downloads/07-02-Publikationen/Fachgutachten_Heterogenitaet.pdf [03.03.2018].

Autorinnen und Autoren

Theo BASTIAENS, *Prof. Dr.*, Professor für Mediendidaktik und Prorektor für Digitalisierung und Internationalisierung an der FernUniversität in Hagen. Er bekleidet eine Teilzeitprofessur Educational Technology an der Open Universiteit Niederlande und war zwei Mal Visiting Professor an der Curtin University in Perth, Australien. Forschungsschwerpunkte: Mediendidaktik, Instructional Design, authentisches Lernen.

Laura BRANDT, *Dr.*, Universitätsassistentin PostDoc an der Universität Wien, Fakultät für Psychologie, Institut für Angewandte Psychologie: Arbeit, Bildung, Wirtschaft, Durchführung des Third-Mission-Projekts. Forschungsschwerpunkte: Diversifikation der Opioiderhaltungstherapie, v. a. bei schwangeren Frauen, Assoziationen zwischen Substanzgebrauchsstörungen/Glücksspielstörung und anderen psychiatrischen Störungen, genderspezifische Aspekte der Suchterkrankung, Implementationsforschung.

Josephine FINN, Lecturer, Department of Adult and Community Education, Maynooth University. Co-Convenor of the Recognition of Prior Learning Network Ireland, Steering Committee member of the European University Continuing Education Network (eucen), Head of Adult and Community Education Department 2010–2015, Head of Continuing Education 2000–2010. Research interests: recognition of prior learning; philosophy of difference, philosophy of recognition, inclusive adult education, international migration, democratic adult education.

Andreas FISCHER, *Dr. phil.* der Geografie, Ethnologie und Nationalökonomie, bis 2017 Direktor des Zentrums für universitäre Weiterbildung der Universität Bern, seither selbständiger Berater. Gründungsmitglied von Swissuni – Verein Universitäre Weiterbildung Schweiz, Vorstandsmitglied Deutsche Gesellschaft für wissenschaftliche Weiterbildung und Fernstudium (2011–2016). Arbeitsschwerpunkte: wissenschaftliche Weiterbildung, Weiterbildungsmanagement und allgemeine Weiterbildungsthemen.

Camilla FITZSIMONS, *PhD*, Lecturer, Department of Adult and Community Education, Maynooth University. Researcher, HE4u2: Integrating Cultural Inclusion in Higher Education. Research interests: adult education, engaged pedagogies, inclusive learning, equality and inequality, community education.

Hans-Rudolf FREY, *MA, NDS* in Ethnologie und Management, 1980–1997 Lehr- und Forschungstätigkeit an den Universitäten Zürich, Bern, Oaxaca und Havanna, 1990–2001 Geschäftsleitungsmitglied bei Unité, Schweizer Verband für personelle Entwicklungszusammenarbeit, 2001–2015 Stellvertretender Leiter des Zentrums für Weiterbildung an der ETH Zürich, 2008–2011 Präsident von Swissuni – Verein Universitäre Weiterbildung Schweiz, seit 2016 selbständiger Berater in den Bereichen Hochschulweiterbildung, Qualitätsmanagement, Akkreditierung, Organisationsentwicklung und interkulturelle Beziehungen.

Elke GORNIK, *MBA*, seit über 10 Jahren im nationalen und internationalen Diskurs rund um wissenschaftliche Weiterbildung tätig und bis 08/2018 Deputy Director und Head of Postgraduate Programs and Quality Management des Postgraduate Center der Universität Wien. Seit 2016 Vorstandsmitglied von AUCEN (Austrian Continuing Education and Staff Development Network), von 2012–2015 Leitung der Geschäftsstelle von AUCEN. Arbeitsschwerpunkte: wissenschaftliche Weiterbildung in Österreich, Lifelong Learning und wissenschaftliche Weiterbildung, Hochschulmanagement und Organisationsentwicklung in Weiterbildungseinrichtungen, bildungspolitische Entwicklungstendenzen im hochschulischen Weiterbildungssektor.

Bernie GRUMMELL, *PhD, MSocSc, MSc*, Senior Lecturer, Departments of Education and Adult & Community Education, Maynooth University. Researcher, HE4u2: Integrating Cultural Inclusion in Higher Education. Research interests: social justice and equality in education, transformative community education, adult and community education.

Edith HAMMER, *Dr.*, Programme Specialist am UNESCO Institute for Lifelong Learning in Hamburg, davor im Hochschulbereich tätig, u. a. Beteiligung an der Planung und Umsetzung der universitären Forschungsstrategie im Rahmen der Exzellenzinitiative an der Freien Universität Berlin, Bereichsleitung am Postgraduate Center der Universität Wien. Arbeitsschwerpunkte: internationale Forschung, Vernetzung und Capacity Building, um die Implementierung von Lebenslangem Lernen auf nationaler wie auch lokaler Ebene zu unterstützen.

Julia HOLZER, *BEd BSc*, Studienassistentin an der Universität Wien, Fakultät für Psychologie, Institut für Angewandte Psychologie: Arbeit, Bildung, Wirtschaft.

Beate HÖRR, *Dr.*, Leiterin des Zentrums für wissenschaftliche Weiterbildung an der Johannes Gutenberg-Universität Mainz, Mitglied im Verwaltungsrat des Leibniz-Instituts DIE (Deutsches Institut für Erwachsenenbildung) als Vertreterin der Wissenschaft (DGWF), Beisitzerin im Vorstand der DGWF für Internationales. Wissenschaftliche Arbeitsschwerpunkte und Forschungsinteressen: Erwachsenenbildung/wissenschaftliche Weiterbildung/Lifelong Learning, Bildungs- und Hochschulforschung.

Monika KIL, *Univ.-Prof. Dr. phil.habil.*, Leitung des Department und Professur für Weiterbildungsforschung und Bildungsmanagement der Donau-Universität Krems – Die Universität für Weiterbildung, Vizerektorin für Lehre/Wissenschaftliche Weiterbildung bis 2017, Vizesprecherin sowie Außenvertreterin für die Weiterbildungsagenden von AUCEN ab 2017. Arbeitsschwerpunkte: Forschung und Lehre »Weiterbildungsforschung und Bildungsmanagement«, Mitglied für die gemäß §7 NQR-Gesetz, BGl. Nr. 14/2016 eingerichtete NQR-Steuerungsgruppe durch die Verbindungsstelle der Bundesländer im Auftrag der Länder, Gründung der Stiftung »Network for Innovation in Career Guidance and Counselling in Europe (NICE) Foundation« und Mitglied des Board of Directors.

Ute KLAMMER, *Prof. Dr.*, Geschäftsführende Direktorin des Instituts Arbeit und Qualifikation (IAQ) und Professorin an der Universität Duisburg-Essen, Fakultät für Gesellschaftswissenschaften. Von 2008 bis 2015 Prorektorin der Universität Duisburg-Essen mit Zuständigkeit für Diversity Management und Internationales, u. a. Mitglied des Sozialbeirats der deutschen Bundesregierung, ehem. Vorsitzende der Sachverständigenkommission Gleichstellung der Bundesregierung sowie Mitglied im Rat für Nachhaltige Entwicklung. Forschungsschwerpunkte: Arbeitsmarkt- und Sozialpolitik (Alterssicherung, Familienpolitik, Armut und Einkommensverteilung, Gleichstellung), Europäische und international vergleichende Sozialpolitik sowie Gender-Forschung.

Jordi MIRET, *MA*, technician in Social Responsibility, University of Barcelona. Bachelor in Sociology (University of Barcelona) and Master in Political Analysis and Institutional Consulting (University of Barcelona). Member of the Unibility Project (University meets social responsibility) co-funded by the Erasmus+ Programme of the European Union 2015–2017.

Maggie NOONE, *B.Soc.Sc*, Senior Executive Assistant, Edward M. Kennedy Institute for Conflict Intervention, Maynooth University. Research Assistant,

HE4u2: Integrating Cultural Inclusion in Higher Education. Research interests: migrant experience, community mediation, adult education.

Attila PAUSITS, *Ass.-Prof. Dr. habil.*, Assistenzprofessor für Bildungsforschung und Lifelong Learning und Leiter des Zentrums für Bildungsmanagement und Hochschulentwicklung an der Donau-Universität Krems, Vorstandsvorsitzender der European Higher Education Society (EAIR), Sprecher des Netzwerks Hochschulforschung Österreich. Forschungsschwerpunkte: Hochschule als Organisation, dritte Mission und wissenschaftliche Weiterbildung sowie Institutional Research.

Annabell PREUßLER, *Dr.*, Referentin für Hochschulstrategie und Digitalisierung an der FernUniversität in Hagen. Promotion zur Frage der Evaluation von Online-Lernen an der FernUniversität in Hagen, PostDoc am Lehrstuhl für Mediendidaktik und Wissensmanagement der Universität Duisburg-Essen, von 2014 bis 2017 Koordinatorin zweier bildungswissenschaftlicher Studiengänge an der FernUniversität in Hagen.

Agnes RASCHAUER, *MA*, Soziologin und Projektmanagerin mehrerer EU-geförderter Lifelong-Learning-Projekte am Postgraduate Center der Universität Wien, unter anderem zu Hochschulberatung, diversitätsorientierter Didaktik und akademischer Integrität. Arbeitsschwerpunkte: Hochschulforschung, qualitative Sozialforschung, Diversität, soziale Ungleichheit und Wissenskulturen.

Katharina RESCH, *Dr., MSc*, Soziologin und Übersetzerin, seit 2015 als Head of Lifelong Learning am Postgraduate Center der Universität Wien, Arbeitsschwerpunkte strategische Programm- und Projektentwicklung in der wissenschaftlichen Weiterbildung, von 2005 bis 2015 in der außeruniversitären Forschung tätig. Forschungsschwerpunkte: Alternsforschung, Gesundheitssoziologie, Diversität, Hochschulentwicklung, Lebenslanges Lernen und Third Mission.

Maurici ROMERO, Director of the office of internal control, risks and social responsibility of the University of Barcelona. Controller of the Generalitat de Catalunya. Degree in Law, degree in Research and Market Techniques.

Barbara SCHOBER, *Univ.-Prof. Dipl.-Psych. Dr.*, Dekanin der Fakultät für Psychologie der Universität Wien und Leiterin des Third-Mission-Projekts. Forschungsschwerpunkte: Motivationsförderung in der Schule, Bildungsmotivation und Lebenslanges Lernen, Evaluation bildungspsychologischer Maßnahmen, geschlechtsspezifische Bildungsverläufe (Mädchen und Naturwissenschaften, Koedukation, Frauen in der Wissenschaft).

Veronika SOMOZA, *Univ.-Prof. Dr.*, Vizedekanin der Fakultät für Chemie und Vorständin des Instituts für Physiologische Chemie der Universität Wien, Leiterin des Third-Mission-Projekts und des Christian Doppler Labors für Bioaktive Aromastoffe. Sie erhielt 2016 den FEMA Excellence in Flavor Science Award. Forschungsschwerpunkte: bioaktive Nahrungskomponenten, die einen Einfluss auf Verdauung und Sättigung haben.

Christiane SPIEL, *Univ.-Prof. Dr. Dr.*, stv. Vorständin des Instituts für Angewandte Psychologie: Arbeit, Bildung, Wirtschaft der Fakultät für Psychologie, Mitglied des Senats der Universität Wien, Leiterin des Third-Mission-Projekts. Neben zahlreichen weiteren Auszeichnungen ist sie Trägerin des Österreichischen Ehrenkreuzes für Wissenschaft und Kunst I. Klasse. Forschungsschwerpunkte: Lifelong Learning; Genderstereotype; Bullying in der Schule; Qualitätsmanagement im Bildungssystem.

Christine STÖCKLER-PENZ, *Mag.*, Leiterin der Organisationseinheit »Life Long Learning« an der Technischen Universität Graz, verantwortlich für die Gesamtkonzeption und Koordination der Weiterbildungsaktivitäten an der TU Graz. Mitglied des Vorstandes von AUCEN (2012–2017), Vizesprecherin sowie Außenvertreterin für die Weiterbildungsagenden (2016–2017). Arbeitsschwerpunkte: wissenschaftliche Weiterbildung im technischen Bereich, unternehmensbezogener Wissenstransfer, strategische Weiterentwicklung und hochschulpolitische Verankerung im Sinne des University Lifelong Learning.

Isabel VIDAL, *Prof.*, Professor of Economics, Business and Economics Faculty, University of Barcelona. Member of the Committee for Social Responsibility, Academic Director of the Master's degree in Corporate Social Responsibility at the University of Barcelona 2002–2014.

Andrä WOLTER, *Prof. Dr.*, Professor (i.R.) für Hochschulforschung, Humboldt-Universität zu Berlin, Mitglied der Autorengruppe des Nationalen Bildungsberichts in Deutschland. Arbeitsschwerpunkte: Hochschulforschung, lebenslanges Lernen, Bildungsmonitoring.

Über die HerausgeberIn

Nino Tomaschek ist Director des Postgraduate Center der Universität Wien. Er ist Privatdozent für Wissenschaftstheorie und habilitierte über Systemisches Transformationsmanagement an der Universität Augsburg, wo er auch die Augsburger Schule des Innovations-Coaching mitbegründete. Er ist Lehrbeauftragter an der EBS-Universität für Wirtschaft und Recht in Oestrich-Winkel und Adjunct Associate Professor an der University of Nicosia, Cyprus. Von 2012 bis 2015 war er President von AUCEN – Austrian University Continuing Education and Staff Development Network. Er ist Autor von zahlreichen Fachbüchern und als Aufsichtsrat, Consultant und Speaker für Unternehmen und Organisationen tätig.

Katharina Resch ist Soziologin und Übersetzerin. Sie ist seit 2015 als Head of Lifelong Learning am Postgraduate Center der Universität Wien tätig. Ihre Arbeitsschwerpunkte liegen in der strategischen Programm- und Projektentwicklung in der wissenschaftlichen Weiterbildung. Von 2005 bis 2015 war sie in der außeruniversitären Forschung tätig. Zu ihren Forschungsschwerpunkten zählen: Alternsforschung, Gesundheitssoziologie, Diversität, Hochschulentwicklung, Lebenslanges Lernen und Third Mission.

UNSERE BUCHEMPFEHLUNG

Anke Hanft, Katrin Brinkmann, Stefanie Kretschmer, Annika Maschwitz, Joachim Stöter

Organisation und Management von Weiterbildung und Lebenslangem Lernen an Hochschulen

Ergebnisse der wissenschaftlichen Begleitung des Bund-Länder-Wettbewerbs Aufstieg durch Bildung: offene Hochschulen – Band 2

2016, 264 Seiten, br., 34,90 €,
ISBN 978-3-8309-3372-4

Im Bund-Länder-Wettbewerb Aufstieg durch Bildung: offene Hochschulen fokussiert das Teilprojekt Organisation und Management der Universität Oldenburg Erfolgsfaktoren und Hemmnisse zur nachhaltigen Implementierung von Weiterbildung und Lebenslangem Lernen an Hochschulen. Im Spannungsfeld von Kulturen, Strukturen, Strategien und Interessen sowie den sehr spezifischen Governance- und Steuerungsstrukturen von Hochschulen stehen die geförderten Vorhaben vor besonderen Anforderungen, die mit klassischen Instrumenten des Projektmanagements allein kaum zu bewältigen sind. Die bei der Planung, Entwicklung und organisatorischen Verankerung von weiterbildenden Studienangeboten gewählten Lösungsansätze werden aufgezeigt und theoriegeleitet analysiert. Zudem unterstreichen Fallberichte ausgewählter Projekte die mit der nachhaltigen Implementierung von Weiterbildung und Lebenslangem Lernen an Hochschulen verbundenen Herausforderungen und zeigen mögliche Herangehensweisen auf.

www.waxmann.com

UNSERE BUCHEMPFEHLUNG

Eva Cendon, Anita Mörth, Ada Pellert (Hrsg.)

Theorie und Praxis verzahnen – Lebenslanges Lernen an Hochschulen

Ergebnisse der wissenschaftlichen Begleitung des Bund-Länder-Wettbewerbs Aufstieg durch Bildung: offene Hochschulen – Band 3

2016, 288 Seiten, br., 34,90 €,
ISBN 978-3-8309-3374-8

Der Bund-Länder-Wettbewerb Aufstieg durch Bildung: offene Hochschulen hat die Verankerung des Lebenslangen Lernens an Hochschulen und die Ausrichtung der Hochschule an heterogenen Zielgruppen zum Ziel. Dieser Band behandelt die Möglichkeiten zur Verschränkung von Theorie und Praxis, die erforderliche Orientierung an Kompetenzen und Lernergebnissen sowie die erfolgsentscheidende Rolle von Lehrenden. Ein international inspirierter Ausblick auf eine mögliche Zukunft der Hochschulen als Hochschulen des Lebenslangen Lernens rundet den Band ab.

www.waxmann.com